Immer schneller, immer mehr

Bundesanstalt für Arbeitsschutz und
Arbeitsmedizin • Gisa Junghanns
Martina Morschhäuser (Hrsg.)

Immer schneller, immer mehr

Psychische Belastung bei Wissens-
und Dienstleistungsarbeit

Herausgeber
Bundesanstalt für Arbeitsschutz und
  Arbeitsmedizin
Dortmund, Deutschland

Gisa Junghanns
Bundesanstalt für Arbeitsschutz
  und Arbeitsmedizin
Berlin, Deutschland

Martina Morschhäuser
Bundesanstalt für Arbeitsschutz
  und Arbeitsmedizin
Berlin, Deutschland

ISBN 978-3-658-01444-5   ISBN 978-3-658-01445-2 (eBook)
DOI 10.1007/978-3-658-01445-2

Die Deutsche Nationalbibliothek verzeichnet diese Publikation in der Deutschen Natio-
nalbibliografie; detaillierte bibliografische Daten sind im Internet über http://dnb.d-nb.de
abrufbar.

Springer VS
© Springer Fachmedien Wiesbaden 2013

Gedruckt auf säurefreiem und chlorfrei gebleichtem Papier

Springer VS ist eine Marke von Springer DE. Springer DE ist Teil der Fachverlagsgruppe
Springer Science+Business Media.
www.springer-vs.de

Vorwort

Im Herbst 2011 folgten rund 50 Wissenschaftlerinnen und Wissenschaftler unserer Einladung zu einem fachlichen Austausch über Zeit- und Leistungsdruck in der modernen Arbeitswelt. Dabei ging es insbesondere um das Zusammentragen von Wissen als Ausgangspunkt und Grundlage für ein Forschungsvorhaben, das uns über einen längeren Zeitraum begleiten wird: Wir wollen wissen, wie sich die Arbeitsbedingungen in der modernen Arbeitswelt verändern, insbesondere hinsichtlich psychischer Anforderungen und Belastungen. Von besonderem Interesse für unsere Arbeit in der Bundesanstalt sind Gestaltungsoptionen – für Sozialpartner und Politik, für die Betriebe und nicht zuletzt für die Beschäftigten selber.

Dabei ist Zeit- und Leistungsdruck als Belastungskategorie in der Arbeit nicht wirklich neu. Neu ist aber, dass Zeit- und Leistungsdruck seit einigen Jahren zunimmt, und zwar insbesondere in qualifizierten Berufen. Neu sind auch die Mechanismen, die zu dauerhaft hoher Arbeitsintensität und Stress führen. Waren es traditionell standardisierte kurzzyklische Zeitvorgaben, die das Arbeitstempo bestimmten, so sind es heute bisweilen die ungeschriebenen Regeln innerhalb spezifischer Arbeitskulturen, die die Maßstäbe für Qualität und Quantität der Arbeitsleistung bestimmen. Handlungsspielräume und Zeitautonomie – Leitbilder der menschengerechten Arbeitsgestaltung – können im Extremfall ins Negative umschlagen, wenn keine Grenzregulation erfolgt. Neue, moderne Arbeitsformen beinhalten enorme Chancen, aber sie erfordern sorgfältige Gestaltung.

Es war Ziel der Veranstaltung, die einschlägige aktuelle Forschung verschiedener Disziplinen – insbesondere der Arbeitspsychologie und der Industriesoziologie – zusammenzutragen und gemeinsam abzuwägen. Die einzelnen Fachbeiträge waren substantiell und innovativ und haben in hervorragender Weise das Phänomen moderner arbeitsbezogener Belastungen beleuchtet. Ich freue mich, dass wir mit diesem Band das entsprechende Wissen mit den Leserinnen und Lesern teilen und zur Diskussion über die Zukunft der Arbeit beitragen können.

Isabel Rothe
Präsidentin der Bundesanstalt für Arbeitsschutz und Arbeitsmedizin

Inhaltsverzeichnis

Psychische Belastung bei Wissens- und Dienstleistungsarbeit – eine Einführung

Gisa Junghanns und Martina Morschhäuser

Die Arbeitswelt zu Anfang des 21. Jahrhunderts ist gekennzeichnet von rasanten ökonomischen, technischen und sozialen Veränderungsprozessen. Mit der Globalisierung und dem damit zusammenhängenden verstärkten Wettbewerbsdruck sowie der informationstechnischen Durchdringung aller Arbeits- und Produktionsprozesse verändern sich Arbeitsbedingungen und Lebensverhältnisse der Beschäftigten.

Zugleich hat sich der Dienstleistungssektor stark ausgeweitet. Dieser auch als „Tertiarisierung" bezeichnete Prozess vollzieht sich seit etwa den 1950er Jahren, das heißt die Beschäftigtenzahlen stiegen ab diesem Zeitpunkt in diesem Bereich kontinuierlich. Nach Angaben des Statistischen Bundsamtes waren im Jahr 2011 in Deutschland 73,8 % von insgesamt 41 Millionen Erwerbstätigen im tertiären Sektor tätig. Im Vergleich dazu fallen der sekundäre Sektor mit 24,6 % und der primäre Sektor mit 1,6 % der Beschäftigten immer weniger ins Gewicht. Fast drei von vier Beschäftigten sind demnach momentan im Dienstleistungsbereich tätig, und ein weiterer Anstieg wird prognostiziert.

Wird statt einer sektoralen Betrachtungsweise, also der Analyse der Beschäftigung nach Wirtschaftszweigen, eine funktionale Betrachtung angelegt, also eine Analyse der Beschäftigungsstruktur nach Berufs- und Tätigkeitsgruppen, und werden somit auch produktionsnahe Dienstleistungen wie Forschung, Entwicklung, Marketing oder Verwaltung in Unternehmen des sekundären Sektors berücksichtigt, dann stellt sich das Ausmaß der Dienstleistungsarbeit noch größer dar.

Innerhalb des Dienstleistungsbereichs gewinnen informationsverarbeitende, wissensbasierte und interpersonelle Tätigkeiten an Bedeutung. Elektronische Informationsbeschaffung und -verarbeitung sowie Infrastrukturdienstleistungen expandieren, aber auch Tätigkeitsfelder, in denen Beratung oder Qualifizierung im Vordergrund stehen. Weitere wichtige wachsende Dienstleistungsbereiche sind die Finanzdienstleistungen und, auch im Hinblick auf den demographischen Wandel und die steigende Lebenserwartung der Bevölkerung, das Gesundheitswesen.

Im Wandel der Arbeit verändern sich das Tätigkeitsspektrum sowie das Anforderungsprofil der Beschäftigten. Beispielhaft seien hier folgende Entwicklungen erwähnt:

- Die zunehmend rasche Abfolge technischer und organisationaler Veränderungen erfordert erhöhte *Flexibilität* von den Beschäftigten und geht *mit beruflicher Unsicherheit* einher. Erworbenes Wissen und entwickelte Handlungsroutinen werden schneller obsolet. Es gilt, sich immer wieder auf Neues einzulassen und neue berufliche Kompetenzen zu erwerben. Die Planbarkeit der Arbeit verringert sich.

- Durch Rationalisierung und Personalabbau erhöhen sich vielfach die in einem Zeitraum zu bewältigende *Aufgabenmenge* bzw. Zuständigkeiten für den Einzelnen. Aber auch die *Aufgabenvielfalt* nimmt zu. Neben berufliche „Kernaufgaben" treten verstärkt „Sekundäraufgaben", wie Dokumentation, Organisations- oder Netzwerkarbeit. Mit der Verbreitung der Informations- und Kommunikationstechnologien erweitert und verändert sich das Anforderungs- wie auch das Angebotsspektrum in der Arbeit: Die Möglichkeiten sich zu informieren wachsen, und berufsbezogene Kontakte werden dank „niedrigschwelliger" Kommunikationswege vereinfacht. Dem stehen die Gefahren der *Informationsüberflutung* und zunehmender *Arbeitsunterbrechungen* bzw. des Schrumpfens störungsfreier Zeiten gegenüber.

- Arbeit gestaltet sich, auch dank Informatisierung, zunehmend zeitlich flexibel und ortsunabhängig. Beschäftigte arbeiten verstärkt von zu Hause aus oder mobil an unterschiedlichen Orten. Fest geregelte Arbeitszeiten machen Vertrauensarbeitszeit Platz. Betriebs- und Arbeitszeiten werden entkoppelt. Immer mehr Berufstätige sind jenseits der regulären Arbeitszeit für Arbeitgeber, Kollegen oder Kunden erreichbar. Mit dieser *Entgrenzung* verschwimmen bislang vorgegebene Trennlinien zwischen Erwerbsarbeit und außerberuflichem Leben zunehmend.

- Neue Steuerungsformen der Arbeit erhöhen die *Eigenverantwortung* der Beschäftigten sowohl für die Art der Durchführung ihrer Arbeit als auch für die konkrete Ausgestaltung des Arbeitsergebnisses. Oftmals wird nicht vorgegeben, welche Aufgaben genau in welchem Zeitraum zu erledigen sind; stattdessen werden Ziele vereinbart oder gesetzt und die Art und Weise der Zielerreichung dem Einzelnen überlassen. Gleichzeitig sind im Arbeitsprozess aber auch immer mehr Vorgaben, beispielsweise zur Qualitätssicherung, zur Gewährleistung von Rechtssicherheit oder im Rahmen des Controllings, zu beachten. Zudem beeinflussen neben dem Vorgesetzten immer mehr weitere Akteure – Kunden, Kollegen, Netzwerkpartner – den Aufgabenzuschnitt.

Die dargestellten Trends verdeutlichen, dass die Menschen im Erwerbsleben heute und mit Blick auf die Zukunft zunehmend geistig bzw. psychisch gefordert sind. Mit den neuen Belastungskonstellationen korrespondiert ein verändertes Spektrum gesundheitlicher Beeinträchtigungen in der Erwerbsbevölkerung.

Während die Arbeitsunfähigkeitstage aufgrund von Muskel-Skelett-Erkrankungen seit Beginn der 90er Jahre rückläufig sind, hat sich der Anteil der psychischen Störungen am Arbeitsunfähigkeitsgeschehen kontinuierlich erhöht. Sie stellen momentan gemäß den Daten der Betriebskrankenkassen die dritthäufigste Diagnosegruppe dar. Insbesondere „Burnout" mit dem Kernsymptom der emotionalen Erschöpfung wird zunehmend als Problem in unserer Gesellschaft registriert und mit wachsenden psychischen Anforderungen bzw. Überforderungen in der Arbeitswelt in Verbindung gebracht. Zu berücksichtigen ist allerdings, dass die Diagnose „Burnout" nicht mit der einer psychischen Erkrankung gleichzusetzen ist und bislang keine einheitlich anerkannte Definition des Begriffs existiert.

Die skizzierten Entwicklungen der Arbeitsanforderungen sind keineswegs nur negativ zu bewerten. Körperlich schwere Verrichtungen und manche Belastungen aus der Arbeitsumgebung wie Kälte, Nässe oder Zugluft, Arbeit mit starken Erschütterungen oder mit Öl und Schmutz sind rückläufig, während die Arbeit zunehmend durch kognitive Anforderungen, Kooperationsanforderungen und wachsende Eigenverantwortung geprägt ist. Die Arbeit ist vielfach qualifizierter und lernförderlicher geworden. Neue Formen der Arbeits- und Unternehmensorganisation versprechen mehr Freiheit bei der Arbeitszeitgestaltung, mehr Selbständigkeit in der Arbeitsausführung und weniger Arbeitsteilung. Der verstärkte Einsatz von IuK-Technologien ermöglicht die schnellere Bearbeitung von Arbeitsaufgaben und trägt zur besseren Vernetzung mit anderen bei.

Allerdings: So wie Belastungen[1] nicht per se negativ zu bewerten sind, haben auch Charakteristika der Arbeit, die nach vorliegendem Kenntnisstand Gesundheit und Wohlbefinden stützen und daher auch als „Ressourcen" bezeichnet werden, nicht nur positive Wirkungen. Je nach Kontext, in dem sie wirksam werden, können sie sich ins Negative verkehren. So mündet eine hohe Eigenverantwortung bei großer Aufgabenfülle, engen Zeitvorgaben oder unzureichendem Kenntnisstand leicht in „Überengagement" und Überforderung. Insbesondere in Verbindung mit einer hohen Relevanz von Entscheidungen, zunehmenden Optionen und zeitlichen Restriktionen kann sie zur Erschöpfung beitragen. Die umfassende Verfügbarkeit arbeitsrelevanter Informationen kann in Informationsüberflutung münden, deren Regulationsaufwand die theoretisch positiven Wir-

---

1   Der Belastungsbegriff wird in der Wissenschaft uneinheitlich verwendet. In der Arbeits- und Organisationspsychologie dominiert die Definition gemäß der internationalen Norm DIN EN ISO 10075-1. Danach wird „psychische Belastung" definiert als „Gesamtheit aller erfassbaren Einflüsse, die von außen auf den Menschen zukommen und psychisch auf ihn einwirken". In der Arbeits- und Industriesoziologie wird der Begriff eher gemäß dem Alltagsverständnis mit negativer Konnotation und nicht nur im Singular verwendet. Beide Varianten sind in diesem Buch vertreten. Die jeweilige Bedeutung erschließt sich aus dem Kontext. Gleichwohl illustriert dieser unterschiedliche Sprachgebrauch schon die Herausforderungen des interdisziplinären Dialogs zur Thematik.

negative Auswirkung von
zu hoher Arbeitsbelastung
12   Gisa Junghanns und Martina Morschhäuser

kungen übertrifft und zusätzlich belastet. Auch die Bearbeitung neuer und komplexer Aufgaben kann, statt mit Lerneffekten einherzugehen, bei hoher Arbeitsintensität belastend wirken, mit Gefühlen der Unzulänglichkeit verbunden sein und Lernen an anderer Stelle verhindern.

Angesichts veränderter Belastungskonstellationen bedarf es neuer Gestaltungskonzepte, um die ihnen innewohnenden Chancen zu nutzen und den Gesundheitsrisiken zu begegnen. Traditionelle Handlungsansätze wie „job enlargement" oder „job enrichment", die sich bei restriktiven Tätigkeiten in der Produktion bewährt haben, sind im Bereich qualifizierter (Dienstleistungs-)Arbeit zumeist keine Lösung, sondern eher Teil der Problematik. Tragfähige Strategien müssen dabei sowohl die Arbeitsbedingungen als auch Orientierungen und Einflussmöglichkeiten der Beschäftigten selbst als Mitgestalter ihrer eigenen Arbeit und das Zusammenwirken von Verhalten und Verhältnissen berücksichtigen.

In den folgenden Buchbeiträgen sollen neue Entwicklungen in der Arbeit, ihre Auswirkungen auf Beschäftigte und Betriebe sowie die damit verbundenen Herausforderungen detaillierter beschrieben werden. Im Blickfeld steht dabei Wissens- und Dienstleistungsarbeit, die wie dargestellt, unsere Arbeitswelt zunehmend prägt.

Folgenden Fragen wird in diesem Buch nachgegangen:

- Durch welche Veränderungen und Entwicklungen in Wirtschaft und Gesellschaft lässt sich der Bedeutungszuwachs psychischer Belastungen erklären?
- Welche neuen Anforderungen und Belastungskonstellationen prägen die heutige (Dienstleistungs-)Arbeit?
- Welche Schlussfolgerungen zum Wandel der Arbeit lassen sich aus der Betrachtung des Krankheitsgeschehens und insbesondere der Zunahme psychischer Störungen ableiten?
- Welche neuen Herausforderungen ergeben sich für Beschäftigte und Betriebe?
- Wo kann Gestaltung angesichts wachsender psychischer Belastung ansetzen und wie können zukunftsrelevante Handlungsansätze aussehen?

Zu diesen Fragen werden aktuelle Forschungsergebnisse dargestellt. Dabei wurden sowohl arbeitspsychologische als auch industriesoziologische Beiträge für diesen Band ausgewählt. Die Betrachtungsweise der Thematik aus der Sicht dieser verschiedenen Disziplinen impliziert, dass spezifische inhaltliche Schwerpunkte gesetzt werden und einigen Fragestellungen eher in der Tiefe, anderen mit einem breiten Blickwinkel nachgegangen wird. Bei der Zusammenstellung der Beiträge wurde vor allem Wert darauf gelegt, dass neue Modelle, Annahmen und Untersuchungsergebnisse, aber auch zukünftiger Forschungsbedarf zum Verständnis veränderter Arbeitsbedingungen und neuer Belastungskonstellationen vorgestellt werden.

Der Beitrag von *Christian Korunka* und *Bettina Kubicek* „*Beschleunigung im Arbeitsleben – neue Anforderungen und deren Folgen*" fokussiert beschleunigungsbedingte Arbeitsanforderungen, die auf einen Wandel moderner Zeitstrukturen zurückgeführt werden. Ziel des Beitrages ist es, diese vor dem Hintergrund veränderter Zeitstrukturen zu beschreiben und ihre Auswirkungen auf die Beschäftigten zu ermitteln. Mit Bezugnahme auf internationale Studien und Forschungsbefunde werden Veränderungen von Zeitstrukturen aus gesellschaftstheoretischer Perspektive rekonstruiert und damit zusammenhängende Entwicklungstendenzen in der Arbeitswelt aufgezeigt, gefolgt von einer Beschreibung der neuen Anforderungen. Im Weiteren widmen sich die Autoren deren, wie sie betonen, positiven und negativen Folgen. Herausgestellt wird die Bedeutung arbeitsbezogener Ressourcen sowie individueller Umgangsweisen, welche die Auswirkungen von Beschleunigung auf arbeitstätige Personen beeinflussen. Dabei werden unterschiedliche Bewältigungsmuster herausgearbeitet. Schließlich erfolgt ein Ausblick auf offene Fragen und Forschungslücken, denen zum Teil in ihrem Forschungsprojekt „Beschleunigung in der Arbeitswelt" nachgegangen werden soll.

Nick Kratzer und *Wolfgang Dunkel* gehen in ihrem Beitrag „*Neue Steuerungsformen bei Dienstleistungsarbeit – Folgen für Arbeit und Gesundheit*" der Frage nach, warum psychische Belastungen bei Dienstleistungsarbeit auch und gerade dort zunehmen, wo die Beschäftigten über weitreichende Partizipationschancen verfügen. Sie finden die Antwort in der arbeits- und industriesoziologischen These der „Neuen Steuerungsformen". Beschäftigte sind demnach unmittelbar mit einem wachsenden Marktdruck konfrontiert, den sie „in Eigenregie" bewältigen müssen. Das eigentlich unternehmerische Problem, wie steigende Leistungsanforderungen mit begrenzten Ressourcen zu bearbeiten sind, werde zu einem individuellen Problem. Zu den spezifischen Belastungsfolgen gehöre, dass Beschäftigte mit widersprüchlichen eigenen Anforderungen und Interessen konfrontiert seien, was den betrieblichen Gesundheitsschutz vor neue Herausforderungen stelle. Die Autoren stützen sich bei ihren Ausführungen auf drei abgeschlossene empirische Untersuchungen sowie ein laufendes Forschungsprojekt.

G. Günter Voß, Christoph Handrich, Carolyn Koch-Falkenberg und *Cornelia Weiß* stellen unter dem Titel „*Zeit- und Leistungsdruck in der Wahrnehmung supervisorischer Experten*" die sich wandelnden Arbeits- und Lebensbedingungen von Mitarbeitern in Organisationen aus Sicht dieser Berufsgruppe dar. Nach einem Überblick über aktuelle Entwicklungstendenzen arbeitsbedingter psychischer Erkrankungen werden die arbeitssoziologischen Konzepte „Entgrenzung" und „Subjektivierung von Arbeit" vorgestellt, mit denen der Strukturwandel der

Arbeit theoretisch begründet wird. Gemäß den im Anschluss dargestellten Ergebnissen einer Befragung von Supervisoren und Beratern haben sowohl die psychosozialen Belastungen als auch die gesundheitlichen Beeinträchtigungen der Beschäftigten im Zuge betrieblicher Veränderungsprozesse erheblich zugenommen. Aufgrund der Dominanz ökonomischer Kriterien innerhalb der Organisationen gerate dabei professionelles Handeln „unter Druck", wobei unterschiedliche Umgangsweisen von älteren und jüngeren Mitarbeitern mit beruflichen Standards festzustellen seien. Herausgestellt werden des Weiteren die Bedeutsamkeit, aber auch die Dilemmata des Führungskräfteverhaltens angesichts der geschilderten Veränderungsprozesse.

Holger Pfaff vertritt mit seinem Beitrag „*Optionsstress und Zeitdruck*" die These, dass die Vereinbarkeit von Zeitdruck und kreativer Optionsbewältigung im Zentrum moderner Industriebetriebe, Dienstleistungsorganisationen und Wissenschaftseinrichtungen stehe. Ziel des Aufsatzes ist es, diesen Zusammenhang als gesellschaftliche Entwicklungstendenz näher zu betrachten.

Moderne Wissensarbeit sei in bestimmten Phasen durch Optionsstress geprägt. Optionsstress sei dann gegeben, wenn eine Person in einer Situation, die sich durch viele oder komplexe Optionen auszeichnet, zur Einschätzung gelangt, dass die Situation ihre Ressourcen übersteige und das Wohlbefinden gefährde. Es wird erläutert, dass Optionsstress ein Grundproblem des Menschen und der Menschheit darstelle und durch die Modernisierung der Gesellschaft an Bedeutung gewinne. Die Bewältigung dieses Stresses ist nach Meinung des Autors ein Wesensmerkmal moderner Wissensarbeit. Holger Pfaff geht zunächst auf das Konzept des Optionstresses ein, leitet dann über zur These der zweigeteilten Arbeitswelt, einer sogenannten strukturierten und unstrukturierten, diskutiert die unterschiedliche Optionslast in beiden Welten und geht am Ende auf das Verhältnis von Optionsstress und Zeitdruck ein. Schließlich werden Maßnahmen gegen Zeitdruck und Optionsstress diskutiert.

Norbert K. Semmer, Nicola Jacobshagen, Laurenz L. Meier, Achim Elfering, Wolfgang Kälin und *Franziska Tschan* stellen in ihrem Beitrag „*Psychische Beanspruchung durch illegitime Aufgaben*" ein neues Konzept vor, das sich mit Aufgaben beschäftigt, die man von einer Person nicht erwarten kann, Aufgaben, die in einem bestimmten Kontext als unnötig oder unzumutbar empfunden werden. Unnötige Aufgaben sind solche, die als sinnlos empfunden werden. Unzumutbar sind solche, die durch die gegebene berufliche Rolle nicht abgedeckt werden.

Es geht um das Konzept der illegitimen Aufgaben. Was macht illegitime Aufgaben zu einem speziellen aber zentralen Stressor in der heutigen Arbeit? Dieser Frage wird nachgegangen sowie die theoretische Verwurzelung des Konzeptes in der arbeitspsychologischen Stressforschung diskutiert. Erste Forschungsergebnisse werden mit der „Bern illegitime task scale" vorgestellt, die darauf hinweisen, dass es sich um ein eigenständiges Konzept handelt, das Bezug zu Verhalten und Gesundheit hat. Praktische Implikationen dieses Konzeptes werden unter anderem anhand der Aufgaben von Führungskräften im Erkennen und im Umgang mit illegitimen Aufgaben vertieft diskutiert.

In dem Beitrag *„Keine Zeit für gesunde Führung? Befunde und Perspektiven aus Forschung und Praxis"* von *Ulrike Stilijanow* und *Petra Bock* stehen Führungskräfte im Fokus der Betrachtung. Diese Beschäftigtengruppe erlebt selbst hohen Zeit- und Leistungsdruck in ihrem Führungsalltag und beeinflusst zugleich die Arbeitsrealität ihrer Mitarbeiter sowie deren Motivation, Produktivität und Gesundheit auf bedeutsame Weise. Ausgehend vom Stand der Forschung zum Einfluss der Führungskräfte auf die Gesundheit von Mitarbeitern wird gezeigt, dass die Erkenntnisse zu gesunder Führung in der Praxis eher wenig Anwendung finden. Anhaltspunkte zum Verständnis ergeben sich aus der Betrachtung der Arbeitsbedingungen von Führungskräften. Viele gesundheitsförderliche Führungsmerkmale erfordern Zeit – aber Zeit ist aus der Perspektive von Führungskräften Mangelware. Der Blick auf den betrieblichen Kontext verdeutlicht, dass die zunehmend auch von Unternehmen an die Führungskräfte herangetragenen Forderungen nach gesunder Führung häufig als eine zusätzliche Belastung wahrgenommen werden, da die gelebte Leistungskultur mit gesundheitsförderlichem Führungsverhalten nur schwer zu vereinbaren sei.

Anja Gerlmaier und *Erich Latniak* widmen sich in ihrem Beitrag *„Psychische Belastungen in der IT-Projektarbeit – betriebliche Ansatzpunkte der Gestaltung und ihre Grenzen"* der Belastungs- und Ressourcensituation von IT-Spezialisten. Nach einer Skizzierung von Veränderungen in der Arbeitswelt werden Konzepte zur Entstehung von Stress und Burnout in der Wissensarbeit vorgestellt, wobei u. a. das selbst entwickelte „relationale Belastungs- Ressourcenmodell" vorgestellt wird. Gemäß den Daten eines im Rahmen des BMBF-geförderten Forschungsvorhabens „DIWA-IT" durchgeführten Belastungs- und Ressourcenscreenings weist ein hoher Anteil der Befragten Anzeichen von Burnout auf. Als zentrale Bedingungsfaktoren erwiesen sich unter anderen Zeitdruck, Arbeitsunterbrechungen, ungeplanter Zusatzaufwand, widersprüchliche Arbeitsanforderungen sowie fehlende Möglichkeit der Vereinbarkeit von Familie und Beruf. Die Autoren beleuchten aber auch die belastungsmindernde Ressourcensituation, z. B. die Qualität der Führung, den Gestaltungsspielraum und die Erholung. Abschließend werden praktisch erprobte Konzepte und Gestaltungsansätze zur Burnout-Prävention ausführlich vorgestellt. Herausgestellt wird dabei das „Konzept der subjektorientierten Defragmentierung", in dessen Mittelpunkt die Entzerrung und Neuordnung parallel anfallender Aktivitäten steht.

Eberhard Ulich geht in seinem abschließenden Beitrag *„Wandel der Arbeit – Wandel der Belastungen"* vom veränderten Krankheitsgeschehen und den im letzten Jahrzehnt deutlich zugenommenen Abwesenheitstagen der Diagnosegruppe „Psychische und Verhaltensstörungen" aus. Bei der Erörterung möglicher Ursachen geht er auf unterschiedliche Erklärungsansätze ein und unterstreicht die Bedeutung mangelnder Partizipation in der Arbeit. Im Anschluss beschreibt er, wie Arbeit gemäß dem „Primat der Arbeitsaufgabe" gestaltet werden sollte und stellt Merkmale persönlichkeits- und gesundheitsförderlicher Aufgabengestaltung dar, wie beispielsweise Vollständigkeit der Arbeit, Anforderungsvielfalt und Autonomie. In der nachfolgenden Betrachtung des Phänomens „Arbeit trotz Krankheit" und möglicher Gründe wird herausgestellt, dass es genau die vorab beschriebenen Merkmale menschengerechter Arbeitsgestaltung sind, die auch Präsentismus unter bestimmten Umständen fördern können. Er schlussfolgert, dass in indirekt gesteuerten Arbeitssystemen ein partizipatives Gesundheitsmanagement und eine geregelte Autonomie erforderlich seien. Angesichts der Herausforderungen einer neuen Dienstleistungsgesellschaft und der Komplexität der Thematik bedürfe es dringend weiterer Forschung. Erforderlich sei dazu ein „möglichst vorurteilsfreies Zusammenwirken verschiedener arbeits- und sozialwissenschaftlicher Disziplinen".

Beschleunigung im Arbeitsleben – neue Anforderungen und deren Folgen

Christian Korunka und Bettina Kubicek

Abstract

Das Gefühl, immer mehr Arbeitsaufgaben immer rascher erledigen zu müssen, kennzeichnet gegenwärtig die Grundbefindlichkeit vieler arbeitstätiger Menschen. Gesellschaftstheoretische Ansätze erklären dieses Gefühl mit der Veränderung moderner Zeitstrukturen. Konstatiert wird eine fortschreitende Steigerung von Geschwindigkeiten und Veränderungsraten, die auch in der Arbeitswelt neue Anforderungen erzeugt. Arbeitsintensivierung sowie die Notwendigkeit zur Neuorientierung, zum Unsicherheitsmanagement und zur Selbstkontrolle sind konkrete Beispiele hierfür. Ziel des vorliegenden Beitrags ist es, diese neuen, beschleunigungsbedingten Anforderungen vor dem Hintergrund veränderter Zeitstrukturen zu beschreiben und ihre Auswirkungen auf arbeitstätige Personen auszuloten. Dabei wird die These vertreten, dass beschleunigungsbedingte Anforderungen sowohl Gewinne als auch Verluste, positive wie auch negative Folgen für das Individuum bereithalten und dass die Art und Intensität der Auswirkungen von Bewertungsprozessen, Umgangsstilen und den vorhandenen Ressourcen beeinflusst werden.[1]

1 Einleitung

Wie der Titel des Sammelbandes andeutet, sind viele Arbeitende heute gefordert, „immer schneller" „immer mehr" zu leisten. Doch woher kommt diese Anforderung und was bedeutet sie im Kontext von Erwerbsarbeit? Sind arbeitstätige Personen gegenwärtig gar mit neuen Arbeitsanforderungen konfrontiert? Und wie gehen sie mit diesem um? Diese Fragen bilden den Ausgangspunkt der folgenden Ausführungen, in denen wir die Annahme vertreten, dass Arbeitsintensivierung, die Notwendigkeit zur Neuorientierung, zum Unsicherheitsmanagement und zur Selbstkontrolle als neue, beschleunigungsbedingte Anforderungen aus dem Wandel der modernen Zeitstrukturen resultieren. Zudem postulieren wir, dass diese Anforderungen sowohl positive als auch negative Folgen zeitigen und dass individuelle Umgangsweisen und arbeitsbezogene Ressourcen die Auswirkungen beschleunigungsbedingter Anforderungen auf arbeitstätige Personen beeinflussen.

Um diese Thesen zu entfalten, werden zunächst die Veränderungen moderner Zeitstrukturen aus gesellschaftstheoretischer Perspektive rekonstruiert und die korrespondierenden Entwicklungstendenzen in der Arbeitswelt aufgezeigt. Es folgt eine Beschreibung neuer beschleunigungsbedingter Anforderungen, um die Konsequenzen der Veränderungen für arbeitstätige Menschen auszuloten. In Abschnitt 4 widmen wir uns den Wirkungsweisen beschleunigungsbedingter Anforderungen, anschließend werden deren ambivalente Folgen dargelegt. Da sich arbeitstätige Personen schwerlich den Anforderungen der Arbeitswelt entziehen können, fragen wir in Abschnitt 6 nach Mustern des Umgangs mit beschleunigungsbedingten Anforderungen und nach der Rolle arbeitsbezogener Ressourcen. In einem abschließenden Ausblick werden offene Fragen und vorhandene Forschungslücken diskutiert.

2   Die Veränderung der Zeitstrukturen

Folgt man gesellschaftstheoretischen Gegenwartsdiagnosen, verändern sich derzeit die Zeitstrukturen moderner westlicher Gesellschaften (z. B. Beck 1986; Rosa 2005; Giddens 1990). Zu beobachten ist eine Dynamisierung gesellschaftlicher Prozesse, die zu einem Bruch in der Entwicklung der Moderne führt. Begrifflich gefasst wird dieser Bruch mit Schlagworten wie „zweite" (Giddens 1990), „reflexive" (Beck 1986) oder Spätmoderne. Neu ist dabei nicht die Art gesellschaftlicher Veränderungen, sondern vielmehr die Geschwindigkeit, mit der sich Wandlungen vollziehen. Die in immer kürzeren Abständen erfolgenden Krisenmeldungen der globalen Finanzwirtschaft (dotcom-Krise 2000, Immobilienkrise 2007, globale Finanzkrise 2008, Griechenland- und Euro-Krise 2009) sind nur eines von zahlreichen Beispielen, das für eine beschleunigte Veränderung gesellschaftlicher und ökonomischer Strukturen und Prozesse spricht. Der Soziologe Hartmut Rosa (2005) bezeichnet die „soziale Beschleunigung" daher auch als das zentrale Merkmal moderner Zeitstrukturen, Tomlinson (2007) sieht in ihr das Leitmotiv der Moderne.

Gegenwärtig erleben westliche Industriestaaten – so die These Rosas (2005) – einen Beschleunigungsschub[2]. Eingeleitet wurde dieser durch technische Innovationen sowie ökonomische und politische Umbrüche im Übergang zum 21. Jahrhundert. Die massenweise Verbreitung technischer und technologischer Neuerungen, wie beispielsweise der neuen Informations- und Kommunikationstechnologien, führt Rosa (2005) zufolge zu einer Beschleunigung von Transport-, Kommunikations- und Produktionsprozessen. Durch die Verkürzung von Innovationszyklen und die Steigerung von Produktions- und Konsumptionsgeschwindigkeiten wandeln sich die materialen Strukturen moderner Gesellschaften in immer kürzeren Abständen. Für die Menschen bedeutet der *beschleunigte technologische Wandel*, dass sich die Rahmenbedingungen ihres Handelns rascher verändern und sich der Zeitraum verkürzt, für den mit einigermaßen konstanten Lebensbedingungen gerechnet werden kann (Lübbe 1996). Die technologische Beschleunigung fungiert somit als eine „mächtige Triebfeder des sozialen Wandels" (Rosa 2005: 247). Ausdruck findet der *beschleunigte soziale Wandel* in den fortwährenden Veränderungen von Praxisformen, Handlungsorientierungen und Erwartungen. Es verkürzt sich die Gültigkeitsdauer von Wissensbeständen. Was gestern noch „state of the art" war, ist morgen längst überholt – so könnten die Veränderungen pointiert zusammengefasst werden. Um mit diesen Veränderungen mithalten zu können, reagieren die Individuen mit einer Steigerung der Handlungsgeschwindigkeit oder, in den Worten Rosas (2005: 199), mit einer *„Beschleunigung des Lebenstempos"*. Erreicht werde dies durch die Beschleunigung der Handlungen selbst (schneller arbeiten, lesen, gehen), durch die Verkürzung von Pausen oder das simultane Ausführen mehrerer Aktivitäten (Multitasking). Aus dem Gefühl heraus, trotz des beständigen Vorwärtsstrebens nicht mit den Veränderungen mithalten zu können, ertönt der Ruf nach neuen zeitsparenden Technologien. Damit schließt sich mit Rosa (2005: 243-251) der Kreis, denn es werden neue Technologien geschaffen, die wiederum den sozialen Wandel und in weiterer Folge die Beschleunigung des Lebenstempos vorantreiben. So entsteht ein sich selbst antreibender Akzelerationszirkel, der von der technologischen Beschleunigung über die Beschleunigung des sozialen Wandels zur Beschleunigung des Lebenstempos führt, die ihrerseits wiederum in eine technologische Beschleunigung mündet. Man könnte somit sagen, dass Beschleunigung zu einer allgemeinen sozialen Norm geworden ist, zu einer Handlungsanforderung, der sich die Individuen schwerlich entziehen können. „Güter, Menschen, Energie und Informationen sollen ihren Standort mit zunehmender Häufigkeit wechseln, um – in einem umfassenden ökonomischen und kulturellen Sinn – zu zirkulieren" (Nowotny 1993: 98).

Wie äußert sich die soziale Norm der Beschleunigung nun aber in der Arbeitswelt? Auch in diesem Bereich ist ein „tief greifender Strukturwandel" zu konstatieren, der neben den organisatorischen, räumlichen und technischen Rahmenbedingungen auch die zeitliche Strukturierung der Erwerbsarbeit betrifft (Voß 1998: 473-475). Konkret lassen sich Beschleunigungstendenzen im Bereich der Organisationsstruktur, der Arbeitsorganisation und der Arbeitsanforderungen ausmachen.

Auf Ebene der *Organisationsstruktur* gewinnt die Entscheidungsgeschwindigkeit infolge des steigenden internationalen Wettbewerbs an Bedeutung. Sie bildet auf dem Weg von der Erfindung bis zur Marktreife eines Produkts den entscheidenden Wettbewerbsvorteil (Zundel 2004). Zudem machen Veränderungen auf den internationalen Märkten beständige Anpassungsleistungen der Unternehmen notwendig (Backhaus/Gruner 1997). Folglich gestalten Unternehmen ihre Organisationsstruktur zunehmend flexibel (Cascio 2003: 417). An die Stelle hierarchisch strukturierter, auf langfristige Stabilität ausgerichteter Organisationen treten flexible Netzwerkstrukturen mit flachen Hierarchien. Unternehmensstrukturen verlieren damit an Stabilität. Interne Restrukturierungen, Unternehmenszusammenschlüsse oder -verkleinerungen treten in rascherer Abfolge auf (Blickle/Schneider 2010) – nicht nur in privaten Unternehmen, sondern auch in Einrichtungen der öffentlichen Verwaltung[3]. Die Steuerung von Veränderungsprozessen wird zur Kernaufgabe und Veränderung zu einem zentralen Wert im Unternehmen (Tomlinson 2007).

Auf der Ebene der *Arbeitsorganisation* lässt sich der Wandel spätmoderner Zeitstrukturen mit Veränderungen der Arbeitszeitregime in Zusammenhang bringen. Die Standardarbeitszeit wird hinsichtlich ihrer Lage, Dauer und Verteilung in alltäglicher und biografischer Perspektive flexibilisiert (Seifert 2007). Teilzeitarbeit, Arbeit auf Abruf, Gleitzeit, Arbeitszeitkonten, Sonn- und Feiertagsarbeit sowie Schichtarbeit sind beredte Beispiele dieser Entwicklung. Es kommt damit nicht nur zu einer Flexibilisierung der Arbeitszeit (Herrmann/Promberger/Singer/Trinczek 1999) und einer Vervielfältigung der Arbeitszeitformen, sondern auch zu einer zeitlichen Entgrenzung von Arbeit (Jurczyk/Schier/Szymenderski/Lange/Voß 2009). Wann und wie lange gearbeitet wird, ist stets aufs Neue zu entscheiden. Dies betrifft den Beginn und das Ende eines Arbeitstages sowie die Lage und Dauer von Pausen, aber auch „die Anlässe zeitlicher Verdichtung und Beschleunigung von Tätigkeiten" im Tages-, Wochen-, Monats- und Jahresverlauf (Voß 1998: 474).

Den beschriebenen Veränderungen ist die Tendenz gemeinsam, etablierte Strukturen zu dynamisieren. Diese verstärkte Dynamisierung gesamtgesellschaftlicher und innerbetrieblicher Strukturen lässt die Erwerbspersonen nicht unberührt. Vielmehr sehen sie sich mit *neuen Anforderungen* konfrontiert, die wir aufgrund ihrer Entstehung aus dem beschleunigten technologischen und sozialen Wandel als *beschleunigungsbedingte Anforderungen* bezeichnen.

3 Die Konsequenzen für arbeitende Menschen – beschleunigungsbedingte Anforderungen

Leitet man aus dem Wandel der Temporalstrukturen spätmoderner Gesellschaften und den korrespondierenden Veränderungen der Organisationsstrukturen sowie der Arbeitsorganisation Anforderungen für die Beschäftigten ab, ist zunächst zu beachten, dass sich die Dynamisierungstendenzen auf unterschiedlichen Ebenen ereignen. Die Beschleunigung des Lebenstempos ist überwiegend auf der Handlungsebene angesiedelt und lässt sich daher unmittelbar in Handlungsanforderungen an arbeitende Personen überführen. Veränderungen, die mit der technologischen Beschleunigung und der Beschleunigung des sozialen Wandels in Zusammenhang stehen, bewegen sich hingegen vorwiegend auf der organisationalen bzw. gesamtgesellschaftlichen Ebene, sie lassen sich daher nur mittelbar in Arbeitsanforderungen übersetzen.

So ist die Beschleunigung des Lebenstempos unmittelbar in eine Beschleunigung des Arbeitstempos, als beschleunigungsbedingte Anforderung, überführbar. Dem gestiegenen Arbeitstempo korrespondiert als neue Anforderung die *Arbeitsintensivierung*: Um all die anfallenden Arbeitsaufgaben bewältigen und den engeren terminlichen Vorgaben entsprechen zu können, wird das Arbeitstempo erhöht. Dies kann erreicht werden, indem man mehr Aufgaben in der gleichen oder in einer kürzeren Zeit erledigt, also Handlungen schneller ausführt, Pausen und Leerzeiten reduziert oder die Arbeitszeit verlängert. Schließlich besteht die Möglichkeit, Arbeitshandlungen parallel auszuführen, um die vorhandene Zeit „effektiver" zu nutzen.

Indirekter gestaltet sich die Ableitung von Anforderungen im Bereich des beschleunigten technologischen und sozialen Wandels. Erfolgen betriebliche Restrukturierungen in immer kürzeren Abständen, so verlieren Organisationsstrukturen ihre stabilisierende Wirkung. Die von beständigen Strukturen ausgehende Berechenbarkeit, Planungsstabilität und Erwartungssicherheit nimmt ab. Folglich wird das *Unsicherheitsmanagement* zu einer neuen Anforderung an die Beschäftigten. Dies betrifft hoch qualifizierte Arbeit ebenso wie Arbeiten am unteren Ende des Qualifikationsspektrums (z. B. Reinigungsarbeiten). Beschäftigte sind gegenwärtig nicht nur zunehmend gefordert, prekäre Arbeit in unsicheren oder befristeten Arbeitsverhältnissen zu leisten, es wird ihnen durch den raschen Wandel der Rahmenbedingungen auch erschwert, vorausschauend und planend zu agieren. Aus berufsbiografischer Perspektive sehen sich Erwerbstätige mit steigender biografischer Unsicherheit und der Zunahme diskontinuierlicher Erwerbsbiografien konfrontiert.

Darüber hinaus macht es die Tatsache, dass arbeitsbezogenes Wissen und soziale Beziehungen am Arbeitsplatz – sei es zu Kollegen[4], Vorgesetzten oder Kundinnen – eine immer kürzere Halbwertszeit besitzen und Arbeitsmittel und Zielvorgaben einander in wachsendem Tempo ablösen, erforderlich, sich immer wieder auf Neues einzustellen. Die Notwendigkeit zur *Neuorientierung*, als einer weiteren beschleunigungsbedingten Anforderung, umfasst dabei so unterschiedliche Aspekte wie die Aktualisierung von Wissensbeständen, Arbeitspraktiken, Arbeitsbeziehungen oder arbeitsrelevanten Handlungserwartungen.

Mit der Notwendigkeit zum Unsicherheitsmanagement und zur Neuorientierung geht schließlich die Anforderung einher, vermehrt eigenständig zu planen. Von den Beschäftigten wird mehr *Autonomie* bzw. *Selbstkontrolle* gefordert (Voß 1998). Die steigende Autonomie in der Ausführung der Tätigkeit erzeugt die Anforderung, eigenständig Entscheidungen zu treffen und die gebotenen Handlungsspielräume zu nutzen. Sie erhöht die Verantwortung der Arbeitenden. Zusammengefasst sind Arbeitsintensivierung, Unsicherheitsmanagement, die Notwendigkeit zur permanenten Neuorientierung und zur verstärkten Selbstkontrolle wesentliche Anforderungen, die aus gegenwärtigen Dynamisierungstendenzen resultieren. Nun kann jedoch die Frage gestellt werden, ob auch empirische Ergebnisse für die Existenz und die Bedeutsamkeit der aus gesellschaftstheoretischen Arbeiten abgeleiteten Anforderungen sprechen. Um diese Frage zu beantworten, gehen wir im Folgenden auf die bisherige Befundlage zu den neuen Anforderungen ein.

3.1 Arbeitsintensivierung

Seit einigen Jahren weisen Forschungsbefunde darauf hin, dass sich die Arbeit in der Folge der Einführung neuer Informations- und Kommunikationstechnologien wandelt. Die Verbreitung von Laptops, Mobiltelefonen, PDAs (Personal Digital Assistants) und Smartphones – also von Geräten, die es ermöglichen, arbeitsbezogene Aktivitäten auch außerhalb des Büros und der regulären Arbeitszeiten auszuführen – steht mit einer Arbeitsintensivierung in Zusammenhang (Green 2001, 2004a, 2004b; Green/Felstead/Gallie 2000; Green/McIntosh 2001). Konkret hat sich Green (2004a) zufolge die Arbeitsleistung, das heißt der Anteil effektiver Arbeit pro Arbeitsstunde, gesteigert. Zudem zeigen Green und McIntosh (2001) auf Grundlage von Trenddaten des „European Working Conditions Survey", dass sich im Verlauf der 90er Jahre in Europa der Anteil jener Arbeitnehmer erhöht hat, die häufig mit hoher Geschwindigkeit oder unter engen Terminvorgaben arbeiten. Dieser Trend der Arbeitsintensivierung bleibt selbst dann signifikant, wenn potentiell konfundierende Entwicklungen kontrolliert werden, wie die Verschiebung im Kräfteverhältnis der Industriesektoren (Stichwort: Tertiarisierung), die berufliche Zusammensetzung der Erwerbspersonen, wachsende Firmengrößen, die Ausdehnung der Arbeitszeiten und das steigende Bildungsniveau. Die Autoren vermuten, dass sich die Arbeitsintensivierung auf zwei Arten äußert: einerseits in Form längerer Arbeitszeiten und andererseits in einem höheren Arbeitseinsatz pro Zeiteinheit (oder in einer Kombination aus beidem).

Etwas vorsichtiger fällt die Einschätzung einer Arbeitsintensivierung aus, wenn man Trendanalysen zu den Arbeitsbedingungen in den USA heranzieht (Handel 2005). Im Unterschied zu den Befunden von Green und seinen Mitarbeitern zeigt ein Vergleich der Daten des „General Social Survey" von 1989 und 1998 kaum Veränderungen. Die Anzahl der Beschäftigten, die ihre Arbeit als belastend empfinden, blieb annähernd konstant. Ein geringfügiger Anstieg war hingegen in der Anzahl jener Beschäftigten zu verzeichnen, die erschöpft von der Arbeit nach Hause kommen. Dieser Effekt ist Handel (2005) zufolge vor allem auf eine Zunahme des Arbeitsstresses bei Büroangestellten zurückzuführen. Robinson und Godbey (1999) stellten auf der Grundlage von Zeitbudgetdaten fest, dass die Arbeitsstunden in den USA zwischen 1965 und 1992 relativ konstant blieben, dass aber eine zunehmende Anzahl an Personen über Zeitstress in Form von Zeitknappheit oder Gehetztsein berichteten. Der Grund für die Veränderung sei ein Wandel der Zeitstrukturen. „Americans perceive that they are running out of time because the pace of life is speeding up" (Robinson/Godbey 1999: 48). Szollos (2009) leitet aus den Ergebnissen eine Diskrepanz zwischen der Innen- und der Außenwelt der Beschäftigten ab. Während die Daten eine Außenwelt der abnehmenden Arbeitsstunden und zunehmenden Freizeit nahelegen, offenbaren die Antworten zur Innenwelt Erfahrungen von Eile, Stress und rasendem Tempo.

Eine Zusammenführung bisheriger Befunde liefern Olsen, Kalleberg und Nesheim (2010) anhand eines Vergleichs der wahrgenommenen Arbeitsbedingungen in Westdeutschland, Norwegen, Großbritannien und den USA. Auf Basis von Daten des „International Social Survey" kommen die AutorInnen zu dem Schluss, dass sich die Arbeitsintensität in den vier untersuchten Ländern zwischen 1989 und 2005 angeglichen hat. In allen vier Ländern nahm die Arbeitsintensität zu, insbesondere jedoch in Westdeutschland und Norwegen, sodass es zu einer stärkeren Konvergenz zwischen den Ländern kam. Olsen und andere führen diese Annäherung auf globale Trends, wie den zunehmenden internationalen Wettbewerb und vermehrte organisationale Restrukturierungen, zurück.

3.2 Unsicherheitsmanagement

Veränderungen am Arbeitsmarkt und Restrukturierungen in den Unternehmen setzen Erwerbstätige aber nicht nur einer Arbeitsintensivierung, sondern auch größeren Unsicherheiten aus (Beck 1986; Sennett 2000; Castel/Dörre 2009). Arbeitende haben immer weniger die Aussicht auf eine fortschreitende Aufstiegsbiografie mit Arbeitsplatzsicherheit, die eine Planung der Zukunft ermöglicht. Damit eröffnen sich neue Unsicherheiten. Vieles spricht dafür, dass der beschleunigte soziale und wirtschaftliche Wandel sowie der gestiegene internationale Wettbewerb mit seinen Flexibilitätsanforderungen einerseits zu Arbeitsplatzunsicherheit (Handel 2005; Gallie 2007; Olsen/Kalleberg/Nesheim 2010; Obschonka/Silbereisen/Wasilewski 2012) und andererseits zu biografischer Zukunftsunsicherheit (Blossfeld et al. 2007) beitragen.

Wie Analysen „des International Social Survey" zeigen, stieg die Arbeitsplatzunsicherheit zwischen 1989 und 2005 in den USA, Großbritannien, Westdeutschland und Norwegen an (Olsen/Kalleberg/Nesheim 2010). Zu ähnlichen Befunden kommen Obschonka und andere (2012). Sowohl Beschäftigte in Deutschland als auch in Polen berichteten von steigenden Arbeitsmarktunsicherheiten. Das Risiko, den Arbeitsplatz zu verlieren, habe ebenso zugenommen wie die Schwierigkeit, die eigene Berufskarriere zu planen. Besonders intensiv scheint das Unsicherheitsmanagement am Beginn der Erwerbsbiografie auszufallen. Denn die Phase des Berufseintritts dehnt sich insofern aus, als die erste Erwerbstätigkeit und die erste unbefristete Beschäftigung immer weiter auseinanderdriften. Von der Zunahme befristeter Arbeitsverträge am Beginn des Berufslebens sind sowohl gering als auch hoch qualifizierte Gruppen betroffen. Aber auch jenseits der Einstiegsphase nehmen die Karriereinstabilitäten in den letzten Jahren zu (Diewald/Sill 2004). Insgesamt konstatieren Blossfeld und andere (2007) auf Grundlage der Analyse von Übergängen im Lebensverlauf, dass es Personen zunehmend schwerfällt, Entscheidungen, insbesondere langfristig bindende Lebenslaufentscheidungen, zu treffen, da sowohl die vorhandenen Handlungsalternativen als auch die Vorhersehbarkeit ihrer Folgen zunehmend unklarer werden.

3.3 Notwendigkeit zur Neuorientierung

Die Tatsache, dass arbeitsbezogenes Wissen und soziale Beziehungen am Arbeitsplatz eine immer kürzere Halbwertszeit besitzen und Arbeitsmittel und Zielvorgaben einander in wachsendem Tempo ablösen, macht es erforderlich, sich immer wieder auf Neues einzustellen. Die Notwendigkeit zur *Neuorientierung* umfasst dabei so unterschiedliche Aspekte wie die Aktualisierung von Wissensbeständen, Arbeitspraktiken, Arbeitsbeziehungen oder arbeitsrelevanten Handlungserwartungen.

Die technologische Beschleunigung und die raschere Veränderung gesellschaftlicher, wirtschaftlicher und organisationaler Strukturen bewirken, dass die Halbwertszeit des Wissens sinkt. Dies betrifft nicht nur wissenschaftliche Erkenntnisse, sondern auch alltagspraktische Wissensformen: Das *Wissen* über den Gebrauch von Computerprogrammen, Geräten oder Mobiltelefonen, über Organisationsleitlinien, Zuständigkeitsbereiche von Kolleginnen und unternehmensinterne wie externe Ansprechpartner, über Karriereoptionen und Fortbildungsprogramme muss in immer kürzeren Zeitabständen aktualisiert werden. Von den Beschäftigten wird zudem die Bereitschaft zur permanenten Weiterqualifizierung gefordert.

Mit der Einführung neuer Geräte und Programme, der Veränderung von Richtlinien und Zielvorgaben sowie der rascheren Verbreitung von Forschungsergebnissen werden zudem *Arbeitspraktiken* und Handlungsroutinen in Frage gestellt oder gar obsolet. So bedingt etwa die Implementierung einer neuen Dokumentationssoftware nicht nur, dass die Arbeitsschritte zur Einspeisung der relevanten Daten erlernt werden müssen, sondern sie kann auch das Arbeitshandeln beeinflussen. Von der Dokumentation erfasste Arbeitsaufgaben gewinnen im Arbeitsablauf an Bedeutung, nicht erfasste Aufgaben werden eventuell hintangestellt oder bei Termin- und Zeitdruck aufgeschoben. Folglich beeinflusst die Art der Dokumentation die Zusammensetzung der tatsächlich ausgeführten Arbeitshandlungen. Lösen Geräte, Programme und Zielvorgaben einander mit wachsendem Tempo ab, entsteht die Notwendigkeit, das Arbeitshandeln häufiger an die neuen Rahmenbedingungen anzupassen.

Restrukturierungen im Unternehmen verändern aber auch die Abteilungsstruktur und die personale Zusammensetzung in den Abteilungen. Treten derartige Veränderungen häufiger und in rascherer Abfolge auf, verlieren *soziale Beziehungen am Arbeitsplatz* an Kontinuität. Viele Beschäftigte haben nur noch wenige feste Kolleginnen, Vorgesetzte oder Untergebene. An deren Stelle treten häufig wechselnde Projektpartner (Wahren 1994; Voß 1998). Dies gilt nicht nur für unternehmensinterne Arbeitsbeziehungen, sondern auch für externe Kooperationspartnerinnen und die Zusammenarbeit mit Kunden. Daraus entsteht die Anforderung, sich für die Erledigung der Arbeitsaufgaben immer wieder auf neue Interaktionspartner einzustellen.

Schließlich umfasst die Notwendigkeit zur Neuorientierung die Anpassung an sich rascher verändernde *Handlungserwartungen*. So änderte beispielsweise die massenweise Verbreitung elektronischer Nachrichten die erwartete Antwortgeschwindigkeit. Lagen zwischen dem Verfassen und Beantworten von Briefen in der Regel einige Tage, reduzierte sich die Antwortzeit mit der Einführung der E-Mail auf wenige Stunden (Barley/Meyerson/Grodal 2011). Weiter verschärft werden diese Erwartungen durch internetfähige Mobiltelefone. Vermitteln diese Geräte doch den Eindruck, tatsächlich permanent und jederzeit auf elektronische Nachrichten antworten zu können (Jarvenpaa/Lang 2005; Mazmanian/Orlikowski/Yates 2006; Middleton/Cukier 2006). Damit vereinfachen diese Technologien den Arbeitsalltag nicht nur, vielmehr schaffen sie auch neue Erwartungen und Dringlichkeiten.

3.4 Autonomieanforderung

Die Tendenz, etablierte Strukturen aufzubrechen und diese zum Zweck der flexiblen Anpassung an sich ändernde Marktanforderungen zu dynamisieren, führt dazu, dass Regulierungen von Arbeitsverhältnissen abgebaut werden. Es erfolgt eine „systematische De-Strukturierung der Arbeitskontexte" (Voß 1998: 476). Dies hat zweierlei Effekte: Zum einen werden potentiell hinderliche Beschränkungen reduziert. So erweitert der Abbau von Strukturen im Bereich der Betriebs- und Arbeitsorganisation den Handlungsspielraum der Erwerbstätigen. Empirische Untersuchungen sprechen folglich für eine Zunahme der Autonomie der Arbeitenden in vielen Bereichen (Moldaschl 2001; Voß/Pongratz 1998; Pongratz/Voß 2003). Zum anderen gehen aber auch bisweilen hilfreiche Orientierungen verloren. Denn Strukturen schränken nicht nur die Entfaltungsmöglichkeiten des Handelns ein, sie ermöglichen Handeln und Kooperation auch, indem sie Rahmenbedingungen schaffen, die Planbarkeit und Berechenbarkeit bieten (Giddens 1988). Folglich zwingt der Abbau handlungsleitender Strukturen Arbeitskräfte dazu, selbst Regulierungen für ihr Arbeitshandeln zu schaffen. Die erweiterte Möglichkeit zur eigenständigen Strukturierung ist also insgesamt als ambivalent zu bewerten. Sie bietet einerseits selbstbestimmteres und folglich auch humaneres Arbeiten, kann andererseits aber zu einem neuen Risiko werden, wenn Strukturierungszwänge überwiegen und die Anforderung zur autonomen Gestaltung der Arbeit zur Überforderung wird (Voß 1998).

Angesichts dieser Entwicklungen gilt es eine ausschließlich positive Sichtweise auf Autonomie kritisch zu hinterfragen. Die seit den Arbeiten von Hacker (1973), Hackman und Oldham (1975) sowie von Karasek (1979) vertretene Auffassung, Handlungsspielraum bzw. Kontrolle sei eine Ressource in der Bewältigung von Arbeitsbelastungen, kann möglicherweise nicht uneingeschränkt aufrechterhalten werden. Nimmt man die These der entlastenden Funktion von Strukturen ernst, so könnte die Zunahme der Autonomie insbesondere dann zu einer Überlastung führen, wenn weit reichende Flexibilisierungen und Lockerungen betrieblicher und arbeitsorganisatorischer Regulierungen gepaart mit zunehmendem Leistungsdruck auftreten. In diesem Fall könnten die unsicheren Ausführungsbedingungen dazu führen, dass die zu erbringenden Strukturierungsleistungen als zusätzliche Belastung erlebt werden. Auch könnte der gewonnene Handlungsspielraum in Kombination mit unrealistischen Zielvorgaben eine gesteigerte Verausgabung der Arbeitenden fördern. Somit kommt es auf die weiteren Rahmenbedingungen der Arbeit an, ob Autonomie bzw. Handlungsspielraum tatsächlich als Ressource oder als zusätzliche Anforderung fungiert.

Voß und Pongratz (1998) beschreiben die steigende *Autonomie* in ihrem Konzept des Arbeitskraftunternehmers als *Anforderung*. Arbeitende sind gefordert, ihre Tätigkeiten verstärkt selbst zu planen, zu steuern und zu überwachen. Die bisher vom Betrieb übernommene Kontrolle wird zu einer Leistung der Arbeitskraft. Wie die Arbeit ausgeführt wird, an welchem Ort, zu welcher Zeit und in Abstimmung mit welchen Kooperationspartnerinnen, wird zunehmend von den Arbeitenden selbst entschieden. Denn die neue Devise der Betriebe im Umgang mit Erwerbstätigen lautet, wie Pongratz und Voß (2003: 24) dies so pointiert darstellen: „Wie sie die Arbeit machen, ist uns egal – Hauptsache das Ergebnis stimmt!" Das neue Modell zur Regulierung und Beherrschung von Arbeitskraft beruht damit weniger auf mechanischem Gehorsam als vielmehr auf

Autonomie und Initiative (Ehrenberg 2004). Dabei sind Verantwortung, Motivation, Flexibilität und Selbstständigkeit die neuen Handlungsmaximen. Das Bild des idealen Arbeiters ist nicht mehr das des Maschinenmenschen für repetitive Arbeit, sondern das des flexiblen Unternehmers. Jeder muss „die Aufgabe auf sich nehmen, *alles zu wählen* und *alles zu entscheiden*" (Ehrenberg 2004: 247, Hervorhebung i. Orig.).

4 Wirkungsweisen beschleunigungsbedingter Anforderungen

Trotz der Vielfalt und der Unterschiedlichkeit der konstatierten Veränderungen lassen sich übergreifende Wirkungsweisen beschleunigungsbedingter Anforderungen ausmachen. Gemeinsam ist den Anforderungen, dass sie sich einer eindeutig positiven oder negativen Bewertung entziehen. Beschleunigung bringt auf der einen Seite technologische Verbesserungen und neue Handlungsoptionen mit sich, fördert auf der anderen Seite aber auch Zeitdruck, Stress und das Gefühl, nicht mit den Veränderungen mithalten zu können. An der Gesellschaft in Form von Erwerbsarbeit zu partizipieren ist positiv mit Status, Anerkennung und materiellen Gratifikationen verbunden. Gleichzeitig birgt Erwerbsarbeit unter dem Vorzeichen gesellschaftlicher Beschleunigung Belastungs- und Unsicherheitsrisiken. Diese Ambivalenz wohnt auch beschleunigungsbedingten Anforderungen inne. Sie halten in den Worten Tomlinsons (2007: 86) eine komplexe Mischung aus „pleasures and frustrations, joys and fears, comforts and insecurities" für die Arbeitenden bereit. Wie beschleunigungsbedingte Anforderungen subjektiv bewertet werden, sollte daher ihre Wirkung auf die Gesundheit und die Leistungsfähigkeit der Arbeitenden beeinflussen.

Ein einflussreicher Ansatz, der die Bedeutung subjektiver Bewertungen für die Entstehung von Stress betont, stammt von Lazarus und Folkman (1984). Die AutorInnen konstatieren in ihrer transaktionalen Stresstheorie, dass Ereignisse oder Anforderungen keine unmittelbar stressverursachende Wirkung besitzen. Vielmehr bestimmen kognitive Bewertungsprozesse, wie Personen auf Geschehnisse reagieren. Lazarus' und Folkmans Auffassung zufolge ergibt sich die Bewertung eines Ereignisses aus der Einschätzung der Bedeutsamkeit und den potentiellen Folgen des Geschehenen. Lediglich Ereignisse, die persönliche Relevanz besitzen, sind geeignet, Stress zu erzeugen. Ob sie dies tatsächlich tun, hängt zusätzlich von den antizipierten Folgen ab. Ereignisse, die aus der Sicht der Betroffenen potentiell Gratifikationen (z. B. Anerkennung, Lob) oder Entwicklungsmöglichkeit bereithalten, werden als Herausforderung bewertet. Diese Einschatzung führt zu positiven Emotionen (z. B. Enthusiasmus oder Freude) und daher langfristig tatsächlich zu positiveren Folgen. Ereignisse, von denen erwartet wird, dass sie sich negativ auf das Wohlbefinden auswirken, weil sie das Erreichen wichtiger Ziele verhindern, werden hingegen als Bedrohung bzw. als Hindernis (Podsakoff/LePine/LePine 2007) eingeschätzt. Eine derartige Bewertung geht mit negativen Emotionen, z. B. Schuld oder Ärger (Lazarus/Folkman 1984; Skinner/Brewer 2002), einher und langfristig mit einer Beeinträchtigung des Wohlbefindens. Den Annahmen der transaktionalen Stresstheorie zufolge sollten beschleunigungsbedingte Anforderungen daher nur dann zu negativen Folgen führen, wenn sie als Bedrohung oder Hindernis bewertet werden und aufgrund dieser Bewertung mit negativen Emotionen in Verbindung stehen. Die Bewertung als Herausforderung sollte hingegen mit positiven Emotionen und positiven Folgen, wie Engagement oder Arbeitszufriedenheit, in Zusammenhang stehen. Es kann also angenommen werden, dass beschleunigungsbedingte Anforderungen in Abhängigkeit von der Bewertung entweder negative oder positive Folgen nach sich ziehen.

5   Die ambivalenten Folgen beschleunigungsbedingter Anforderungen

Zwar sind Beschleunigung und die daraus resultierenden Arbeitsanforderungen mit Zwängen verbunden, an die man sich mehr oder weniger anpassen muss. Zugleich eröffnen sie aber auch positive Seiten und subjektive Gewinne – selbst wenn diese langfristig erschöpfend oder kontraproduktiv wirken mögen (King 2011; Aubert 2009). Der Ambivalenz in der Bewertung beschleunigungsbedingter Anforderungen entspricht somit die Ambivalenz in den Auswirkungen. Auf der Erlebensebene kann die Erfahrung, beschleunigungsbedingte Arbeitsanforderungen erfolgreich zu bewältigen, als Hochgefühl erlebt werden. So berichtet Aubert (2009: 90), dass das Meistern drängender Aufgaben und das Arbeiten unter ständigem Zeitdruck bei den von ihr interviewten Führungskräften das Gefühl erzeugte, intensiver zu leben. Die Interviewten erlebten den „‚Kick' eines sehr schnellen Rhythmus" als positiv und berauschend. Indem sie sich den Dringlichkeiten und dem Rhythmus eines schnellen Arbeitstempos hingaben, mussten sie sich nicht mehr selbst für die eigene Arbeit motivieren. Insofern könnten beschleunigungsbedingte Anforderungen mit einem Gefühl der *Leistungsfähigkeit* und *Freude* einhergehen. Sie könnten dazu beitragen, dass man in einen Arbeitsfluss gerät.

Dies könnte auf der anderen Seite aber auch bedeuten, dass man „vom Mahlstrom des Lebens mitgenommen wird", wie es ein Interviewpartner von Aubert (2009: 90) formulierte. Sich dem permanenten Handlungsdruck zu entziehen, scheint dann nicht mehr möglich. Leistungsfähigkeit und Freude schlagen unter diesen Umständen möglicherweise in *Erschöpfung* um, die die negativen Auswirkungen beschleunigungsbedingter Anforderungen offenbart. Arbeitsintensivierung und die Notwendigkeit, berufliche Fähigkeiten und Fertigkeiten beständig zu aktualisieren, lässt den Arbeitenden kaum Zeit zur Erholung. Es wird mehr Engagement bei der Arbeit verlangt, gleichzeitig bestehen immer weniger Möglichkeiten, die verausgabte Arbeitskraft zu regenerieren und wieder Energie zu sammeln. Reizbarkeit und Irritation als frühe Anzeichen emotionaler Erschöpfungszustände wurden denn auch von einigen der von Aubert (2009) interviewten Führungskräfte berichtet. Viele äußerten zudem das Gefühl, angesichts zunehmender Anforderungen und Dringlichkeiten persönlich nervös und empfindlich geworden zu sein (Aubert 2009).

Darüber hinaus wird in Arbeiten, die sich mit der emotionalen Befindlichkeit in Zeiten der Beschleunigung befassen, verschiedentlich *Depression* als potentielle Folge der neuen Anforderungen genannt. Gerade die Depression ließe sich – so King (2011: 1070) – als „pathologische Kehrseite" einer gesellschaftlichen Entwicklung auffassen, die der Devise „immer schneller, immer mehr" folgt. Sie könnte als Reaktion auf nicht erfüllbare Beschleunigungszumutungen angesehen werden (Rosa 2005: 43, 352 ff.). Ehrenberg (2004) beschrieb die Depression denn auch als das Leiden, das aus den scheinbar unbegrenzten Möglichkeiten und der gegenwärtigen Forderung nach Verantwortung resultiert. In einer Gesellschaft, in der vor allem Leistung und Geschwindigkeit zählt, „in der einen Energieausfälle teuer zu stehen kommen können, weil man fortwährend auf der Höhe sein muss" (Ehrenberg 2004: 287), werden fehlende persönliche Initiative und Handlungsunfähigkeit als Unzulänglichkeit erlebt, die in weiterer Folge zu Depressionen führen kann (Ehrenberg 2004).

Gefordert sind Flexibilität, Veränderung und schnelle Reaktion. Jeder muss sich beständig an eine Welt anpassen, die instabil und unsicher geworden ist. Der Verlust an Stabilität und Sicherheit stellt seinerseits einen Ausgangspunkt für *Ängste* dar. So konstatieren etwa Blossfeld und andere (2007), dass die vorhandenen Handlungsalternativen und die Folgen langfristiger Entscheidungen zunehmend unklarer werden. Zudem wird es aufgrund des rascheren Wandels gesellschaftlicher Rahmenbedingungen immer schwieriger, langfristige Ziele zu verfolgen (Sennett 2000). Dies führt nicht nur zu einer an kurzfristigen Zeithorizonten orientierten Planung, sondern fördert auch existentielle Ängste (Ehrenberg 2004).

Die bisherigen Befunde legen nahe, dass beschleunigungsbedingte Anforderungen auf der Erlebensebene mit Gewinnen und Verlusten verbunden sind. Welcher Aspekt überwiegt, hängt möglicherweise auch damit zusammen, wie Personen mit den neuen Anforderungen umgehen.

6   Muster des Umgangs mit beschleunigungsbedingten Anforderungen

Arbeitende Personen sind gefordert, sich an die „Erfordernisse und Zwänge" neuer Anforderungen und geänderter Rahmenbedingungen anzupassen. Dies heißt nicht notwendigerweise, dass der Einzelne keinen Handlungsspielraum in seiner Reaktion auf sich wandelnde gesellschaftliche Strukturen hat. Im Gegenteil, mit seinen Handlungen bestätigt er den Wandel, treibt diesen möglicherweise weiter voran oder widersetzt sich den Zumutungen einer sich beschleunigenden Lebenswelt. Folglich kann nicht von einer determinierenden Wirkung gesellschaftlicher Strukturen auf individuelles Handeln ausgegangen werden. Vielmehr vermuten wir, dass sich arbeitende Menschen in ihrem Umgang mit beschleunigungsbedingten Anforderungen unterscheiden und dass sich die Umgangsweisen in weitgehend kohärente Muster oder Umgangsstile zusammenfassen lassen.

Da bisher noch keine Befunde zum Umgang mit beschleunigungsbedingten Anforderungen vorliegen, leiten wir im Folgenden mögliche Umgangsstile aus der Zusammenführung theoretischer und empirischer Arbeiten ab. Als relevante empirische Arbeiten werden Studien herangezogen, die sich mit verwandten Themen, wie Zeitpraktiken (Hörning/Ahrens/Gerhard 1997), Zeitverwendung (Garhammer 2001) oder Lebensführung in Zeiten zunehmender gesellschaftlicher Dynamik (Voß 1998) befassen.

In ihrer Studie zum Zusammenhang zwischen Zeitpraktiken, Technikumgang und veränderten Kommunikationsverhältnissen aufgrund neuer Informations- und Kommunikationstechnologien identifizieren Hörning, Ahrens und Gerhard (1997) drei Lebensstilfiguren, die sich in ihrem Umgang mit Zeit und Technik unterscheiden: den technikfaszinierten Wellenreiter, den kommunikationsbesorgten Skeptiker und den zeitjonglierenden Spieler. Der technikfaszinierte Wellenreiter zeichnet sich durch eine „Kultivierung des Neuen" aus. Mithilfe immer neuer Technologien versucht er den Alltag beherrschbar und planbar zu machen, die Zukunft zu kontrollieren und mehr Erwartungssicherheit zu erlangen. Die Technik selbst wird als Instrument der Zeiteinsparung und der Beschleunigung genutzt, sie soll Zeitgewinn und Kontrolle über die Zeit verschaffen. Folglich wird besonderer Wert auf die Aktualität und Leistungsstärke der Technik gelegt. Der Zeitumgang dieses Typus ist durch ein hohes Maß an Disziplin und Methodik gekennzeichnet. Der (Arbeits-) Alltag wird klar strukturiert, das Setzen und Einhalten von Terminen und Fristen sind ebenso kennzeichnend für diesen Typus wie die Betonung von Pünktlichkeit und das Verbot, Zeit zu vergeuden. Eine sinnhafte Zeitverwendung ist nur bei immerwährender Tätigkeit gegeben. Demgegenüber vertritt der kommunikationsbesorgte Skeptiker eine abwehrende Haltung gegenüber dem unreflektierten Einsatz neuer Techniken. Er verlässt sich lieber auf das Funktionieren von Altbewährtem. Der Einsatz immer neuer Technologien wird nicht als Zeitersparnis wahrgenommen, sondern als Zeitverlust, da deren Anwendung erst erlernt werden muss. Dieser Typus setzt dem technologischen Beschleunigungsdruck den Anspruch auf ein eigenes Tempo entgegen, er versucht durch dosierten Technikeinsatz eine Entschleunigung zu erzielen und sich dem Zwang, jederzeit verfügbar zu sein, zu entziehen. Der zeitjonglierende Spieler zeichnet sich schließlich durch einen flexiblen, nahezu spielerischen Umgang mit Zeit aus. Er versucht sich sozialen Zwängen, Zeitdisziplin und Zeitroutinen zu entziehen und offen zu bleiben für sich potentiell bietende Möglichkeiten. Neue Technologien werden in diesem Sinne als Möglichkeitsgeneratoren angesehen, die es flexibel und den eigenen Interessen entsprechend einzusetzen gilt.

Zu einer ähnlichen Typologie gelangte die Arbeitsgruppe um Voß in ihren Arbeiten zur alltäglichen Lebensführung (Voß 1998). Anhand von Intensivinterviews mit Beschäftigten aus unterschiedlichen Branchen wurden drei Formen der Alltagsgestaltung herausgearbeitet: die strategische, die situative und die traditionelle Lebensführung. Die strategische Lebensführung ist durch den Versuch einer systematischen Planung und Beherrschung der Lebensbedingungen gekennzeichnet. Dementsprechend ist diese Art der Lebensführung mit einem hohen Aufwand an Berechnung, Kontrolle und rigider (Zeit-)Planung verbunden. Es wird eine Weiterentwicklung angestrebt und der Alltagsverlauf wird laufend optimiert und verdichtet. Technische Geräte sollen als Rationalisierungsmittel helfen, die gewünschte Optimierung zu erreichen. Demgegenüber ist die situative Lebensführung durch eine gewisse Reagibilität und Offenheit charakterisiert. Es werden zwar Lebensplanentwürfe gemacht, dennoch werden viele Entscheidungen ad-hoc und in Abhängigkeit von der Situation getroffen. Dies erlaubt ein schnelles und flexibles Reagieren auf neue Möglichkeiten. Die traditionelle Lebensführung ist schließlich durch ein Festhalten an Routinen, bestehenden Ordnungen und Selbstverständlichkeiten gekennzeichnet. Wie ein „ordentliches" und „gutes" Leben auszusehen hat, wird einmal festgelegt und der Status quo nach Möglichkeit nicht mehr geändert. Da sich berufliche Ordnungen zunehmend auflösen, nehmen die Möglichkeiten für eine traditionale Lebensführung jedoch immer mehr ab. Die Typologie von Voß (1998) ist daher um einen Aspekt zu erweitern, der von Garhammer (2001) als Fatalismus beschrieben wird. Weil Sicherheit durch die Vorgabe von Zeitinstitutionen zunehmend verloren geht und die Planbarkeit folglich abnimmt, gleichzeitig aber äußere Zwänge das Leben bestimmen, kommt es zum Erleben von Fremdbestimmtheit. Es entsteht fatalistische Schicksalsergebenheit mit großen Handlungsunsicherheiten (Garhammer 2001).

Arbeitet man die Gemeinsamkeiten der Typologien heraus, so lassen sich unseres Erachtens vier Umgangsstile identifizieren, die wir als Manager, Spieler, Skeptiker und Getriebener bezeichnen möchten. Der „Manager" zeichnet sich durch eine strategische Lebensführung aus. Er hofft durch den Einsatz immer neuer Technologien beschleunigungsbedingte Anforderungen besser bewältigen zu können. Insofern könnte man diesem Typus eine „pragmatische Akzeptanz" (Giddens 1990: 131) beschleunigungsbedingter Anforderungen attestieren. Er setzt Zeitmanagementstrategien und strikte Zeitdisziplin ein, um Planbarkeit und

Berechenbarkeit sowie Zukunftssicherheit zu erreichen. Der *„Skeptiker"* verfolgt eine traditionelle Lebensführung. Er hält an Bekanntem fest und nimmt nur die notwendigsten Anpassungen vor. Neuen Technologien und der Beschleunigung des Lebenstempos steht er kritisch gegenüber, beidem versucht er sich so weit als möglich zu entziehen. Der *„Spieler"* zeichnet sich durch eine situative Lebensführung aus. Er jongliert die Zeit je nach Bedarf, bleibt flexibel für Veränderungen und sich bietende Möglichkeiten. Schließlich leiten wir aus den Befunden von Garhammer (2001) einen vierten und letzten Typus ab, den wir als *„Getriebenen"* bezeichnen. Gekennzeichnet ist dieser Umgangsstil durch eine fatalistische Lebensführung, bei der Ängste und Unsicherheiten überwiegen. Anders als der Skeptiker verfügt der Getriebene nicht über den Freiraum, sich den Zumutungen und Zwängen beschleunigungsbedingter Anforderungen aktiv zu widersetzen. Vielmehr ist er dem Beschleunigungsdruck weitgehend ausgeliefert.

7 Die Rolle arbeitsbezogener und personaler Ressourcen

Im Unterschied zu Rosa (2005) sehen wir soziale Beschleunigung nicht als ein generelles Entfremdungsphänomen, sondern gehen davon aus, dass Personen beschleunigungsbedingte Anforderungen je nach Ressourcenlage unterschiedlich bewerten, unterschiedlich handhaben und unterschiedlich von diesen betroffen sind (i. S. v. Arbeitsfolgen). Ressourcen spielen folglich an drei Stellen in der Beziehung zwischen beschleunigungsbedingten Anforderungen und ihren Folgen eine zentrale Rolle.

Erstens beeinflussen sie die Bewertung beschleunigungsbedingter Anforderungen. Ob beschleunigungsbedingte Anforderungen, wie Arbeitsintensivierung oder die Notwendigkeit zur Neuorientierung, als Herausforderung oder Bedrohung wahrgenommen werden, hängt auch davon ab, unter welchen situativen und persönlichen Bedingungen sie auftreten. Besteht prinzipiell *Kontrolle über die zeitliche Strukturierung* der Arbeit oder bieten Kollegen bzw. Vorgesetzte *Unterstützung* bei der Bewältigung beschleunigungsbedingter Anforderungen, überwiegen möglicherweise positive Einschätzungen. Beschleunigungsbedingte Anforderungen werden unter diesen Bedingungen vermutlich als Möglichkeit zur Erweiterung der eigenen Fähigkeiten und Handlungsoptionen und mithin als Herausforderung wahrgenommen. Fehlen unterstützende Arbeitsbeziehungen oder Kontrollmöglichkeiten in der Ausführung der eigenen Tätigkeit, werden beschleunigungsbedingte Anforderungen vermutlich eher als die eigenen Fähigkeiten überschreitend und dadurch als Bedrohung erlebt (vgl. zu den Wirkungsweisen von Kontrolle und sozialer Unterstützung Frese/Semmer 1991). Neben diesen situativen Ressourcen, die direkt aus der Arbeitssituation resultieren, haben unseres Erachtens auch personale Ressourcen einen Einfluss auf die Bewertung beschleunigungsbedingter Anforderungen. Personale Ressourcen sind relativ überdauernde Merkmale einer Person, die allgemein zu ihrer Widerstandsfähigkeit beitragen (Hobfoll/Johnson/Ennis/Jackson 2003). Aus der Perspektive einer positiven Arbeitspsychologie (Turner/Barling/Zacharatos 2002) ist *Optimismus* eine zentrale personale Ressource. Optimistische Personen neigen dazu, positive Ereignisse den eigenen Fähigkeiten zuzuschreiben und negative Ereignisse auf vorübergehende, situationsspezifische Umgebungseinflüsse zurückzuführen (Youssef/Luthans 2007). Luthans und andere (2007) betrachten Optimismus daher neben Selbstwirksamkeitserwartungen, Hoffnung und Widerstandsfähigkeit als Schlüsseldimension eines „positiven psychologischen Kapitals", das zu einer positiven Einschätzung der Arbeitsanforderungen beiträgt. In diesem Sinne sollten optimistische Personen die neuen Anforderungen eher als Herausforderung einschätzen.

Zweitens beeinflussen personale Ressourcen, wie mit beschleunigungsbedingten Anforderungen umgegangen wird. Der *sozioökonomische Status* und die damit verbundenen materiellen und immateriellen Ressourcen bieten Sicherheiten in der Bewältigung beschleunigungsbedingter Anforderungen. So dürfte es Personen mit einem hohen Sozialstatus leichter fallen, Unsicherheiten zu managen, die aus dem beschleunigten technologischen und sozialen Wandel resultieren. Ihr ökonomisches Kapital dürfte ihnen Rückhalt bieten bzw. die Möglichkeit schaffen, weitere Ressourcen, beispielsweise in Form von Bildungstiteln oder sozialen Netzwerken, zu akquirieren (Hobfoll 2002). Sie stehen den neuen Anforderungen daher vermutlich offener gegenüber und gehen in ihrer Auseinandersetzung mit diesen strategisch oder situativ flexibel um. Personen mit einem geringen Sozialstatus dürften hingegen häufiger der Gruppe der Getriebenen angehören und folglich einen reaktiven, der eigenen Kontrolle entzogenen Umgang mit beschleunigungsbedingten Anforderungen aufweisen. Neben dem Sozialstatus stellt *Optimismus* auch im Umgang mit Arbeitsanforderungen eine zentrale Ressource dar (z. B. Corr/Gray 1996; Xanthopoulou/Bakker/Demerouti/Schaufeli 2007). Eine optimistische Weltsicht geht mit aktiven, situationsadäquat ausdifferenzierten Bewältigungsstrategien und einer erfolgreichen Nutzung sozialer Unterstützung einher (Riolli/Savicki 2003; Scheier/Carver 1985). Optimistische Personen zeigen daher eher einen offenen und strategischen Umgang mit beschleunigungsbedingten Anforderungen.

Drittens beeinflussen situative Ressourcen die Beziehung zwischen beschleunigungsbedingten Anforderungen und deren Folgen unmittelbar ohne den Umweg über Bewertungsprozesse. *Emotionale und instrumentelle Unterstützung* von Kolleginnen und Vorgesetzten sollte es Arbeitenden erleichtern, beschleunigungsbedingte Anforderungen zu bewältigen. Rat und Aufmunterung helfen dabei, zunehmende Unsicherheiten und permanente Anpassungsleistungen erfolgreich zu meistern. Aber auch Unterstützung in der Ausführung konkreter

Tätigkeiten oder die Übernahme von Aufgaben im Falle von Spitzenbelastungen stellen mögliche Hilfestellungen dar, die potentiell negative Auswirkungen beschleunigungsbedingter Anforderungen abschwächen. Personen, die derartige Formen der Unterstützung in der Arbeit erleben, dürften daher trotz intensiver beschleunigungsbedingter Anforderungen weniger negative Folgen erleben.

Zusammenfassend gilt es festzuhalten, dass die soziale Stellung und der Optimismus einer Person sowie die Zeitkontrolle und soziale Unterstützung in der Arbeit zentrale Ressourcen im Zusammenhang mit beschleunigungsbedingten Anforderungen darstellen. Je höher der Sozialstatus, die Zeitkontrolle, die soziale Unterstützung und der Optimismus ausgeprägt sind, desto positiver werden beschleunigungsbedingte Anforderungen bewertet, desto erfolgreicher wird mit ihnen umgegangen und desto weniger negativ fallen ihre Folgen aus.

8 Ausblick

Beschleunigungsbedingte Anforderungen stellen, so sollte deutlich geworden sein, nicht einfach nur Zwangsmomente dar, sondern können ihrerseits mit Gewinnen, positiven Gefühlen und der Erfahrung von Leistungsfähigkeit verbunden sein. Unter welchen Bedingungen positive bzw. negative Effekte entstehen, das gilt es empirisch genauer zu untersuchen. Denn bislang sind weder die unterschiedlichen Anforderungen noch ihre Bewertung und ihre Folgen systematisch erfasst worden. Auf Grundlage derartiger Ergebnisse ließe sich feststellen, ob Personen beschleunigungsbedingte Anforderungen tatsächlich unterschiedlich bewerten, wie dies von der transaktionalen Stresstheorie nahegelegt wird, oder ob nicht doch generelle Übereinstimmungen in der Bewertung bestehen. So ließe sich im Sinne neuerer Ansätze in der Tradition der transaktionalen Stresstheorie, die zwischen herausfordernden und hinderlichen Anforderungen unterscheiden (challenge vs. hindrance demands; Boswell et al. 2004; Cavanaugh et al. 2000; LePine et al. 2005; Podsakoff et al. 2007), auch argumentieren, dass Personen Arbeitsanforderungen aufgrund der weitgehend ähnlichen ökonomischen Bedeutung, welche die Arbeit für sie einnimmt, durchaus ähnlich bewerten (Brief/George 1991). Unsere eigenen Vorstudien zeigen, dass Anforderungen, welche aus der Beschleunigung des technologischen und sozialen Wandels resultieren, mehrheitlich positiv wahrgenommen werden, während Arbeitsintensivierung tendenziell negativ bewertet wird (Korunka/Kubicek/Ulferts i. Vorb.). Trotz dieser Tendenzen variierten die Bewertungen beschleunigungsbedingter Anforderungen erheblich. Derartige Abweichungen der Bewertung sollen im Rahmen des Forschungsprojekts „Beschleunigung in der Arbeitswelt" weiter untersucht werden. Zudem soll geklärt werden, ob situative und personale Ressourcen einen Einfluss auf die Einschätzung beschleunigungsbedingter Anforderungen als herausfordernd oder belastend ausüben. Untersucht wird außerdem, ob die aus bisherigen Arbeiten abgeleiteten Umgangstypen in der Empirie Bestätigung finden und die potentiellen Folgen beschleunigungsbedingter Anforderungen beeinflussen.

Anmerkungen

1 Der Beitrag fasst die Annahmen zusammen, die dem Forschungsprojekt „Beschleunigung des Arbeitslebens" zugrunde liegen. Das Projekt wird derzeit unter der Leitung von Christian Korunka am Institut für Angewandte Psychologie: Arbeit, Bildung, Wirtschaft durchgeführt. Ziel des Projekts ist es, beschleunigungsbedingte Anforderungen, deren Wirkungsweisen und Folgen zu erfassen. Dazu werden neben einer quantitativen Panelstudie quantitative Tagebuchstudien und qualitative Interviews mit Beschäftigten im Dienstleistungsbereich durchgeführt. Das Projekt wird durch den Fonds zur Förderung der wissenschaftlichen Forschung (FWF) finanziert (Projektnummer P23377-G17).

2 Einen ersten Beschleunigungsschub macht Rosa (2005) zu Beginn der Industrialisierung aus, als Taylorismus und Fließbandfertigung eingeführt wurden. Eine Veranschaulichung dieser These ist der 1936 erschienene Spielfilm Modern Times, in dem Charlie Chaplin den Taylorismus, die Fließbandarbeit und den Zeitdruck in der Arbeitswelt aufgreift.

3 In der öffentlichen Verwaltung sind es vor allem Maßnahmen des New Public Management, die Umstrukturierungen vorantreiben (Lane 2000).

4 Männliche und weibliche Personenbezeichnungen werden im vorliegenden Beitrag abwechselnd verwendet. Gemeint sind immer beide Geschlechter. Eine Ausnahme bilden Verweise auf AutorInnen. In diesem Fall spiegeln die Personenbezeichnungen das Geschlecht der AutorInnen wider.

Literatur

Aubert, N. (2009): Dringlichkeit und Selbstverlust in der Hypermoderne. In: King, V. et al. (2009), 87-100

Backhaus, K./Bonus, H. (Hrsg.) (1997): Die Beschleunigungsfalle oder der Triumph der Schildkröte. Stuttgart: Schäffer-Poeschel

Backhaus, K./Gruner, K. (1997): Epidemie des Zeitwettbewerbs. In: Backhaus, K. et al. (1997), 21-46

Barley, S. R./Meyerson, D. E./Grodal, S. (2011): E-mail as a source and symbol of stress. In: Organization Science, 22, 887-906

Beck, U. (1986): Risikogesellschaft. Auf dem Weg in eine andere Moderne. Frankfurt a. M.: Suhrkamp

Blickle, G./Schneider, P. B. (2010): Anpassungs- und Veränderungsbereitschaft angesichts des Wandels der Arbeit. In: Kleinbeck, U. et al. (2010), 431-470

Blossfeld, H.-P./Buchholz, S./Hofäcker, D./Hofmeister, H./Kurz, K./Mills, M. (2007): Globalisierung und die Veränderung sozialer Ungleichheiten in modernen Gesellschaften. Eine Zusammenfassung der Ergebnisse des GLOBALIFE-Projektes. In: Kölner Zeitschrift für Soziologie und Sozialpsychologie, 59, 667-691

Borman, W. C./Ilgen, D. R./Klimoski, R. J. (Hrsg.) (2003): Handbook of psychology, Vol. 12. Industrial and Organizational Psychology. Hoboken, NJ: Wiley

Boswell, W. R./Olson-Buchanan, J. B./LePine, M. A. (2004): Relations between stress and work outcomes: The role of felt challenge, job control, and psychological strain. In: Journal of Vocational Behavior, 64, 165-181

Brief, A. P./George, J. M. (1991): Psychological stress and the workplace: A brief comment on Lazarus' outlook. In: Journal of Social Behavior and Personality, 6, 7, 15-20

Cascio, W. F. (2003): Changes in workers, work, and organizations. In: Borman, W. C. et al. (2003), 401-422

Castel, R./Dörre, K. (2009): Die soziale Frage am Beginn des 21. Jahrhunderts – Theoriefolien, Begriffe, Zeitdiagnosen. In: Castel, R. et al. (2009), 11-20

Castel, R./Dörre, K. (Hrsg.) (2009): Prekarität, Abstieg, Ausgrenzung. Die soziale Frage am Beginn des 21. Jahrhunderts. Frankfurt a. M.: Campus

Cavanaugh, M. A./Boswell, W. R./Roehling, M. V./Boudreau, J. W. (2000): An empirical examination of self-reported work stress among U.S. managers. In: Journal of Applied Psychology, 85, 65-74

Corr, P. J./Gray, J. A. (1996): Attributional style as personality factor in insurance sales performance in the UK. In: Journal of Occupational and Organizational Psychology, 69, 83-87

Diewald, M./Sill, S. (2004): Mehr Risiken, mehr Chancen? Trends in der Arbeitsmarktmobilität seit Mitte der 1980er Jahre. In: Struck, O. et al. (2004), 39-62

Ehrenberg, Alain (2004): Das erschöpfte Selbst. Depression und Gesellschaft in der Gegenwart. Frankfurt a. M.: Suhrkamp

Frese, M./Semmer, N. (1991): Streßfolgen in Abhängigkeit von Moderatorvariablen: Der Einfluß von Kontrolle und sozialer Unterstützung. In: Greif, S. et al. (1991), 135-153

Gallie, D. (2007): Production regimes and the quality of employment in Europe. In: Annual Review of Sociology 33, 85-104

Garhammer, M. (2001): Wie Europäer ihre Zeit nutzen. Zeitstrukturen und Zeitkulturen im Zeichen der Globalisierung. Berlin: Edition Sigma

Giddens, A. (1988): Die Konstitution der Gesellschaft. Grundzüge einer Theorie der Strukturierung. Frankfurt a. M.: Campus

Giddens, A. (1990): The consequences of modernity. Stanford, CA: Stanford University Press

Green, F. (2001): It's been a hard day's night: The concentration and intensification of work in late twentieth-century Britain. In: British Journal of Industrial Relations, 39, 53-80

Green, F. (2004a): Why has work effort become more intense? In: Industrial Relations, 43, 709-741

Green, F. (2004b): Work intensification, discretion and the decline in well-being at work. In: Eastern Economic Journal, 30, 615-624

Green, F./Felstead, A./Gallie, D. (2000): Computers are even more important than you thought: An analysis of the changing skill-intensity of jobs. Discussion Paper 439, Centre for Economic Performance, London School of Economics

Green, F./McIntosh, S. (2001): The intensification of work in Europe. In: Labour Economics, 8, 291-308

Greif, S./Bamberg, E./Semmer, N. (Hrsg.) (1991): Psychischer Streß am Arbeitsplatz. Göttingen: Hogrefe

Hacker, W. (1973): Allgemeine Arbeits- und Ingenieurspsychologie. Berlin: VEB Deutscher Verlag der Wissenschaften

Hackman, R./Oldham, G. R. (1975): Development of the job diagnostic survey. In: Journal of Applied Psychology, 60, 159-170

Handel, M. J. (2005): Trends in perceived job quality, 1989 to 1998. In: Work and Occupations, 32, 66-94

Heitkötter, M./Schneider, M. (Hrsg.) (2004): Zeitpolitisches Glossar. München

Herrmann, C./Promberger, M./Singer, S./Trinczek, R. (1999): Forcierte Arbeitszeitflexibilisierung. Die 35-Stunden-Woche in der betrieblichen und gewerkschaftlichen Praxis. Berlin: Edition Sigma

Hobfoll, S. E. (2002): Social and psychological resources and adaptation. In: Review of General Psychology, 6, 307-324

Hobfoll, S. E./Johnson, R. J./Ennis, N./Jackson, A. P. (2003): Resource loss, resource gain, and emotional outcomes among inner city women. In: Journal of Personality and Social Psychology, 84, 632-643

Hörning, K. H./Ahrens, D./Gerhard, A. (1997): Zeitpraktiken. Experimentierfelder der Spätmoderne. Frankfurt a. M.: Suhrkamp

Jarvenpaa, S. L./Lang, K. R. (2005): Managing the paradoxes of mobile technology. In: Information Systems Management, 22, 4, 7-23

Jurzcyk, K./Schier, M./Szymenderski, P./Lange, A./Voß, G. G. (2009): Entgrenzte Arbeit – entgrenzte Familie. Grenzmanagement im Alltag als neue Herausforderung. Berlin: Edition Sigma

Karasek, R. (1979): Job demands, job decision latitude, and mental strain: Implications for job redesign. In: Administrative Science Quarterly, 24, 285-308

King, V. (2011): Beschleunigte Lebensführung – ewiger Aufbruch. In: Psyche. Zeitschrift für Psychoanalyse und ihre Anwendungen, 65, 1061-1088

King, V./Gerisch, B. (Hrsg.) (2009): Zeitgewinn und Selbstverlust. Folgen und Grenzen der Beschleunigung. Frankfurt a. M.: Campus

Kleinbeck, U./Schmidt, K.-H. (Hrsg.) (2010): Enzyklopädie der Psychologie D/III/I: Arbeitspsychologie (2. Aufl.). Göttingen: Hogrefe

Korunka, C./Kubicek, B./Ulferts, H. (i. Vorb.): Changes in acceleration-related job demands affect employee well-being: Job intensification as hindrance and the need for new knowledge acquisition as challenge?

Lane, J.-E. (2000): New public management. London: Routledge

Lazarus, R. S./Folkman, S. (1984): Stress, appraisal, and coping. New York: Springer

LePine, J. A./Podsakoff, N. P./LePine, M. A. (2005): A meta-analytic test of the challenge stressor-hindrance stressor framework: An explanation for inconsistent relationships among stressors and performance. In: Academy of Management Journal, 48, 764-775

Lübbe, Hermann (1996): Zeit-Erfahrungen. Sieben Begriffe zur Beschreibung moderner Zivilisationsdynamik. Stuttgart: Franz Steiner

Luthans, F./Avolio, B. J./Avey, J. B./N., Steven M. (2007): Positive psychological capital: Measurement and relationship with performance and satisfaction. In: Personnel Psychology, 60, 541-572

Lutz, B. (Hrsg.) (2001): Entwicklungsperspektiven der Arbeit. Weinheim: Juventa

Mazmanian, M./Orlikowski, W. J./Yates, J. (2006): CrackBerries: The social implications of ubiquitous wireless e-mail devices. In: Sørensen, C. et al. (2006), 337-344

Middleton, C. A./Cukier, W. (2006): Is mobile email functional or dysfunctional? Two perspectives on mobile email usage. In: European Journal of Information Systems, 15, 252-260

Moldaschl, M. (2001): Herrschaft durch Autonomie – Dezentralisierung und widersprüchliche Arbeitsanforderungen. In: Lutz, B. (2001), 132-164

Nowotny, H. (1993): Eigenzeit. Entstehung und Strukturierung eines Zeitgefühls. Frankfurt a. M.: Suhrkamp

Obschonka, M./Silbereisen, R. K./Wasilewski, J. (2012): Constellations of new demands concerning careers and jobs: Results from a two-country study on social and economic change. In: Journal of Vocational Behavior, 80, 211-223

Olsen, K. M./Kalleberg, A. L./Nesheim, T. (2010): Perceived job quality in the United States, Great Britain, Norway and West Germany, 1989-2005. In: European Journal of Industrial Relations, 16, 221-240

Podsakoff, N. P./LePine, J. A./LePine, M. A. (2007): Differential challenge stressor-hindrance stressor relationships with job attitudes, turnover intentions, turnover, and withdrawal behavior: A meta-analysis. In: Journal of Applied Psychology, 92, 438-454

Pongratz, H. J./Voß, G. G. (2003): Arbeitskraftunternehmer: Erwerbsorientierungen in entgrenzten Arbeitsformen. Berlin: Edition Sigma

Riolli, L./Savicki, V. (2003): Optimism and coping as moderators of the relation between work resources and burnout in information service workers. In: International Journal of Stress Management, 10, 235-252

Robinson, J. P./Godbey, G. (1999): Time for life: The surprising ways Americans use their time. University Park, PA: Pennsylvania State University Press

Rosa, H. (2005): Beschleunigung. Die Veränderung der Zeitstruktur in der Moderne. Frankfurt a. M.: Suhrkamp

Scheier, M. F./Carver, C. S. (1985): Optimism, coping and health: Assessment and implications of generalized outcome expectancies. In: Health Psychology, 4, 219-247

Seifert, H. (2007): Arbeitszeit – Entwicklungen und Konflikte. In: Aus Politik und Zeitgeschichte, 57, 4-5, 17-24

Sennett, R. (2000): The corrosion of character: The personal consequences of work in the new capitalism. New York: Norton

Skinner, N./Brewer, N. (2002): The dynamics of threat and challenge appraisals prior to successful achievement events. In: Journal of Personality and Social Psychology, 83, 678-692

Snyder, C. R./Lopez, S. J. (Hrsg.) (2002): Oxford Handbook of Positive Psychology. Oxford: Oxford University Press

Sørensen, C./Yoo, Y./Lyytinen, K./DeGross, J. I. (2006): Designing ubiquitous information environments: Socio-technical issues and challenges. New York: Springer

Struck, O./Köhler, C. (Hrsg.) (2004): Beschäftigungsstabilität im Wandel? München, Mering: Hampp

Szollos, A. (2009): Toward a psychology of chronic time pressure: Conceptual and methodological review. In: Time & Society, 18, 332-350

Tomlinson, J. (2007): The culture of speed. The coming of immediacy. London: Sage

Turner, N./Barling, J./Zacharatos, A. (2002): Positive psychology at work. In: Snyder, C. R. et al. (2002), 715-730

Voß, G. G. (1998): Die Entgrenzung von Arbeit und Arbeitskraft. Eine subjektorientierte Interpretation des Wandels der Arbeit. In: Mitteilungen aus der Arbeitsmarkt- und Berufsforschung, 31, 473-487

Voß, G. G./Pongratz, H. J. (1998): Der Arbeitskraftunternehmer. Eine neue Grundform der „Ware Arbeitskraft"? In: Kölner Zeitschrift für Soziologie und Sozialpsychologie, 50, 131-158

Wahren, H.-K. E. (1994): Gruppen- und Teamarbeit im Unternehmen. Berlin: de Gruyter

Xanthopoulou, D./Bakker, A. B./Demerouti, E./Schaufeli, W. B. (2007): The role of personal resources in the Job Demands-Resources model. In: International Journal of Stress Management, 14, 121-141

Youssef, C. M./Luthans, F. (2007): Positive organizational behavior in the workplace. In: Journal of Management, 33, 774-800

Zundel, S. (2004): Innovation. In: Heitkötter, J. et al. (2004), 43-44

Neue Steuerungsformen bei Dienstleistungsarbeit – Folgen für Arbeit und Gesundheit

Nick Kratzer und Wolfgang Dunkel

Abstract

Die arbeits- und industriesoziologische These der „neuen Steuerungsformen" ist eine Antwort auf die Frage, warum psychische Belastungen bei hochqualifizierter Dienstleistungsarbeit zunehmen. Beschäftigte sind demnach unmittelbarer mit einem wachsenden Marktdruck konfrontiert, den sie „in Eigenregie" bewältigen müssen. Das eigentlich unternehmerische Problem, wie steigende Leistungsanforderungen mit begrenzten Ressourcen zu bearbeiten sind, wird zu einem individuellen Problem. Zu den spezifischen Belastungsfolgen neuer Steuerungsformen gehört, dass Beschäftigte mit widersprüchlichen *eigenen* Anforderungen und Interessen konfrontiert sind. Neue Steuerungsformen sind nicht nur eine Herausforderung für den betrieblichen Gesundheitsschutz, sondern auch für die Forschung: Wie neue Steuerungsformen und psychische Belastungen im Einzelnen zusammenhängen, welche Faktoren auf dieses Verhältnis einwirken und was geeignete Maßnahmen zur Belastungsreduktion sind – dazu gibt es noch erheblichen Forschungsbedarf.

1 Einleitung

Psychische Erkrankungen haben deutlich zugenommen und führen vermehrt zu betrieblichen Fehlzeiten (Bödeker et al. 2002; Heyde/Macco 2009). Neben anderen Gründen gilt vor allem die Entwicklung der Arbeitsbedingungen als wesentliche Ursache (BAuA 2005; Rau et al. 2007; Badura et al. 2009) und hier ist es insbesondere der steigende Zeit- und Leistungsdruck, der von Beschäftigten und Experten als zunehmende Belastungsquelle angegeben wird (etwa: Lenhardt et al. 2010; Ahlers 2011): Nach Daten des European Working Condition Surveys (EWCS) ist der Anteil der deutschen Erwerbstätigen, die mindestens zur Hälfte ihrer Arbeitszeit unter Termindruck arbeiten, seit 1991 kontinuierlich auf nun 55 % gestiegen (aus: Lenhardt et al. 2010). Die Daten der BIBB/BAuA-Erhebung zeigen ebenfalls ganz klar, dass der Zeit- und Leistungsdruck zunimmt: Der Anteil der Beschäftigten, die angeben, ein starker Termin- und Leistungsdruck komme bei ihnen häufiger vor, ist zwischen 1998/99 und 2005/06 von 50 auf gut 53 % gestiegen (ebd.). Und in der PARGEMA/WSI-Betriebsrätebefragung geben 67 % der befragten Betriebs- und Personalräte an, Termin- und Zeitdruck seien in ihrem Betrieb „stark" bis „sehr stark" ausgeprägt (Ahlers 2011: 44).

Der Schwerpunkt psychischer Belastungen liegt dabei bei Dienstleistungs- bzw. Angestelltentätigkeiten (BKK 2009). Diese Entwicklung ist einerseits wenig verwunderlich, weil auch der Dienstleistungsbereich bzw. Angestelltentätigkeiten seit Langem einem wachsenden Rationalisierungsdruck unterliegen. Die eine Zeitlang populäre – aber immer schon umstrittene – These von einer spezifischen „Rationalisierungsresistenz" (Berger/Offe 1984) von Dienstleistungsarbeit gilt schon lange als nicht zielführend (vgl. etwa Baethge/Oberbeck 1986; Jacobsen 2010). Allerdings weist der Rationalisierungsprozess im Dienstleistungsbereich, analog zur Vielfalt von Dienstleistungstätigkeiten, ganz unterschiedliche Ausprägungen und Folgen auf. Viele sprechen sogar von einer zunehmenden Polarisierung in einerseits noch aufgewertete, gut entlohnte und anspruchsvolle Tätigkeiten und andererseits einem (wachsenden) „Dienstleistungsproletariat" mit klar verschlechterten Arbeits- und Beschäftigungsbedingungen (vgl. etwa Groh-Samberg 2005).

Verschiedene Studien zeigen nun aber, dass psychische Belastungen auch und gerade dort zunehmen, wo die Beschäftigten über weitreichende Partizipationschancen verfügen: So etwa bei Hochqualifizierten in der IT-Branche (vgl. dazu etwa Kratzer 2003; Gerlmaier/Latniak 2011; Boes/Kämpf 2011), Ingenieuren (etwa Grewer et al. 2007; Kratzer/Nies 2009), Finanzberatern (vgl. dazu etwa Menz et al. 2011; kritisch dazu Breisig 2010), Unternehmensberatern (Striewe/Schwering 2011) oder auch Führungskräften (vgl. dazu etwa Kotthoff/Wagner 2008; Wilde et al. 2009; Pangert et al. 2011). Zumindest mit Blick auf die (vermeintlichen?) „Gewinner" der Entwicklung im Dienstleistungsbereich ist die Zunahme psychischer Belastungen dann aber doch wieder verwunderlich. Dienstleistungsarbeit, und speziell hochqualifizierte Dienstleistungsarbeit, galt ja lange als „gute Arbeit", weil hier geradezu beispielhaft wesentliche Kriterien einer menschengerechten Arbeitsgestaltung erfüllt sind: Der Aufgabenzuschnitt ist tendenziell „ganzheitlich", die Autonomie in der Arbeitsausführung hoch, ebenso die Chancen auf Teilhabe an Entscheidungen, die den eigenen Arbeitsplatz und die eigene Arbeit betreffen.

Wie also ist zu erklären, dass auch die hochqualifizierten Dienstleistungsarbeiter nicht nur mit einem zunehmenden Zeit- und Leistungsdruck konfrontiert sind, sondern diesen offenkundig auch als insgesamt zunehmende Belastung erleben, die am Ende sogar krank machen kann? Die vorliegenden Antworten gehen in unterschiedliche Richtungen: Auch Hochqualifizierte sind immer stärker psychisch belastet, weil die Freiheitsgrade gar nicht so hoch sind, wie oft angenommen, sondern im Gegenteil immer mehr durch Standardisierung, Vorgaben und Vorschriften beschnitten werden. Die einst privilegierten Hochqualifizierten werden, so eine

Antwort, nach und nach zu „normalen Lohnarbeitern" und sind dann auch mit den „normalen" Rationalisierungsfolgen konfrontiert (Boes/Kämpf 2011; vgl. auch Breisig 2010.). Eine andere Antwort behauptet dagegen, dass psychische Belastungen bei Hochqualifizierten nicht wegen fehlender Autonomie- und Partizipationspotentiale, sondern *trotz* vorhandener, vielleicht sogar *wegen* vorhandener Freiheitsgrade zunehmen. Ursache ist eine neue „indirekte Steuerung" von Dienstleistungsarbeit, bei der die Beschäftigten unternehmerische Ziele als eigene Ziele internalisieren (müssen) (etwa Peters 2011).

Der Erklärungsansatz, den wir hier verfolgen, liegt etwa in der Mitte zwischen diesen beiden möglichen Antworten (allerdings mit einer gewissen Nähe zur zweiten Antwort). Wir gehen davon aus, dass zunehmend neue Steuerungsformen Verbreitung finden, bei denen Marktdruck und individuelle Handlungsorientierungen sowie Verhaltensweisen unmittelbarer aufeinander bezogen werden. In der Folge kommt es zu einer stärkeren Konfrontation der Beschäftigten mit Marktanforderungen (in Form von Ertragszielen, Umsatzvorgaben, Kundenwünschen etc.) – und da Marktanforderungen im Wettbewerb prinzipiell „maßlos" sind, steigt auch der Druck auf die Beschäftigten: Sie müssen immer schneller immer mehr leisten. Neue Steuerungsformen sind aber gerade keine problemlose Rationalisierungsstrategie, sondern widersprüchlich und voraussetzungsvoll. Zu den empirischen Widersprüchen neuer Steuerungsformen gehört, dass Beschäftigte sich sehr wohl von unternehmerischen Vorgaben distanzieren – und trotzdem nach denselben Vorgaben arbeiten; dazu gehört auch, dass Beschäftigte mit wachsender Eigenverantwortung selbstgesteuert „ihre" Ziele erreichen müssen – aber die Spielräume oft eher kleiner werden; und dazu gehört, dass im Rahmen neuer Steuerungsformen Unternehmens- und Arbeitsprozesse viel weitergehender als früher „durchgesteuert" werden – Dienstleistungs- bzw. Angestelltenarbeit aber nach wie vor eine „Steuerungslücke" aufweist (Kratzer/Nies 2009). Neue Steuerungsformen lösen also nicht das altbekannte Problem des Steuerungsdilemmas von Dienstleistungsarbeit (dazu Baethge 2011), aber sie bearbeiten es offenbar in neuer Weise.

Wir werden in diesem Aufsatz nun zunächst die These der neuen Steuerungsformen etwas näher ausführen und deren empirische Verbreitung überprüfen. In einem zweiten Schritt fragen wir nach den beobachtbaren Folgen neuer Steuerungsformen für Arbeit, Gesundheit und Gesundheitsschutz. Und schließlich wollen wir weiterführenden Forschungsbedarf skizzieren.

Wir stützen uns dabei auf die Befunde aus insgesamt vier empirischen Untersuchungen: Im Projekt „Leistungsgestaltung im Angestelltenbereich" (Projektförderung: Hans-Böckler-Stiftung, Laufzeit: 2005 bis 2008) wurde in insgesamt neun Betrieben aus der Metall- und Elektroindustrie untersucht, wie sich Leistungssteuerung und Leistungsbedingungen in den Angestelltenbereichen verändern und welche Folgerungen sich daraus für die Regulierung der Leistungsanforderungen ergeben (vgl. dazu Kratzer/Nies 2009). Im vom Bundesministerium für Bildung und Forschung (BMBF) geförderten Verbundvorhaben „PARGEMA – Partizipatives Gesundheitsmanagement" (Projektträger DLR/Arbeitsgestaltung und Dienstleistungen; Laufzeit: 2006 bis 2009) ging es um die Untersuchung neuer Organisations- und Steuerungsformen und der damit verbundenen Herausforderungen für den betrieblichen Gesundheitsschutz. In den acht beteiligten Unternehmen aus verschiedenen Branchen (Finanzdienstleistungen, Konsumgütervertrieb, Kommunikationstechnik, Metallindustrie) wurden intensive empirische Untersuchungen durchgeführt und Gestaltungsansätze erprobt (vgl. dazu Kratzer et al. 2011a). Im 2011 abgeschlossenen Verbundprojekt „PiA – Professionalisierung interaktiver Arbeit" (Förderung: BMBF; Projektträger: DLR/Arbeitsgestaltung und Dienstleistungen) stand die Untersuchung und Gestaltung kundenbezogener („interaktiver") Dienstleistungsarbeit in drei Unternehmen aus den Branchen Altenpflege, Hotellerie und Infrastrukturdienstleistungen im Zentrum (vgl. Dunkel/Weihrich 2012). Im laufenden Vorhaben „Lanceo – Balanceorientierte Leistungspolitik" (Förderung: BMBF; Projektträger: DLR/Arbeitsgestaltung und Dienstleistungen) steht der Zusammenhang von betrieblicher Leistungspolitik und individueller Work-Life-Balance im Mittelpunkt. Dazu werden in sechs Unternehmen aus verschiedenen Branchen (Beratung Medizin-/Pharmaindustrie; Finanzdienstleistungen, Öffentlicher Dienst, Konsumgütervertrieb, Metallindustrie) Untersuchungen durchgeführt und Gestaltungsansätze entwickelt und umgesetzt (vgl. etwa Kratzer et al. 2011b)

2   Neue Steuerungsformen bei Dienstleistungsarbeit

2.1 Merkmale neuer Steuerungsformen

Der Begriff „neue Steuerungsformen" ist ein Oberbegriff für verschiedene Entwicklungstendenzen, die seit rund 20 Jahren beobachtet und diskutiert werden: Dazu gehört die Herausbildung des „Finanzmarkt-Kapitalismus" (vgl. dazu etwa Windolf 2005) ebenso wie die These eines Umbruchs des Produktionsmodells in Richtung eines „flexibel-marktzentrierten Produktionsmodells" (etwa Sauer 2005). Dazu gehören die „Vermarktlichung" der Unternehmen (ebd.; Moldaschl 1998), die These vom Wandel des „Kommandosystems" hin zu einer „indirekten Steuerung" von Unternehmen und Arbeitskräften (Glißmann/Peters 2001; Peters 2011), die Abkehr von einer aufwands- bzw. arbeitskraftorientierten hin zu einer „subjektivierten" (Matuschek 2010) oder „markt- und ertragsorientierten" Leistungssteuerung (Kratzer/Nies 2009; Menz et al. 2011) sowie die Beobachtung einer zunehmenden „Entgrenzung" und „Subjektivierung" von Arbeit (Moldaschl/Voß 2002; Kratzer 2003).

Bei allen beträchtlichen Unterschieden im Einzelnen gibt es so etwas wie einen gemeinsamen Nenner der verschiedenen Entwicklungstendenzen und der darauf bezogenen Thesen, den man unter dem (allerdings wenig präzisen) Oberbegriff „neue Steuerungsformen" subsumieren kann. Die neuen Steuerungsformen zeichnen sich zum einen dadurch aus, dass Märkte und insbesondere die Finanzmärkte eine größere Rolle für die Unternehmens-, aber eben auch die Leistungssteuerung spielen („*Vermarktlichung*"). Das zweite zentrale Merkmal neuer Steuerungsformen ist, dass die Beschäftigten eine aktivere Rolle bei der Bewältigung von (steigenden) Marktanforderungen spielen müssen, aber auch können („*Subjektivierung*"/„*Selbststeuerung*") (vgl. dazu etwa Kratzer/Nies 2009).

Vermarktlichung bedeutet, dass die operativen Prozesse stärker als bisher „vom Ergebnis her", vom Markt und Markterfolg definiert und in der Folge auch organisiert werden. Den Ausgangspunkt bildet nunmehr in erster Linie das gewünschte Ergebnis: Das können operative (Absatz, Auftragseingang, Umsatz, Stückzahlen etc.), primär finanzielle (Budgetvorgaben, Kostensenkung, Ertragserwartungen u. a.) oder auch strategische Ziele (Marktführerschaft, Innovationen etc.) sein. Neu daran ist nicht, dass Unternehmen Ergebnisziele formulieren und ihre internen Prozesse entlang von Vorgaben und Kennzahlen bewerten und steuern – dies gab es früher auch. Neu ist zum einen die weitaus größere Intensität, mit der nahezu alles einer solchen Ziel- oder Erfolgsorientierung unterworfen werden soll, alles gemessen, gezählt, „controllt" wird. Vor allem aber ist das Neue an diesen neuen Steuerungsformen, dass bei der Definition von Ziel- und Erfolgsvorgaben die vorhandenen Gegebenheiten nur eine von mehreren Grundlagen bilden. Neben sie treten, mit zunehmender Wichtigkeit, Vorgaben, die sich nicht mehr am „praktisch Machbaren", sondern am „theoretisch Notwendigen" orientieren und vom unmittelbar Machbaren eben gerade abstrahieren. Grundlagen sind hier z. B. Vergleiche mit Mitbewerbern („Benchmarking"), eine Einschätzung der allgemeinen Marktentwicklung, die Frage, ob das eingesetzte Kapital nicht woanders besser aufgehoben wäre, oder eben auch strategische Ziele: Man möchte Marktführer werden, Innovationsprozesse beschleunigen, Awards gewinnen etc. Als Hintergrund dieser Entwicklung wird vor allem auf die wachsende Bedeutung der Kapitalmärkte verwiesen (vgl. dazu etwa Faust et al. 2011). Die Orientierung am Shareholder und dessen Renditeerwartung ist, so die einschlägige Literatur, der Hauptgrund für die ziel- und ertragsorientierte Unternehmenssteuerung, weil Shareholder oder Kapitalmärkte ihrerseits von konkreten Gegebenheiten abstrahieren und sich – zumindest in letzter Konsequenz – primär für ihre Kapitalrendite interessieren. Indem sich Unternehmen an renditebezogenen oder strategischen Zielen ausrichten, nehmen sie die Perspektive des Shareholders ein, der sich beständig fragen muss, ob sein Kapital hier wirklich optimal eingesetzt ist und der deshalb nur sehr begrenzt Verständnis für die Schwierigkeiten des Operativen und die Bodenhaftung des Stofflichen aufbringen kann. Unternehmen passen sich, so die These, in ihren eigenen Bewegungsformen zunehmend den Bewegungsformen der Finanzmärkte an – oder werden über Bewertungsverfahren, Kreditvergaberichtlinien, Übernahmebedrohungen etc. dazu gezwungen. Deswegen sprechen viele auch von einem neuen „Finanzmarkt-Kapitalismus" und der „Finanzialisierung" der Unternehmenssteuerung (vgl. Windolf 2005).

> „Es gibt Ziele, die ja letztendlich von der Geschäftsführung, von – was weiß ich – den Anteilseignern kommen, die haben halt, nachdem ihnen die Firma gehört, ein berechtigtes Anliegen, was sie von der Firma erwarten, und was die von der Firma erwarten, trifft jeden mehr oder weniger (…). Da liegen irgendwelche Zahlenziele (…), die Verzahlung der Firma ist schon stark, das heißt, es gibt Ziele über Auftragseinnahmen, Ziele über Ertrag, Ziele über den Innovationsumsatz, Ziele über (…). Bei (Unternehmen) speziell versucht man sehr, sehr viel in Zahlen zu fassen" (Führungskraft Elektrotechnik, aus: Kratzer/Nies 2009).

Das zweite konstitutive Merkmal neuer Steuerungsformen ist die *Selbststeuerung* von Arbeit und Leistung durch die Beschäftigten. Die Selbststeuerung der Arbeit hat vor allem zwei Dimensionen. Die erste Dimension ist die selbstgesteuerte Durchführung der Arbeit: Zwar existieren Vorgaben (etwa in Form von Kennzahlen oder Bearbeitungsstandards), aber wie genau die Beschäftigten diese Vorgaben umsetzen, bleibt ihnen weitgehend selbst überlassen. Im Rahmen neuer Steuerungsformen bestimmen Beschäftigte oft recht weitgehend, was sie wann, in welcher Reihenfolge und mit welchen Methoden tun. Die zweite Dimension betrifft nicht die Durchführung, sondern die Organisation und Steuerung der eigenen Arbeit und der Rahmenbedingungen der eigenen Arbeit. Hier geht es darum, den eigenen Arbeitseinsatz zu organisieren, also beispielsweise die Arbeitszeit dem Arbeitsanfall anzupassen, die Zusammenarbeit mit anderen zu organisieren, verschiedene, oft widersprüchliche Anforderungen auszubalancieren, und teilweise auch darum, Kompetenzen weiterzuentwickeln, um veränderte Anforderungen bewältigen zu können (vgl. dazu insgesamt etwa Kratzer 2003; Kratzer/Nies 2009).

Selbstgesteuertes Arbeiten bei gleichzeitiger Vermarktlichung der Organisation ist dabei durch eine besondere Dynamik gekennzeichnet: Es geht zumeist darum, (ständig) steigende Arbeitsanforderungen zu bewältigen. Eine wesentliche Konsequenz der Vermarktlichung von Unternehmen ist die *„systematische Überlastung"* der Organisation (Kratzer et al. 2011a). Ziel- und Ergebnisvorgaben, die sich „am Markt" orientieren und nicht an der Leistungsfähigkeit der Organisation, sind oft – und gezielt – „herausfordernde", nach dem jeweiligen Stand eigentlich „unerreichbare" Ziele.

„Ich (…) höre jedes Jahr von den Führungskräften den Satz: Wir legen noch eine Schippe drauf. (…) Und das Merkwürdige ist: Wir schaffen das jeweils und die Konsequenz ist davon dann, dass sich die Spirale wieder weiterdreht, wir am Ende des Jahres wieder hören, dass wir noch eine Schippe drauflegen sollen, obwohl wir eigentlich ständig schon am Limit arbeiten" (Berater Finanzdienstleistung, aus: PARGEMA-Untersuchung).

Aus herausfordernden oder „unerreichbaren" Zielen erwächst aber ein organisatorisches Dilemma: Die Erreichbarkeit „unerreichbarer" Ziele lässt sich eben nicht steuern oder organisieren – ginge das, dann wären die Ziele nicht unerreichbar. Eine ganz zentrale Lösung für dieses Organisations- und Steuerungsdilemma besteht eben darin, dieses Problem an die Beschäftigten weiterzugeben. Aus dem Organisationsproblem wird so ein individuelles Problem, für dessen Bearbeitung die Beschäftigten aber dann natürlich Gestaltungsfreiheiten (Selbststeuerung) und erweiterte Zugriffsmöglichkeiten auf ihre eigenen Ressourcen („Entgrenzung") brauchen. Deshalb ist direkte Partizipation im Sinne der Selbststeuerung der Arbeit eine funktionale Notwendigkeit im Rahmen neuer, marktorientierter Steuerungsformen.

Das Bindeglied zwischen der Vermarktlichung und der Subjektivierung ist eine neue, ertrags- oder marktorientierte Leistungssteuerung, die die Beschäftigten unmittelbarer mit Marktanforderungen konfrontiert und versucht, nicht nur in erweiterter Weise das produktive Potential der Beschäftigten zu nutzen, sondern sie auch dazu zu bringen, dieses Potential möglichst „in Eigenregie" flexibel an veränderliche Anforderungen anzupassen (Selbststeuerung und Selbstrationalisierung) (vgl. dazu Menz et al. 2011). Die markt- und ertragsorientierte Leistungssteuerung nutzt dazu ein breites Arsenal an Instrumenten: Drohung mit dem Verlust des Arbeitsplatzes[1], weitgehende Transparenz betrieblicher Daten, Anreizsysteme (leistungsorientierte Vergütung, Prämien, Boni etc.), innerbetrieblicher Wettbewerb und Konkurrenz, die Gewährung von weitergehenden Handlungs- und Gestaltungsspielräumen (z. B. bei der Ausgestaltung der Arbeitszeit), diskursive Verfahren der Aufgabenfestlegung (etwa im Rahmen von Zielvereinbarungen), ständige Ergebniskontrolle über Controlling- und Reportingverfahren, Spiegelung von Arbeitsleistung und -qualität durch Feedback-Prozesse (etwa Kundenzufriedenheit), aber auch gezielte Personalentwicklungs- und Unterstützungsangebote (Kurse zum Selbst- oder Zeitmanagement) u. a.

Die neuen Steuerungsformen sind eine besondere und offenkundig auch besonders effektive Rationalisierungsstrategie, weil hier zwei bislang getrennte und

---

1   Wobei dies oft nicht direkt, auf eine bestimmte Person bezogen erfolgt, sondern eher indirekt und im Kollektiv nach dem Motto: Wenn wir die Vorgaben nicht schaffen, dann könnte das negative Folgen für den Standort haben.

betrieblich kaum genutzte Rationalisierungsdynamiken unmittelbar aufeinander bezogen und verschränkt werden. Auf der einen Seite die Dynamik „maßloser" Marktanforderungen (Sauer 2005), die nicht mehr aus dem Unternehmen herausgehalten, sondern im Gegenteil internalisiert und so zur inneren Triebkraft von Unternehmen wird (etwa auch Moldaschl 1998). Und auf der anderen Seite das Rationalisierungspotential von Beschäftigten, die ihre Ressourcen selbst zielgerichtet einsetzen und dynamisch anpassen. Die Unternehmen erlangen so Zugriff auf bislang wenig genutzte Dynamiken und Rationalisierungspotentiale und können zugleich die Organisation schlanker machen – eben etwa, indem Hierarchieebenen abgebaut werden können.

Wie das in der Praxis aussieht, bringt ein Sachbearbeiter aus einer unserer Untersuchungen (Kratzer/Nies 2009) auf den Punkt:

> „Und da habe ich das gemacht, was früher die Vorgesetzten gemacht haben: Ich habe mich dazu gebracht, immer effektiver zu arbeiten. Ich habe mich selber unter Druck gesetzt. Das ist natürlich die optimale Form, ist doch klar. Kein Vorgesetzter kann mich so unter Druck setzen wie ich mich selber, das ist doch klar. Weiß ich doch auch. Aber Sie kommen ja nicht raus aus diesem Prozess. Das ist eben so. Sie sind gezwungen, effektiver zu arbeiten, oder Sie schaffen es nicht, Sie schaffen das Volumen an Arbeit früher nicht als andere. Und keiner will doch der erste sein, der sagt: Ich schaffe es nicht" (Sachbearbeiter Energietechnik, aus: Kratzer/Nies 2009).

2.2 Verbreitung neuer Steuerungsformen

Empirische Aussagen über die Verbreitung neuer Steuerungsformen zu treffen ist schwierig. Dies hat zunächst damit zu tun, dass es zwar mittlerweile eine ganze Reihe von qualitativen fallstudienbezogenen Untersuchungen, aber kaum quantitative Studien gibt. Und die Schwierigkeit quantitativer Studien liegt wiederum darin, dass der Kern neuer Steuerungsformen ein verändertes Steuerungs*prinzip* und nicht ein spezifisches betriebliches Instrument ist (dessen Verbreitung man dann relativ einfach abfragen könnte). Allerdings gibt es „Wahlverwandtschaften" zwischen dem neuen Steuerungsprinzip und bestimmten betrieblichen Instrumenten: Die Vermarktlichung der Organisation geht in aller Regel einher mit einer expliziteren Kundenorientierung, mit einer Steuerung über Kennzahlen sowie mit dem Ausbau von Controllinginstrumenten (vgl. dazu etwa Menz et al. 2011). Und das Prinzip der „Selbststeuerung" korrespondiert mit flacheren Hierarchien sowie einem veränderten („partizipativen) Führungsstil, mit diskursiven Formen der Leistungssteuerung und Arbeitsorganisation (Zielvereinbarungen, Mitarbeitergespräche etc.) sowie mit erweiterten Handlungsspielräumen von Beschäftigten.

Über solche Indikatoren gelingt zumindest eine näherungsweise Einschätzung der Verbreitung und Merkmale neuer Steuerungsformen.

Eine Vorstellung von der Verbreitung neuer Steuerungsformen gibt in dieser Hinsicht die PARGEMA/WSI-Betriebsrätebefragung[2], in der die Häufigkeit verschiedener Merkmale („leistungsorientierte Arbeitsbedingungen") erfragt wird, die mit neuen Steuerungsformen in Verbindung gebracht werden.

Abbildung 1:   Verbreitung von leistungsorientierten Arbeitsbedingungen

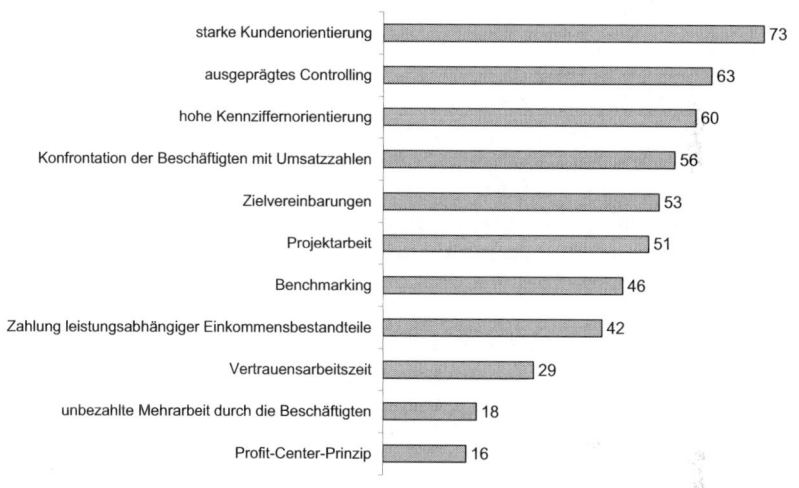

Quelle: PARGEMA-WSI-Betriebsrätebefragung 2008/2009 zu Arbeitsbedingungen und Gesundheit im Betrieb, aus: Ahlers 2011: 48, n = 1.700, Zahlenwerte in Prozent

Die Daten der PARGEMA/WSI-Betriebsrätebefragung zeigen, dass organisatorische Merkmale neuer Steuerungsformen weit verbreitet sind. Gestützt werden die hier gezeigten Befunde durch unsere eigenen (qualitativen) Untersuchungen. Diese sind zwar immer auf einige (wenige) Unternehmen und bestimmte Beschäftigtengruppen bezogen, aber sie zeigen auch, dass es sich bei den neuen Steuerungsformen kaum um einen „seltenen" oder besonderen Fall handeln dürfte. Eine steigende Bedeutung von (marktorientierten) Kennzahlen, eine stärker ergebnisorientierte Leistungspolitik und gegenüber früher gestiegene Gestal-

---

2   Die PARGEMA/WSI-Betriebsräte ist eine repräsentative Befragung von Betriebs- und Personalräten aus 1.700 Betrieben bzw. Organisationen des öffentlichen Dienstes. Zu den methodischen Grundlagen und der Verteilung auf Branchen und Betriebsgrößenklassen vgl. Ahlers 2011.

tungsspielräume von Beschäftigten konnten wir für große börsennotierte Unternehmen ebenso wie für mittelständische, eigentümergeführte Unternehmen nachweisen, für Industrie- ebenso wie für Dienstleistungsunternehmen (vgl. dazu Kratzer 2003; Kratzer/Nies 2009; Kratzer et al. 2011a; Dunkel/Weihrich 2012). Und auch die Selbststeuerung dürfte nicht nur eine Minderheit von Beschäftigten betreffen. So geben in der BIBB/BAuA – Erwerbstätigenbefragung 2005/2006 rund zwei Drittel (68 %) der Beschäftigten an, dass sie ihre Arbeit „selbst planen und einteilen können" und der Anteil derjenigen, deren Arbeitsdurchführung detailliert vorgeschrieben ist, sinkt zwischen 1998/1999 und 2005/2006 von gut 31 auf knapp 23 %. Seit 1991 lässt sich überdies insgesamt klar erkennen, dass mehr Menschen ihr Arbeitspensum (von 54 auf 62 %) und die Arbeitsmethoden (von 55 auf 71 %) beeinflussen können. Zwar gehen die Werte zwischen der letzten und der vorletzten Messung wieder leicht zurück und es sinkt auch der Anteil derjenigen, die angeben, dass die „Aufgabenfolge beeinflussbar" ist (von 55 auf 52 %), aber insgesamt zeigen die Daten doch eine Arbeitswelt, in der eine Mehrheit der Beschäftigten über Gestaltungs- und Entscheidungsspielräume verfügt (aus Lenhardt et al. 2010).

Dass es ohne die direkte Partizipation der Beschäftigten gar nicht (mehr) geht, wird auch daran deutlich, dass es in unseren Interviews kaum noch eine Führungskraft gibt, die sich selbst nicht einen partizipativen Führungsstil attestieren würde und dies vor allem funktional begründet. Ein strikt hierarchischer Führungsstil mit direkten Anweisungen und direkter Kontrolle würde heute gar nicht mehr funktionieren, so die Botschaft, weil dazu die fachlichen Anforderungen zu komplex und zu dynamisch und nicht zuletzt auch die Führungsspannen viel zu groß wären. Die Führungskräfte sehen sich entsprechend oft mehr als „Coach" und Unterstützer denn als Kontrollorgan:

> „(…) wenn er (der Mitarbeiter, Anm. d. V.) das aus eigenen Stücken nicht so umsetzen kann, muss ich gucken, wie ich ihm Hilfestellung geben kann. Erst mal eine engere Begleitung, die aus meiner Sicht dann auch nichts mit Kontrolle zu tun hat, sondern tatsächlich ihm zu helfen, wie kann er denn seine Woche planen. Seine Ziele sind nun mal da. (…) Ich kann ihm als Führungskraft lediglich die Hilfestellung bieten zu gucken ‚Was können wir dazu beitragen, dass du diese Ziele auch erreichst?'" (Führungskraft Finanzdienstleistungen, PARGEMA-Untersuchung).

Und andersherum beschreiben viele Beschäftigte ihren Vorgesetzten oder ihre Vorgesetzte nur selten als jemanden, der ihnen unmittelbare Anweisungen erteilt oder ihre Arbeit ständig kontrolliert. So geben in einer Untersuchung zur Auswirkung des Führungsverhaltens auf die Gesundheit nur knapp 17 % der rund 28.000 Befragten an, dass sie „sich von ihrem Vorgesetzten stark kontrolliert" fühlen; entsprechend geben 83 % an, dies sei selten oder nie der Fall (Zok 2011).

In unseren eigenen Untersuchungen schätzen ebenfalls nahezu alle Befragten ihre unmittelbaren Tätigkeits- und Gestaltungsspielräume als groß bis sehr groß ein (so etwa in Kratzer/Nies 2009). Der Tenor ist: Solange alles einigermaßen läuft, wird der Vorgesetzte nicht gebraucht und auch nicht einbezogen und er mischt sich auch selber nicht ein. „Chef ist bei uns eigentlich immer mehr so ein Eskalationsmechanismus, sag ich jetzt mal", sagt ein Ingenieur auf unsere Frage nach der Rolle des Vorgesetzten und meint damit, dass man den Vorgesetzten dann einsetzt, wenn man selber nicht weiterkommt und hierarchischen Druck einsetzen will oder muss (beispielsweise, wenn man bestimmte Ressourcen nicht bekommt, die man für sein Projekt braucht). Und auch wenn – natürlich – die Vorgesetzten ganz klar eine hierarchische Funktion haben und diese mehr oder weniger auch ausleben, der Druck an sich kommt oft nicht mehr vom Chef, sondern von den Vorgaben oder auch den Kunden:

> „Der Vorgesetzte mischt sich relativ wenig ein eigentlich. Er kann es auch kaum (…). Ob der da ist oder nicht, ist für die tägliche Arbeit erstmal wurscht. Der Druck kommt von außen, durch die Sache an sich" (Sachbearbeiter Energietechnik; aus: Kratzer/Nies 2009).

Auch wenn die These der „neuen Steuerungsformen" sicher nicht die einzige Antwort auf die Frage nach der gegenwärtigen Entwicklung von Arbeit ist – zumindest einzelne Elemente neuer Steuerungsformen lassen sich in vielen und sehr verschiedenen Arbeitsbereichen finden. Die Bandbreite reicht dabei von hochqualifizierter „Wissensarbeit" (vgl. dazu etwa Kratzer/Nies 2009; Striewe/Schwering 2011), über Finanzdienstleistungen (Menz et al. 2011), Pflegearbeit (vgl. dazu Dunkel/Weihrich 2012) bis hin zu Call-Center- (etwa Matuschek et al. 2007) und auch Produktionsarbeit (etwa Kratzer 2003). Mit Blick auf die Subjektivierung der Arbeit konstatiert daher Matuschek in seinem Überblick über die aktuelle Literatur: „Im Durchgang durch unterschiedliche Branchen und Arbeitsgebiete hat sich gezeigt, dass die Subjektivierung von Arbeit in ihren unterschiedlichen Facetten weithin die Arbeitsbedingungen konturiert" (Matuschek 2010: 124).

3   Neue Steuerungsformen – Folgen für Arbeit und Gesundheit

3.1 „Normalität" von Überlastung

Unabhängig davon, ob die Beschäftigten in unseren Untersuchungen ihre Arbeit gern machen, stolz auf „ihr" Unternehmen sind, mit dem Umfeld zufrieden sind oder sich Entwicklungschancen ausrechnen: Viele haben jetzt – und nicht zuletzt verursacht durch die neuen Steuerungsformen – ein Problem; besser gesagt mehrere.

Die Beschäftigten sind zum einen mit quantitativ wachsenden Anforderungen konfrontiert. Diese sind nicht nur eine Folge steigender Ergebniserwartungen, sondern auch eines erweiterten Spektrums an Anforderungen. Neben die Anforderungen der eigentlichen Tätigkeit, ihrer „Kernarbeit", treten zwei weitere Anforderungsbündel. Erstens führt die permanente „Reorganisation" (Kratzer 2003) in den Unternehmen immer wieder zu Veränderungen, die nicht zuletzt von den Beschäftigten nachvollzogen werden müssen: Abteilungen werden auseinandergenommen oder zusammengelegt, Führungsstrukturen wandeln sich, neue Systeme werden eingeführt, Bezeichnungen verändern sich usw. Zweitens haben die Beschäftigten zunehmend mehr „Organisationsarbeit" zu leisten: Abstimmung mit Kollegen und Kolleginnen, Anfragen anderer Abteilungen beantworten, Informationen liefern oder einholen, Meetings und Arbeitskreise, Organisationsprojekte und immer wieder Listen ausfüllen, Kennzahlen eintragen, dokumentieren (Kratzer/Nies 2009).

Zu den quantitativ wachsenden Anforderungen kommt zudem der Umgang mit den immanenten Widersprüchen neuer Steuerungsformen, die von den Beschäftigten zu bewältigen – oder auch nur auszuhalten sind. So vor allem:

Permanentes Ungenügen: Durch die ständige Konfrontation mit Anforderungen, zu deren Bearbeitung die Ressourcen eigentlich gar nicht reichen, und die ständig steigenden Leistungserwartungen entsteht auch dort, wo die Ziele letztlich doch erreicht werden – die Beschäftigten fügen häufig an „irgendwie", „mit letzter Kraft" – das Gefühl, nie wirklich hinterherzukommen und mehr noch: nie wirklich gut genug zu sein:

> „Da kann man nie zufrieden sein, weil man normalerweise die Arbeit nicht hinkriegt. Und man weiß, das liegt jetzt nicht an einem – oder man zweifelt zwar zwischendurch vielleicht immer wieder, aber eigentlich sieht man: Die ist einfach nicht machbar in dieser Zeit, die einem gegeben ist, diese Arbeit. Und das macht einen halt nicht glücklich, wenn man immer nur hinterherhinkt und egal wie man sich anstrengt, das nicht hinbekommt" (Sachbearbeiter Energietechnik, aus: Kratzer/Nies 2009).

Widersprüche zwischen Vorgaben und eigenen Arbeitsorientierungen: Eine typische Belastungsfolge neuer Steuerungsformen ist, dass man gegen eigene arbeitsinhaltliche und professionelle – oder auch ethische – Orientierungen verstoßen muss, um vorgegebene Ziele zu erreichen. Etwa, wenn man Kunden Produkte „andrehen" muss, die diese gar nicht brauchen. Belastend wirkt dieser Konflikt nicht zuletzt deshalb, weil er sich häufig „im eigenen Kopf" bewegt: Es handelt sich nicht notwendigerweise um einen Widerspruch zwischen „eigenem"

Wollen und „fremden" Anforderungen, sondern um einen inneren Konflikt, weil man selbst ja durchaus auch den ökonomischen Erfolg will. Dadurch fehlt ein möglicher Adressat, dem die Verantwortung für das Eintreten von Misserfolgen zugewiesen werden könnte. Stattdessen werden diese als individuelles Versagen erlebt und damit der eigenen Person zugeschrieben.

Gleichzeitigkeit von Selbststeuerung und Standardisierung: Auch wenn Selbststeuerung in einem – weiterhin – fremdbestimmten Rahmen stattfindet, ist sie doch „echte" Selbststeuerung mit tatsächlichen Autonomiepotentialen. Zu beobachten ist aber, dass diese Potentiale von den Unternehmen oft wieder begrenzt werden, und dies durchaus im Widerspruch zu den eigenen Prinzipien. So wird der eigenständigen Zielorientierung der Mitarbeiter nicht recht getraut, und die Ergebnisziele werden doch wieder durch konkrete Prozess- und Tätigkeitsvorgaben durchkreuzt: Welche Produkte bevorzugt angeboten werden sollen, wie viele Gespräche wann zu führen sind, wie diese zu führen sind, welche Listen dabei abgearbeitet werden müssen usw. Die Beanspruchungen der Beschäftigten sind oft gerade dort besonders ausgeprägt, wo sich die typischen Belastungen aus neuen Steuerungsformen mit den Belastungen aus Standardisierungsprozessen gegenseitig überlagern.

Entkopplung von Leistung und Erfolg: Die neuen Steuerungsformen stellen die Leistungsanstrengungen der Beschäftigten unter dauerhaften Vorbehalt. Das „Maß" für Leistung ist nicht mehr die eingesetzte Zeit oder die Intensität der Anstrengung, sondern der Markterfolg. Leistung ist, was sich verkauft. Was sich nicht verkauft, ist eben keine Leistung – ganz unabhängig vom Aufwand. Und der Markt hält ja nicht still: Man muss ja immer ein bisschen besser sein und werden. Die Zielgrößen, an denen das Arbeitshandeln sich orientieren soll, sind in ständiger Bewegung und erfordern eine fortwährende Intensivierung des eigenen Bemühens. Zugleich wird immer unsicherer, ob dieses Bemühen sich auch in angemessenen Formen der (monetären wie auch immateriellen) Anerkennung niederschlägt. Das typische Wechselverhältnis zwischen Organisation und Beschäftigten, das nicht zuletzt für die Arbeitsmotivation der Beschäftigten und ihr Gerechtigkeits- und Gratifikationsempfinden zentral ist, löst sich tendenziell auf: Leistung und Gegenleistung wiegen einander nicht mehr auf, aus Ersterem folgt kein reziproker Anspruch mehr auf entsprechenden Lohn und Wertschätzung und auch nicht mehr auf Beschäftigungssicherheit. Anerkennung und Sicherheit werden abhängig von den Gelegenheitsstrukturen der Märkte.

Unsichtbare Leistung: Neben die Anforderung, seine Arbeit selbstständig und möglichst gut zu machen, also die Anforderung einer Selbststeuerung der Leistung, tritt zunehmend eine weitere Anforderung: die *„Leistung der Selbststeuerung"* (Kratzer/Nies 2009). Diese besteht darin, selbstständig jene Bedingungen herzustellen, die die eigentliche Leistungserbringung überhaupt erst ermöglichen. Man muss mittlerweile schon einiges leisten, um überhaupt leistungsfähig zu sein, und das ist keine einmalige (Selbst-)Organisationsleistung, sondern ein permanenter Prozess. Dazu gehört nicht mehr „nur" die selbstständige Bewältigung widersprüchlicher Anforderungen (wie oben geschildert), die an die eigentliche Tätigkeit gerichtet werden – diese Leistung wächst sich zu einer Meta-Anforderung aus, die der eigentlichen Arbeitstätigkeit vorgelagert ist. Die Leistung der Selbststeuerung ist aber für die Beschäftigten nicht nur ein Organisations-, sondern vor allem auch ein Anerkennungsproblem: Erstens ist die Leistung der Selbststeuerung *unsichtbare* Leistung, weil sie in die eigentliche Leistung, also das Arbeitsergebnis, nur indirekt einfließt. Ihr Ergebnis ist, dass überhaupt ein Arbeitsergebnis zustande kommt. Und zweitens wird die Leistung der Selbststeuerung (eben deshalb) oft erst dann sichtbar, wenn es schief geht: wenn Termine platzen, Budgets überschritten werden, Kunden verärgert sind usw.

Folge ist eine neue *Normalität von Überlastung*. „Normalität" bedeutet nicht, dass alle gleichermaßen belastet sind, und schon gar nicht, dass alle in gleicher Weise damit umgehen. Normalität bedeutet aber, dass viele schon negative Erfahrungen gemacht haben und bereits mindestens einmal gesundheitliche Probleme aufgrund von Arbeitsüberlastung hatten. Und das sind oft gerade nicht die üblichen Verdächtigen, die „Minderleister" oder die „Älteren", sondern im Gegenteil: Es sind die Leistungsträger, die Engagierten und Motivierten (und nicht zuletzt auch Führungskräfte).

„Also, diese kriminellen Erschöpfungszustände, das ist neu. Dass es Sie wegtratzelt, das ist neu. Ich bin ja vor Weihnachten auch zuhause gewesen, ich konnt' einfach nicht mehr" (Gruppenleiter IT/PARGEMA-Untersuchung).

„Normalität von Überlastung" bedeutet aber auch: *Alle* müssen sich mit Überlastung auseinandersetzen. Dass Arbeit und Gesundheit systematisch in Konflikt geraten, heißt nicht, dass es für Individuen keine Lösungen gibt, aber Lösungen müssen aktiv gestaltet werden und haben oft einen Preis: Man muss die eigenen Ansprüche reduzieren, die Unzufriedenheit von Vorgesetzten oder Kollegen in Kauf nehmen, auf Karriere verzichten, man gefährdet im Extremfall vielleicht sogar seinen Arbeitsplatz.

3.2   Gesundheitsschutz vor neuen Herausforderungen

Wenn es stimmt, dass Arbeit und Gesundheit systematisch in Konflikt stehen und dass dafür die neuen Steuerungsformen (mit)verantwortlich sind, weil hier der ökonomische Erfolg auf einer systematischen Überlastung beruht, dann gibt es keine einfachen Lösungen für die geschilderten Probleme. Aber nichts zu tun ist natürlich auch keine Lösung. Nicht nur nehmen dann (psychomentale) Belastungen weiter zu und es leiden (noch) mehr Beschäftigte (und Führungskräfte) an den Folgen von Überlastung und Überforderung, auch für die Unternehmen dürfte sich das bloße „Weiter-so" nicht auszahlen. Schon jetzt sind die Unternehmen damit konfrontiert, dass die individuellen Probleme der Überlastung und Überforderung verstärkt auf den Betrieb zurückwirken und damit (wieder) zu *betrieblichen* Problemen werden: wenn das „permanente Ungenügen" angesichts dynamisierter Leistungsanforderungen in Demotivierung und Zynismus mündet, wenn Burn-out oder Depressionen zu längeren Ausfallzeiten führen. Je schwächer die Puffer werden, die eine Organisation bereithalten kann, und je begrenzter die Ressourcen sind, die die Beschäftigten noch zusätzlich in die Waagschale werfen können (und möglicherweise auch: je älter im Durchschnitt die Belegschaften werden), desto drängender werden die damit verbundenen Probleme (vgl. dazu Kratzer et al. 2011b).

In den Unternehmen häufen sich die Berichte über Kollegen und Kolleginnen, die dem Druck offenbar nicht mehr standgehalten haben und für einige Zeit ausgefallen sind. Treten psychische Belastungen als manifeste Erkrankungen zu Tage, dann greift in aller Regel das (außerbetriebliche) Gesundheitssystem, die Beschäftigten werden betreut und können auch eine Auszeit nehmen. In den Unternehmen selbst werden manifeste Erkrankungen bei den Kollegen aufmerksam registriert und mitunter als Alarmzeichen dafür verstanden, dass die Arbeitsbedingungen nicht gesund sind – allerdings ohne dass sich daraus unmittelbar Aktivitäten ergäben, die den Erfolgsdruck, unter dem gearbeitet wird, vermindern würden. Werden psychische Belastungen als Erkrankung manifest, dann ist es aber im Grunde schon zu spät. Prävention ist deshalb das Zauberwort – und wohl kaum ein Unternehmen würde nicht von sich behaupten, den betrieblichen Gesundheitsschutz verstärkt in Richtung eines präventiv ausgerichteten Gesundheitsmanagements weiterzuentwickeln. Allerdings ist es bei näherer Betrachtung mit einem wirklichen Gesundheitsmanagement oft (noch?) nicht so weit her: Es mangelt an der Integration der verschiedenen Institutionen und Akteure, es fehlt an einer regelmäßigen Beobachtung, Dokumentation und Wirkungsanalyse von Gefährdungen und Gegenmaßnahmen, die Beschäftigten (aber auch die Führungskräfte) sind kaum aktiv beteiligt, und für Managemententscheidungen sind Fragen der Gesundheit und des Wohlbefindens der Beschäftigten in letzter Konsequenz nicht wirklich entscheidend. Gesundheitsschutz wird unseren Beobachtungen zufolge daher vor allem verhaltensbezogen ausgelegt: Die institutionellen Akteure sehen ihre Aufgabe im Gesundheitsschutz dann primär darin, den Beschäftigten Angebote zu machen, mit denen diese selbst (besser) verhaltenspräventiv tätig werden können. Der Konflikt zwischen Arbeit und Gesundheit wird hier aber ganz offenkundig nicht gelöst, sondern auf die individuelle Ebene verschoben.

Die individuellen Umgangsweisen, die sich dann beobachten lassen, reichen von der schlichten Verleugnung von Gesundheitsgefährdung über die Relativierung von Gefährdungen (Stress gibt es überall / andere sind noch stärker belastet als ich) bis hin zu expliziten Versuchen, dem Stress etwas entgegenzusetzen. Die gängigste Variante besteht darin, einen Ausgleich außerhalb der Erwerbsarbeit (etwa im Sport, in der Gartenarbeit, in sozialen Beziehungen, im Faulenzen) zu suchen.

Aber es gibt auch individuelle Umgangsweisen, die sich auf die Erwerbsarbeit selbst richten und die in drei Richtungen gehen können. Die erste besteht darin, die eigene Leistungsfähigkeit zu steigern (z. B. in einem verhaltenstherapeutischen Training, in dem Beschäftigte gezielt für besonders belastende Arbeitssituationen fit gemacht werden). Eine zweite zielt darauf ab, Belastungen in der Erwerbsarbeit dadurch zu reduzieren, dass man die Arbeitsbedingungen zu eigenen Kosten verändert: durch einen Abteilungswechsel, durch eine Verringerung der Arbeitszeit, durch eine Reduzierung der Ansprüche auf Status, Bezahlung oder Karrierechancen. Schließlich findet sich auch innere Distanzierung als Coping-Strategie: Unternehmerische Ziele werden nicht mehr als eigene Ziele wahrgenommen, man erfüllt zwar extern gesetzte Anforderungen, hält aber persönliches Engagement zurück.

Eine solche Distanzierung bis hin zur inneren Kündigung erleben die Betreffenden jedoch keineswegs als Befreiung, sondern als Enttäuschung. Denn sie steht im Widerspruch zu einer Haltung, die die große Mehrheit der befragten Beschäftigten teilt: eine ausgeprägte intrinsische Arbeitsmotivation und eine hohe Bereitschaft, unternehmerische Ziele mitzutragen. Diese Haltung macht die Realisierung neuer Steuerungsformen möglich, lässt aber zugleich einen Widerspruch entstehen, der für die Gesundheitssituation der Beschäftigten folgenreich sein kann: Wenn sich die Beschäftigten Unternehmensziele, die sich um wirtschaftlichen Erfolg und dessen weitere Steigerung in der Zukunft drehen, zu eigen machen, können sie eine Verhaltenstendenz entwickeln, die Klaus Peters als „interessierte Selbstgefährdung" (Peters 2011) bezeichnet. Die eigene Gesundheit wird um des Erfolges willen freiwillig riskiert. Wenn die Beschäftigten unter Bedingungen ergebnisorientierter Steuerung ein *eigenes unternehmerisches* Interesse an der Zielerfüllung und Ergebniserreichung entwickeln (müssen), entsteht zugleich das Motiv für ein Verhalten, das die persönlichen gesundheitlichen Ressourcen gefährdet und gesundheitliche Schutzregelungen unterläuft, etwa durch eigenständige Verlängerung der Arbeitszeiten und den Verzicht auf Pausen oder auf krankheitsbedingte Abwesenheit.

4   Weiterführender Forschungsbedarf

Dass es einen Zusammenhang von neuen Steuerungsformen und Zeit- und Leistungsdruck gibt, ist in der arbeits- und industriesoziologischen Debatte mittlerweile unstrittig (vgl. etwa Jacobsen 2010; Matuschek 2010; Schmidt 2011). *Wie* aber beide Entwicklungen im Einzelnen zusammenhängen und welche Folgen das jeweils für die betriebliche Organisation sowie für die Arbeitssituation von Führungskräften und Beschäftigten hat, ist noch lange nicht hinreichend geklärt.

So haben vorliegende Untersuchungen entweder den Versuch unternommen, die grundlegenden Prinzipien und übergreifenden Merkmale neuer Steuerungsformen herauszuarbeiten (etwa Kratzer et al. 2011a) oder sind fallbezogene Untersuchungen zu bestimmten Dienstleistungsbereichen oder Beschäftigtengruppen, so etwa zu IT-Beschäftigten (Gerlmaier/Latniak 2011) oder zu Unternehmensberatern (Striewe/Schwering 2011). Dagegen fehlt es an systematischen Fallvergleichen, mit denen die unterschiedlichen Bedingungskonstellationen (hoch)qualifizierter Dienstleistungsarbeit fallvergleichend analysiert werden können. Neue Erkenntnisse gegenüber dem bisherigen Stand sind daher insbesondere durch eine Analyse zu erwarten, bei der unterschiedliche Tätigkeiten im Hinblick auf den Zusammenhang von neuen Steuerungsformen und Zeit- und Leistungsdruck untersucht werden. Mit unterschiedlichen Arbeitsgegenständen dürften nicht nur verschiedene Arbeitsprozesse (etwa Projektarbeit vs. Einzelarbeit) und arbeitsinhaltliche Orientierungen (z. B. Orientierung an der Produktqualität vs. Orientierung an Kundenzufriedenheit) verbunden sein, möglicherweise unterscheiden sich auch die Ausprägungen von Zeit- und Leistungsdruck sowie die Funktions- und Wirkungsweisen neuer Steuerungsformen (vgl. dazu insgesamt Nies/Sauer 2012). So zeigen Untersuchungen zur Arbeit von Entwicklern, dass der Zeit- und Leistungsdruck hier oft vor allem als Termindruck wirksam wird (etwa Grewer et al. 2007; Gerlmaier/Latniak 2011), während Kundenberater in den Finanzdienstleistungen vor allem von Vertriebs- bzw. Ertragsdruck berichten (vgl. Menz et al. 2011).

Auch wenn manche Aussagen das nahelegen: Zeit- und Leistungsdruck ist nicht „einfach" die Folge eines an die Beschäftigten durchgereichten Marktdrucks, sondern Resultat eines komplexen Zusammenspiels aus den Umweltbedingungen (Absatz- und Kapitalmärkte, Arbeitsmärkte, institutionelle Regulierung etc.), der jeweiligen betrieblichen Organisation und Steuerung, der Unternehmenskultur, des Führungskräfteverhaltens sowie des Verhaltens der individuellen Beschäftigten (vgl. dazu auch Faust et al. 2011). Neue Erkenntnisse gegenüber dem bisherigen Stand sind hier von einer Analyse zu erwarten, mit der herausgearbeitet wird, wie dieses Zusammenspiel von Unternehmensstruktur, Arbeitsorganisation/Leistungssteuerung und individuellem Verhalten in konkreten Bedingungskonstellationen erfolgt. Zu fragen ist, ob (überhaupt) und wie „Marktdruck" am Arbeitsplatz ankommt und was dabei die wichtigsten Vermittlungsinstrumente und -instanzen sind. Weitgehend ungeklärt ist dabei die Rolle von Führung bzw. von Führungskräften. Welche Rolle spielt personale Führung im Rahmen neuer Steuerungsformen überhaupt (etwa im Verhältnis zu abstrak-

ten Vorgaben), wie wirken sich Führungsverhalten und Führungsstile auf die
Entstehung, Wahrnehmung und Wirkung von Zeit- und Leistungsdruck aus und
schließlich: Wie nehmen Führungskräfte selbst ihre Rolle und ihren eigenen
Zeit- und Leistungsdruck wahr und wie gehen sie damit um?

Die These der „neuen Steuerungsformen" ist bislang vor allem als betriebliche These formuliert worden. Die „subjektive Seite" der neuen Steuerungsformen wird in einschlägigen Untersuchungen zwar berücksichtigt, hier aber vor
allem in der Perspektive der Folgen neuer Steuerungsformen – die Beschäftigten
sind dann oft weitgehend passive „Betroffene" von Zeit- und Leistungsdruck. Zu
klären ist daher erstens, wann und weshalb Zeit- und Leistungsdruck als Belastung empfunden wird und wann und weshalb als positive Herausforderung.
Zweitens ist noch weitgehend offen, mit welchen Strategien und Praxen sich
Beschäftigte mit Zeit- und Leistungsdruck auseinandersetzen, welche Spielräume sie dabei haben (oder bräuchten) und welche Folgen das jeweils für sie (aber
auch für den betrieblichen Erfolg) hat. Und drittens ist hier zu fragen, wie sich
unterschiedliche Beschäftigtengruppen (differenziert nach Alter, Berufsbiografie,
Geschlecht, Führungsverantwortung) in ihren Wahrnehmungen und Umgangsweisen unterscheiden.

In den vorliegenden Untersuchungen zu neuen Steuerungsformen deutet
sich aber auch eine Antwort auf die Frage an, warum psychische Belastungen
möglicherweise nicht wegen fehlender, sondern trotz vorhandener Merkmale
menschengerechter Arbeitsgestaltung zunehmen: Wenn Beschäftigte unmittelbarer mit Marktanforderungen konfrontiert sind und diese selbstgesteuert bearbeiten müssen (und dürfen), verändert sich offenkundig die Wirkung von Autonomiepotentialen und Partizipationsspielräumen. Beschäftigte können sich dann
weniger von fremdbestimmter Überforderung distanzieren, geraten schneller in
Widerspruch zu ihren eigenen lebensweltlichen, aber auch arbeitsinhaltlichen
Interessen, Selbstbestimmung droht in Selbst-Überforderung umzuschlagen
(etwa Kratzer et al. 2011a; Striewe/Schwering 2011; Schüpbach 2011). Ausgehend von der These, dass die arbeitswissenschaftlichen Erkenntnisse zu den
Kriterien menschengerechter Arbeitsgestaltung auch im Rahmen neuer Steuerungsformen nicht „falsch" sind oder werden, gilt es zu klären, ob und wie Autonomie und Partizipation möglicherweise zum Teil des Problems werden. Zu
untersuchen ist daher, welchem Bedeutungs- oder auch Formwandel Kriterien
menschengerechter Arbeitsgestaltung im Rahmen neuer Steuerungsformen unterliegen und welche Rolle Standardisierungstendenzen dabei spielen.

Literatur

Ahlers, E. (2011): Wachsender Arbeitsdruck in den Betrieben. Ergebnisse der bundesweiten PAREGAM-WSI-Betriebsrätebefragung. In: Kratzer, N. et al. (2011a), 35-58

Badura, B./Schröder, H./Klose, J./Macco, K. (Hrsg.) (2009): Fehlzeiten-Report 2009 – Arbeit und Psyche: Belastungen reduzieren – Wohlbefinden fördern. Berlin, Heidelberg: Springer

Baethge, M. (2011): Qualifikation, Kompetenzentwicklung und Professionalisierung im Dienstleistungssektor. In: WSI-Mitteilungen, Heft 9/2011, Jg. 64, 447-455

Baethge, M./Oberbeck, H. (1986): Zukunft der Angestellten. Frankfurt a. M., New York: Campus

BAuA 2005: Arbeitsbedingtheit psychischer Erkrankungen, Tagungsdokumentation, Schriftenreihe der Bundesanstalt für Arbeitsschutz und Arbeitsmedizin, Tb 138. Dortmund, Berlin, Dresden

Berger, U./Offe, C. (1984): Das Rationalisierungsdilemma der Angestelltenarbeit. In: Offe, C. (1984), 271-290

BKK (2009): Gesundheitsreport 2009 – Gesundheit in Zeiten der Krise. Herausgegeben vom BKK Gesundheitsverband. Essen

Bödeker, W./Friedel, H./Röttger, C./Schröer, A. (2002): Kosten arbeitsbedingter Erkrankungen, Schriftenreihe der Bundesanstalt für Arbeitsschutz und Arbeitsmedizin, Fb 946. Dortmund, Berlin

Boes, A./Kämpf, T. (2011): Global verteilte Kopfarbeit. Offshoring und der Wandel der Arbeitsbeziehungen. Berlin: Edition Sigma

Böhle, F./Voß, G. G./Wachtler, G. (Hrsg.) (2010): Handbuch Arbeitssoziologie. Wiesbaden: VS Verlag für Sozialwissenschaften

Breisig, T./König, S./Rehling, M./Ebeling, M. (2010): „Sie müssen es nicht verstehen, Sie müssen es nur verkaufen!" Vertriebssteuerung in Banken. Berlin: Edition Sigma

Dörre, K./Sauer, D./Wittke, V. (Hrsg.) (2012): Kapitalismustheorie und Arbeit. Neue Ansätze soziologischer Kritik. Frankfurt a. M. New York: Campus (im Erscheinen)

Dunkel, W./Weihrich, M. (Hrsg.) (2012): Professionalisierung interaktiver Arbeit. Wiesbaden: VS Verlag für Sozialwissenschaften

Faust, M./Bahnmüller, R./Fisecker, C. (2011): Das kapitalmarktorientierte Unternehmen. Externe Erwartungen, Unternehmenspolitik, Personalwesen und Mitbestimmung. Berlin: Edition Sigma

Gerlmaier, A./Latniak, E. (Hrsg.) (2011): Burnout in der IT-Branche. Ursachen und betriebliche Prävention. Kröning: Asanger

Gließmann, W./Peters, K. (2001): Mehr Druck durch mehr Freiheit – Die neue Autonomie in der Arbeit und ihre paradoxen Folgen. Hamburg: VSA

Grewer, H.-G./Matthäi, I./Reindl, J. (2007): Der innovative Ältere. Warum die Entwicklungsuhr länger als sieben Jahre tickt. München, Mering: Hampp

Groh-Samberg, O. (2005): Die Aktualität der sozialen Frage – Trendanalysen sozialer Ausgrenzung 1984 – 2004. In: WSI-Mitteilungen, Heft 11/2005, Jg. 58, 616-623

Heyde, K./Macco, K. (2009): Krankheitsbedingte Fehlzeiten aufgrund psychischer Erkrankungen – Eine Analyse der AOK-Arbeitsunfähigkeitsdaten des Jahres 2008. In: Badura, B. et al., 31-40

ISF München/INIFES Stadtbergen/IfS Frankfurt/SOFI Göttingen (Hrsg.) (1998): Jahrbuch Sozialwissenschaftliche Technikberichterstattung 1997 – Schwerpunkt: Moderne Dienstleistungswelten. Berlin: Edition Sigma

Jacobsen, H. (2010): Strukturwandel der Arbeit im Tertiarisierungsprozess. In: Böhle, F. et al. (2010), 204-228

Kotthoff, H./Wagner, A. (2008): Die Leistungsträger. Führungskräfte im Wandel der Firmenkultur – eine Follow-up-Studie. Berlin: Edition Sigma

Kratzer, N. (2003): Arbeitskraft in Entgrenzung. Grenzenlose Anforderungen, erweiterte Spielräume, begrenzte Ressourcen. Berlin: Edition Sigma

Kratzer, N./Nies, S. (2009): Neue Leistungspolitik bei Angestellten. ERA, Leistungssteuerung, Leistungsentgelt. Berlin: Edition Sigma

Kratzer, N./Dunkel, W./Becker, K./Hinrichs, S. (Hrsg.) (2011a): Arbeit und Gesundheit im Konflikt. Analysen und Ansätze für ein partizipatives Gesundheitsmanagement. Berlin: Edition Sigma

Kratzer, N./Nies, S./Pangert, B./Vogl, G. (2011b): Leistungspolitik und Work-Life-Balance. Eine Trendanalyse des Projekts Lanceo, Broschür, Download unter: www.lanceo.de

Lenhardt, U./Ertel, M./Morschhäuser, M. (2010): Psychische Arbeitsbelastungen in Deutschland: Schwerpunkte – Trends – betriebliche Umgangsweisen. In: WSI-Mitteilungen, Heft 7/2010, Jg. 63, 335-342

Matuschek, I. (2010): Konfliktfeld Leistung. Eine Literaturstudie zur betrieblichen Leistungspolitik. Berlin: Edition Sigma

Matuschek, I./Arnold, K./Voß, G. G. (2007): Subjektivierte Taylorisierung. Organisation und Praxis medienvermittelter Dienstleistungsarbeit. München, Mering: Hampp

Menz, W./Dunkel, W./Kratzer, N. (2011): Leistung und Leiden. Neue Steuerungsformen von Leistung und ihre Belastungswirkungen. In: Kratzer, N. et al. (2011a), 143-198

Moldaschl, M. (1998): Internalisierung des Marktes – Neue Unternehmensstrategien und qualifizierte Angestellte. In: ISF München et al. (1998), 197-250

Moldaschl, M./Voß, G. G. (2002): Subjektivierung von Arbeit. München, Mering: Hampp

Nies, S./Sauer, D. (2012): Arbeit – mehr als Beschäftigung? Zur arbeitssoziologischen Kapitalismuskritik. In: Dörre, K. et al. (2012) (im Erscheinen)

Offe, C. (Hrsg.) (1984): ‚Arbeitsgesellschaft' – Strukturprobleme und Zukunftsperspektiven. Frankfurt a. M., New York: Campus

Pangert, B./Dunkel, W./Menz, W. (2011): Auch das noch!? Gesundheit als Führungsaufgabe in ergebnisorientiert gesteuerten Arbeitssystemen. In: Kratzer, N. et al. (2011a), 215-236

Peters, K. (2011): Indirekte Steuerung und interessierte Selbstgefährdung. Eine 180-Grad-Wende bei der betrieblichen Gesundheitsförderung. In: Kratzer, N. et al. (2011a), 105-122

Rau, R./Hoffmann, K./Morling, K./Rösler, U. (2007): Ist der Zusammenhang zwischen Arbeitsbelastung und Depression ein Ergebnis beeinträchtigter Wahrnehmung? In: Richter, P. G., et al., 55-69

Richter, P. G./Rau, R./Mühlpfordt, S. (Hrsg.) (2007): Arbeit und Gesundheit. Zum aktuellen Stand in einem Forschungs- und Praxisfeld. Lengerich: Pabst

Sauer, D. (2005): Arbeit im Übergang – Zeitdiagnosen. Hamburg: VSA

Schmidt, G. (2011): Gebietskartierung: Soziologie der Arbeit, in: Soziologische Revue, Heft 4, 34. Jg., 411-432

Schüpbach, H. (2001): Partizipatives Gesundheitsmanagement. Eine arbeits- und organisationspsychologische Perspektive. In: Kratzer, N. et al. (2011a), 77-87

Striewe, F./Schwering, M. M. (2011): Partizipation und Belastung von Unternehmensberatern – Empirische Befunde zu den Risiken und Nebenwirkungen „wissensintensiver" Arbeit. In: Arbeit, Heft 2, Jg. 20 (2011), 75-93

Wilde, B./Dunkel, W./Hinrichs, S./Menz, W. (2009): Gesundheit als Führungsaufgabe in ergebnisorientiert gesteuerten Arbeitssystemen. In: Badura, B. et al. (2009), 147-155

Windolf, P. (Hrsg.) (2005): Finanzmarkt-Kapitalismus. Analysen zum Wandel von Produktionsregimen. Kölner Zeitschrift für Soziologie und Sozialpsychologie, Sonderheft 45. Wiesbaden: VS Verlag für Sozialwissenschaften

Zok, K. (2011): Führungsverhalten und Auswirkungen auf die Gesundheit der Mitarbeiter. Analyse von WIdO-Befragungen. In: Badura, B. (Hrsg.): Fehlzeiten-Report 2011, Führung und Gesundheit.

Zeit- und Leistungsdruck in der Wahrnehmung supervisorischer Experten

G. Günter Voß, Christoph Handrich, Carolyn Koch-Falkenberg, Cornelia Weiß

Abstract

Der Beitrag stellt ausgewählte Befunde eines empirischen Forschungsprojektes vor, das die Arbeits- und Lebensbedingungen von Beschäftigten in Organisationen und deren psychosoziale Konsequenzen angesichts tiefgreifender Wandlungsprozesse der Arbeitswelt auf Basis einer Befragung supervisorischer Experten in den Blick nimmt. Dazu erfolgt in einem ersten Schritt ein Überblick über aktuelle Entwicklungstendenzen arbeitsbedingter psychischer Erkrankungen auf Grundlage von Krankenkassendaten. Anschließend werden die arbeitssoziologischen Konzepte „Entgrenzung" und „Subjektivierung von Arbeit" vorgestellt, mit denen der Strukturwandel von Arbeit theoretisch gefasst werden kann. Dem folgt dann die ausführliche Darstellung von Anlage und Befunden der Expertenbefragung „Arbeiten und Leben in Organisationen".

Die tiefgreifenden Veränderungen der Arbeits- und Beschäftigungsbedingungen der letzten Jahrzehnte, die in nicht wenigen Bereichen von Effizienzdruck, Sparzwängen, Zeit- und Leistungsdruck, Mehrarbeit, Vertrauensverlust, Missgunst und Mobbing geprägt sind, hinterlassen, wie sich zunehmend zeigt, Spuren bei Beschäftigten inzwischen aller Hierarchieebenen und über alle Bereiche der Erwerbswelt hinweg. Nicht wenige Stimmen sprechen angesichts deutlich zunehmender psychischer Probleme von einer auf neue Weise „krank machenden Arbeitswelt" (Hölzinger 2011).

Vor diesem Hintergrund wird im Folgenden eine empirische Studie vorgestellt, die die psychosoziale Situation von Beschäftigten angesichts des Strukturwandels der Arbeitswelt aus der spezifischen Sicht von Supervisoren und Beratern in den Blick nimmt. Im folgenden Kapitel werden zunächst einige Zahlen und Fakten zur gegenwärtigen Entwicklung arbeitsbedingter psychischer Erkrankungen vorgestellt. Kapitel 2 befasst sich mit zwei soziologischen Konzepten zum Wandel von Arbeit als mögliche Erklärungsansätze für die Zunahme neuartiger Fehlbelastungen in Organisationen. Kapitel 3 stellt dann das Forschungsprojekt „Arbeit und Leben in Organisationen" mit ausgewählten Befunden der bisher durchgeführten Erhebungswellen aus den Jahren 2008 und 2011 vor.

1   Moderne Arbeitswelt und psychische Erkrankungen

In den letzten Monaten waren häufig Beiträge zu psychischen Erkrankungen und deren zunehmender Bedeutung auf den Titelblättern einschlägiger Nachrichtenmagazine zu finden. So erschienen in der Reihe DER SPIEGEL Wissen mittlerweile zwei Sonderhefte zum Thema: „Das überforderte Ich – Stress, Burnout, Depression" und „Patient Seele – wie die Psyche wieder ins Gleichgewicht kommt".

Obwohl die Berichterstattung teilweise hysterisch anmutet, trifft sie einen bemerkenswerten Trend. In den Erhebungen der AOK, BARMER GEK, BKK, DAK und TK[1] sind seit der Einführung des ICD-10 im Jahr 2000 parallele Entwicklungen zu erkennen (vgl. Abbildung 1). Bei sinkendem Gesamtkrankenstand nimmt die Anzahl der *durch psychische Erkrankungen verursachten Arbeitsunfähigkeitstage* kontinuierlich zu (Heyde/Macco 2010). Da sich die durchschnittliche Dauer einer einzelnen Krankschreibung aufgrund psychischer Erkrankungen nicht nennenswert verändert hat, ist davon auszugehen, dass der Anstieg auf eine Steigerung der Fallzahlen zurückzuführen ist, wie die MetaStudien von Lademann et al. 2006 und BPtK 2010 und 2011 nahelegen. Spätestens seit Mitte der 1990er Jahre hat sich die Anzahl der durch psychische Erkrankungen verursachten Krankentage mehr als verdreifacht (Jacobi 2009). Dieser deutliche Anstieg und die oftmals langwierigen Krankheitsverläufe haben nicht nur in Bezug auf das Arbeitsunfähigkeitsgeschehen enorme Bedeutung. Sie verursachen auch beachtliche Ausgaben für Therapie und Rehabilitation. Weber et al. (2006) sprechen von der „Epidemie des 21. Jahrhunderts".

Die Zunahme des Krankenstandes durch psychische Erkrankungen geht einher mit einer Zunahme der *Verordnung psychoaktiv wirksamer Substanzen* wie bspw. Antidepressiva. Die Gabe von Antidepressiva indiziert eine erhebliche Krankheitslast. Im BKK-Report 2011 werden aus der Verordnungshäufigkeit dieser Substanzen Rückschlüsse auf besonders belastete Berufsgruppen gezogen. Am häufigsten werden Beschäftigte in sozialen Berufen mit Antidepressiva therapiert (BKK-Bundesverband 2011: 192). Auch beim Anteil an Arbeitsunfähigkeitstagen sind Unterschiede im Erwerbsstatus der Behandelten ersichtlich. Am häufigsten betroffen sind Frauen in Dienstleistungsberufen, Männer in Ordnungs- und Sicherheitsberufen und Beschäftigte beiderlei Geschlechts in sozialen Berufen (TK 2004).

---

1   Die gesetzlichen Krankenkassen mit Ausnahme der IKK veröffentlichen jährlich Reporte zum Arbeitsunfähigkeitsgeschehen. Das wissenschaftliche Institut der AOK gibt seit 1999 in Kooperation mit der Universität Bielefeld den Fehlzeiten-Report heraus (Badura/Bäcker 2004; Badura et al. 2000, 2001, 2002, 2002a, 2005, 2006, 2007, 2008, 2009, 2010, 2011). Die Studien der anderen gesetzlichen Kassen sind im Internet verfügbar.

Abbildung 1:   Anteil psychischer Erkrankungen an Arbeitsunfähigkeitstagen in Prozent (eigene Darstellung)[2]

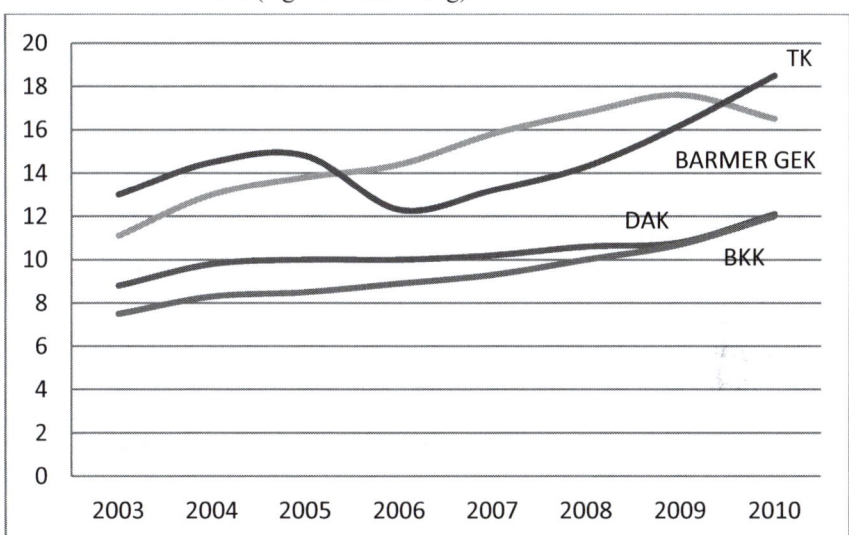

Generell sind deutliche *geschlechtsspezifische Unterschiede* des Krankheitsgeschehens zu erkennen. Frauen werden deutlich häufiger wegen einer psychischen Erkrankung behandelt als Männer (Busch et al. 2011). Weitgehend ungeklärt ist, ob dies tatsächlich auf eine höhere Prävalenz zurückzuführen ist.

Die Zunahme der Fehlzeiten durch psychische Erkrankungen trifft *alle Altersgruppen* in gleichem Maße. Sowohl jüngere als auch ältere Arbeitnehmer sind aktuell häufiger von psychischen Erkrankungen betroffen als noch vor zehn Jahren. Aber die Dauer der Arbeitsunfähigkeit je Fall nimmt mit dem Lebensalter deutlich zu (BPtK 2011). Inzwischen stehen psychische Erkrankungen auf Platz eins der Ursachen für gesundheitliche Frühverrentung (Heyde/Macco 2010).

Die Arbeitsunfähigkeitszahlen der Krankenkassen beziehen sich allerdings nur auf die erwerbstätige und gesetzlich versicherte Bevölkerung und können zudem eine statistische Verzerrung aufweisen. So zeigen Wang et al. (2004: 1886) in einer Untersuchung von Dienstleistungsbeschäftigten, dass bei nicht krankgeschriebenen depressiv Erkrankten die Auswirkungen der Depression auf

---

2   Darstellung nach: BARMER 2004, 2005, 2006, 2007, 2008, 2009; BARMER GEK 2010, BARMER GEK 2011; BKK Bundesverband 2004, 2005, 2006, 2007, 2008, 2009, 2010, 2011; DAK Gesundheitsmanagement 2004, 2005, 2006, 2007, 2008, 2009, 2010; DAK Forschung 2011; Techniker Krankenkasse 2004, 2005, 2006, 2007, 2008, 2009, 2010, 2011.

die Produktivität die Größenordnung von 2,3 Tagen Abwesenheit erreichen. Die TK beschreibt eindringlich, dass bei bestehenden psychischen Erkrankungen die Krankschreibungsdauer einer zusätzlich diagnostizierten körperlichen Erkrankung 3-mal länger ausfällt (TK 2008: 38). Die denkbaren Kombinationen mit anderen Diagnosegruppen führen zu wesentlich schwächeren Effekten. Daher ist davon auszugehen, dass die *tatsächlichen Prävalenzen deutlich höher* liegen. Aber in den meisten Fällen dürfte eine vorliegende psychische Störung gar nicht erst diagnostiziert werden. Gensichen et al. (2005) stellen in ihrer Studie fest, dass Hausärzte an einem Stichtag 50 bis 75 % der Patienten mit einer behandlungsrelevanten Depression nicht erkannt haben und 50 % der Patienten mit diagnostizierter Depression nicht adäquat behandelt wurden. Etliche der Betroffenen arbeiten (auch z. T. aus therapeutischen Gründen) trotz Erkrankung oder die Krankheit führt zur Frühverrentung und wird damit statistisch nicht mehr erfasst.

Hinzu kommen generelle *diagnostische Probleme*. Die Bilder psychischer Erkrankungen sind komplex und häufig nicht trennscharf voneinander abgrenzbar. Außerdem bestehen zwischen psychischen und körperlichen Erkrankungen komplexe Wechselwirkungen, deren Zusammenhang nicht immer transparent ist. Dabei können psychische Erkrankungen sowohl Ursache als auch Folge körperlicher Leiden sein (Härter/Baumeister 2007).

Als relativ neue Erkrankungsform wird immer wieder auf das *Burnout-Syndrom* verwiesen. Burnout ist derzeit ein äußerst populäres Thema, was nicht nur positive Folgen hat. Die Eingabe von „Burnout" bei Google liefert ca. 13.300.000 Treffer. Die Suche bei Amazon nach Büchern mit dem Schlagwort „Burnout" liefert immerhin 1.203 Treffer. Die Burnout-Forschung wächst seit über 30 Jahren (vgl. Schaufeli/Enzmann 1998; Rösing 2008), die Zahl der Betroffenen steigt vermutlich ebenso stark und die burnoutbedingten Krankheitskosten (im Gesundheitssystem und in der Arbeitswelt) sind schwer abzuschätzen.

Dabei handelt es sich bei Burnout genau genommen nicht um eine Krankheit, d. h., es ist keine Erkrankung im Sinne der kanonisierten medizinischen Definition. Burnout ist im aktuellen ICD-10 unter „Faktoren, die den Gesundheitszustand beeinflussen und zur Inanspruchnahme des Gesundheitswesens führen" (DIMDI 2009: 759), verzeichnet. Fest steht jedoch, dass es Menschen gibt, die medizinische Hilfe in Anspruch nehmen (müssen), weil sie an verschiedenen Symptomen leiden, die dem Burnout-Syndrom zugeordnet werden. Weiterhin ist unbestritten, dass Fehlzeiten durch das Leiden an diesen Symptomen verursacht werden. Bemerkenswert erscheinen in diesem Zusammenhang die Schwierigkeiten bei der (Differenzial-)Diagnose, da Burnout und Depression nicht scharf voneinander zu trennen sind. Dabei wird davon ausgegangen, dass je ausgeprägter ein Burnout ist, die Korrelation mit einer depressiven Episode umso höher ausfällt (Jaggi 2008). Die *Grenzen zu anderen Krankheitsbildern* sind fließend, was eine Abgrenzung und Einschätzung der Größenordnung erschwert. Mediziner und Psychologen ringen um klare Definitionen. Der aktuell als inflationär zu bezeichnende Gebrauch der Begriffe Burnout und Depression wirkt eher verwirrend und stigmaverstärkend.

Zusammenfassend kann festgehalten werden, dass es sich bei der seit mindestens 15 Jahren beständig wachsenden Gruppe psychischer Erkrankungen um eine sich im Gesamtkrankenstand immer deutlicher auswirkende und für die Arbeitsunfähigkeitstage zunehmend relevante Diagnosegruppe handelt. Dabei dürfte das wahre Ausmaß nach wie vor unterschätzt werden, da nicht alle Betroffenen Hilfe suchen bzw. nicht in jedem Fall angemessen behandelt werden.

Über die *Ursachen* und die *Beurteilung* dieser Entwicklung besteht in der wissenschaftlichen Diskussion keine Einigkeit. Aber selbst kritische Stimmen, die die Daten als gewachsenen Behandlungsbedarf, jedoch nicht als gestiegene Prävalenz interpretieren, betonen die große Bedeutung psychischer Diagnosen für das Gesamtkrankengeschehen und für die Gesellschaft (Jacobi 2009). Als mögliche Ursache für gestiegene Fallzahlen ohne Steigerung der Prävalenz werden veränderte diagnostische Verfahren, ein verändertes Problembewusstsein und veränderte Therapiemöglichkeiten angeführt (Spießl/Jacobi 2008). Ein Artefakt scheint dennoch, allein durch die Größenordnung und die Kontinuität des Anstiegs, unwahrscheinlich, was deshalb nicht dazu verleiten sollte, die aktuelle Entwicklung zu bagatellisieren.

Weitgehende Einigkeit besteht hingegen in Bezug auf *mögliche Risikofaktoren*. Als zentraler Faktor wird dabei die Zunahme psychosozialer Belastungen moderner Gesellschaften, die sich in der Ausweitung von Risikofaktoren und schwindenden Schutzräumen zeigen, erachtet (Jacobi 2009). Die *Veränderungen der Arbeitswelt* werden in vielen Studien als eine mögliche Ursache für psychische Belastungen und Erkrankungen diskutiert (vgl. Badura et al. 2000, 2010; BKK 2008; DAK 2005; TK 2008). Die Zusammenhänge sind jedoch nicht genau geklärt und müssen untersucht werden. Flexibilität, Unsicherheit, Projektarbeit, Zeitmangel und fragiler werdende soziale Beziehungen prägen den Alltag. Es sind Chiffren für die sogenannte Entgrenzung und Subjektivierung von Arbeit.

2   Entgrenzung und Subjektivierung von Arbeit[3]

„Entgrenzung" ist seit einigen Jahren ein wichtiges Stichwort für die Sozialwissenschaften (vgl. Honegger 1999). Zunächst ging es dabei um Fragen der sogenannten Globalisierung. Im Themenbereich Arbeit und Betrieb wurde der Begriff dann jedoch ein wesentlich allgemeiner verwendeter Leitbegriff zur Diag-

---

3   Das Kapitel verwendet überarbeitete Textteile aus Voß/Weiß 2005b und Voß 2010.

nose des Wandels von Arbeit. Als Folgen einer *„Entgrenzung von Arbeit"* werden inzwischen mit dem Begriff *„Subjektivierung von Arbeit"* eine unerwartete neue Bedeutung von „Subjektivität" in Betrieben und deren paradoxe Konsequenzen erörtert.

2.1 Entgrenzung von Arbeit

Mit „Entgrenzung von Arbeit" wird eine Fülle von Veränderungen in der gesellschaftlichen und insbesondere der betrieblichen Organisation von Arbeit seit den 1980er Jahren angesprochen.[4] Die Flexibilisierung von Arbeitszeiten oder die Deregulierung der Beschäftigungsformen und ihrer Sicherung sind wichtige Beispiele. Hier geraten bisher als relativ stabil und verbindlich angesehene Strukturen der Organisation von Arbeit und Beschäftigung auf allen Ebenen (betroffene Berufstätige, Qualifikation und Beruf, Arbeitsplatz und Tätigkeit, Organisation, Arbeitsmarkt, soziale Sicherung) in Bewegung.

Unter *„Struktur"* ist dabei soziologisch zu verstehen, dass funktional ausdifferenzierte gesellschaftliche Bereiche bisher in vielen Sektoren starke Abgrenzungen aufwiesen, d. h. getrennt und in ihren sozialen Funktionalleistungen unterschieden wurden. Die mit der Industrialisierung entstandene strukturelle Trennung von „Arbeit" und „Leben" ist dafür ein wichtiges Beispiel (Gottschall/Voß 2005; Jurczyk et al. 2009). Inzwischen können jedoch deutliche Tendenzen zur Öffnung und Flexibilisierung, oft auch zur Ausdünnung bzw. zum vollständigen Abbau dieser strukturellen Unterscheidungen und Abtrennungen (und damit der strukturellen Ab- und Begrenzung dieser Bereiche) beobachtet werden – genau dies meint der Begriff der „Entgrenzung".

Generelle Folge von Strukturbildungen und damit der „Begrenzung" sozialer Felder des Handelns von Personen im beschriebenen Sinne, z. B. im Bereich der Arbeit, ist die Einengung des Tätigkeitsspektrums der Betroffenen durch die damit meist verbundene Spezialisierung. Zugleich ermöglichen derartige Strukturen jedoch überhaupt erst das Handeln in einer qualifizierten Form (vgl. Giddens 1988). Durch die Ent-Grenzung von Strukturen entstehen einerseits die Möglichkeit zu einer größeren und vor allen Dingen flexibleren *Handlungsvielfalt*, aber auch *erhöhte Chancen zur Gestaltung der Aktivitäten*. Andererseits kommt es durch die Ausdünnung oder den Wegfall von bisher handlungsleitenden Strukturen auch zum zunehmenden *Zwang* für die betroffenen Individuen, ihr eigenes *Handeln aktiv selbst festzulegen*.

---

4   Vgl. z. B. Gottschall/Voß 2005; Jurczyk et al. 2009;Kratzer 2003; Minssen 1999; Voß 1998.

2.2 Subjektivierung von Arbeit

Nicht erst im Zusammenhang mit dem aktuellen Entgrenzungsdiskurs der Arbeits- und Industriesoziologie entsteht das Stichwort der *Subjektivierung von Arbeit*.[5] In einer Zusammenschau verschiedener Formen der Verwendung des Begriffs „Subjektivierung von Arbeit" konnten vier Ausprägungen dieses Themenfelds identifiziert werden (vgl. Kleemann et al. 2003) (vgl. Abbildung 2).

Abbildung 2: Diskurse zur „Subjektivierung von Arbeit" (eigene Darstellung)

	1980er Jahre	2000er Jahre
Praktisch	Kompensatorische Subjektivierung	Aktive Subjektivierung
Kulturell	Normative Subjektivierung	Ideologische Subjektivierung

Die Diskussion der 1980er bis 1990er Jahre zum Thema Subjektivität bzw. Subjektivierung von Arbeit war hauptsächlich durch zwei Verwendungsweisen des Stichwortes Subjektivierung geprägt. (a) Vor allem Böhle (u. a. Böhle 1988) hat gezeigt, dass insbesondere bei hoch entwickelten technisch basierten Tätigkeiten durch Automatisierung keineswegs, wie gelegentlich prognostiziert, die Subjektivität der Arbeitenden obsolet wird. Im Gegenteil: Die kompensatorischen Eingriffe der beteiligten „Subjekte" werden umso notwendiger, je stärker technische Anlagen eine Eigendynamik aufweisen *(„kompensatorische" Subjektivierung)*. (b) In der Folge der Wertewandeldiskussion der 1970er und 1980er Jahre verweist auf der anderen Seite u. a. Baethge (1991) darauf, dass insbesondere jüngere Arbeitskräfte zunehmend die Möglichkeit einklagen, in ihre Arbeitstätigkeit individuelle Zielsetzungen und subjektive Referenzen einzubringen *(„normative" Subjektivierung)*.

Zwei neue Varianten eines auf Arbeit bezogenen Subjektivierungsdiskurses zeigten sich ab Ende der 1990er und zu Beginn der 2000er Jahre. (c) Infolge der beschriebenen Entgrenzung von Arbeit wird zunehmend erforderlich, dass sich die arbeitenden Subjekte als Person mit ihren gesamten Wissensbeständen, Kompetenzen und Erfahrungen in die Arbeit einbringen. Dabei ist „Subjektivität" weder eine Kompensation für Probleme noch äußert sie sich als normative Forderung. Sie ist vielmehr funktionales Erfordernis zur Bewältigung entgrenzter Arbeitsverhältnisse *(„aktive" Subjektivierung)*. (d) Eine weitere Form der Subjektivierung von Arbeit wurde damals nur postuliert, ist inzwischen aber deutliche Realität. Von verschiedenster Seite steht vor dem Hintergrund der

---

5   Vgl. u. a. Drinkuth 2007; Huchler et al. 2007, 2012; Kleemann et al. 2003; Lohr 2003; Lohr/Nickel 2005; Moldaschl/Voß 2003; Schönberger/Springer 2003; Voß/Weiß 2005b.

Entgrenzung von Arbeit kulturell die Forderung im Raum, dass Arbeitspersonen generell verstärkt Verantwortung für sich selbst und ihre Arbeit übernehmen müssten *("ideologische" Subjektivierung)*.

Zwischen den vier Formen einer Subjektivierung von Arbeit besteht ein enger Zusammenhang, wobei die *"aktive"* Subjektivierung im Zentrum der Entwicklung steht. Sowohl von Betrieben als auch gesellschaftlich wird eine verstärkte Entgrenzung von Arbeit vorangetrieben, um Strukturen durchlässiger und beweglicher zu machen. Im Gegenzug wird weithin eine verstärkt selbstorganisierte Aktivität Betroffener gefordert. Das Stichwort „Subjektivierung" verweist dabei auf zwei verschiedene Ebenen einer verstärkten Nutzung von „Subjektivität":

Zunächst geht es darum, dass arbeitende Personen ihre *subjektiven Potentiale* mehr als bisher systematisch in die Arbeitsprozesse integrieren müssen. Kompetenzen wie Kreativität, Innovativität, Verantwortlichkeit, Commitment, Leistungswille oder Solidarität müssen wesentlich mehr als bisher eingebracht werden. Solche Potentiale gehen weit über das hinaus, was bislang unter arbeitsspezifischen Fähigkeiten subsumiert wurde. Mit Subjektivierung von Arbeit ist also gemeint, dass Arbeitende umfassender und tiefgehender als bisher *„subjektive"* Anteile in sich freilegen und einer praktischen Nutzung und ökonomischen Verwertung im Arbeitsprozess zur Verfügung stellen müssen. Darüber hinaus meint Subjektivierung von Arbeit aber auch, dass Arbeitspersonen ihre *Fähigkeit zur „Subjektivität"* – also die Fähigkeit, „Subjekt seiner Selbst" zu sein – mehr als bisher systematisch in Arbeitsprozessen anwenden müssen. Sie müssen die Bereitschaft und die Kompetenz zur aktiven Selbststeuerung in und für Arbeit in erweiterter Form entwickeln und zur Verfügung stellen.

Beides zusammen gesehen kann in der These zugespitzt werden, dass sich zunehmend ein wesentlich *umfassenderer Zugriff auf die Person der Arbeitenden* vollzieht. Die These einer neuen Grundform von Arbeitskraft, des *„Arbeitskraftunternehmers"*, fokussiert diese Vorstellung mit Blick auf drei Aspekte: eine für Berufstätige zunehmend erforderliche *Selbst-Kontrolle* ihrer Tätigkeit; eine erweiterte *Selbst-Ökonomisierung* des Arbeitsvermögens und eine verstärkt notwendige *Selbst-Rationalisierung* des Lebens.[6]

Zum genaueren Verständnis der Entgrenzung und der daraus folgenden Subjektivierung von Arbeit ist es hilfreich, sich zu verdeutlichen, dass der Prozess höchst vielgestaltig ist. In allen *Dimensionen der Strukturierung von Arbeit* (vgl. Voß 1998) findet eine Subjektivierung von Arbeit in dem Sinne statt, dass Betroffene sich und ihre Tätigkeit aktiv hinsichtlich folgender Aspekte selbst organisieren müssen:

---

6   Vgl. u. a. Pongratz/Voß 1999, 2003, 2004; Voß/Pongratz 1998; Voß/Weiß 2005a, 2010.

- *(Zeit)* wann, wie lange, wie schnell, mit welcher Zeitlogik usw. gearbeitet wird;
- *(Raum)* an welchem Ort, mit welchen Bewegungen im Raum, mit welchen Medien der Mobilität tätig zu werden ist;
- *(Sache)* was genau und in welcher Sachlogik dies zu tun ist, was die jeweilige betriebliche Funktion ist, welche Qualifikationen dazu erforderlich sind;
- *(Technik)* mit welchen Hilfsmitteln gearbeitet wird, wie diese konfiguriert und benutzt werden, wie man sie beschafft, wer sie besitzt oder die Verfügung hat;
- *(Sozialität)* mit welchen Personen konkret kooperiert wird (z. B. bei Team-/ Projektarbeit), wie dies organisiert wird, wer wofür zuständig ist;
- *(Sinn)* mit welchen Deutungen gearbeitet wird, welche Motive für eine Tätigkeit erforderlich bzw. zulässig sind;
- *(Emotionen)* mit welcher Befindlichkeit gearbeitet wird (sachlich, sorgend, einfühlend, wertend etc. ?);
- *(Körper/Geschlecht)* mit welchen körperlichen Verhaltensweisen und Markierungen gearbeitet wird, wie man sich als Person äußerlich („Outfit") präsentiert.

2.3 Betriebliche Ziele der Entgrenzung und Subjektivierung von Arbeit

Bei der Entgrenzung und Subjektivierung von Arbeit handelt es sich nicht um unintendierte Prozesse. Sie sind vielmehr Ausdruck eines gezielten Strategiewandels von Betrieben. Bei pointierter Betrachtung wird sichtbar, dass die entscheidende Funktion einer verstärkten Subjektivierung von Arbeit darin besteht, über eine Entgrenzung von Strukturen die zentrale Ressource „Subjektivität" in neuer Qualität und Intensität einer Vernutzung und Verwertung zuzuführen. Es ist daher kein Zufall, dass Unternehmen ihre Mitarbeiter als ihr „wichtigstes Kapital" hervorheben. Dies ist nahezu wörtlich zu nehmen, denn offensichtlich zielt die Entgrenzung und Subjektivierung von Arbeit darauf ab, menschliche Potenzen systematisch mehr als bisher im weitesten Sinne für betriebliche Ziele zu nutzen. Obwohl es auch Beschäftigtengruppen gibt, die als Gewinner dieser Veränderung gesehen werden können, ist davon auszugehen, dass Betriebe in der Regel beabsichtigen, durch die verstärkte Nutzung der Subjektivität der Arbeit betriebliche Probleme (z. B. das Erfordernis der Flexibilität angesichts steigender Marktanforderungen) besser als bisher zu bewältigen und nicht (zumindest nicht primär) das Ziel verfolgen, wie es gelegentlich heißt, den Betroffenen erweiterte Entfaltungschancen zu bieten.

Mit einem anderen theoretischen Blick kann dies auch so beschrieben werden, dass eine Subjektivierung von Arbeit die Funktion erfüllt, das Spektrum der *organisatorischen Mechanismen* zur Steuerung von Arbeit sowie der Nutzung und Verwertung von Arbeitskraft zu erweitern[7]: *Hierarchie* ist der traditionelle Mechanismus der Betriebs- und Arbeitsorganisation. Dabei tritt die direkte Steuerung von Arbeitskräften durch Macht bzw. Herrschaft an die Stelle des nach klassisch ökonomischer Lehre eigentlich optimalen Mechanismus des auf freier Konkurrenz und Preiswettbewerb beruhenden Marktes (vgl. Williamson 1975). Zunehmend gewinnt jedoch der Mechanismus des *Marktes* auch für die innerbetriebliche Organisation von Arbeit an Bedeutung. Mit dem Stichwort der „Internalisierung des Marktes" (Moldaschl 1999; Sauer 2005) wird darauf verwiesen, dass in den Betrieben mehr als bisher versucht wird, Anforderungen und Zwänge des Marktes bis hin zum Arbeitsplatz wirksam werden zu lassen. Für die Organisation von Betrieben werden zudem alternativ zum Hierarchiemechanismus zunehmend marktähnliche Mechanismen (Zielvereinbarung, Konkurrenz, Benchmarking, Projektorganisation) eingesetzt.

Hinzu kommt, dass in Betrieben im Zuge einer Entgrenzung von Arbeit zugleich wesentlich mehr als bisher zwei weitere Mechanismen „entdeckt" und verstärkt eingesetzt werden: Zum Einen wird versucht, verstärkt (wieder) einen basalen sozialen Mechanismus zu nutzen, der in der Diskussion zu sozialen Mechanismen als *Solidarität* oder *Gemeinschaftlichkeit* (vgl. Wex 2004) bezeichnet wird. Das bedeutet in diesem Fall konkret, dass Betriebe Arbeitskräfte verstärkt so organisieren, dass sie eine intensivierte soziale Selbstorganisation und eine selbstgesteuerte direkte Kooperation entwickeln müssen; typisch bei Gruppen- und Teamarbeit. Zum Anderen wird nun zugleich stärker als bisher versucht, die Fähigkeit von einzelnen Personen zur individuellen Selbstorganisation für Zwecke betrieblicher Steuerung zu nutzen. *Subjektivität* wird damit zu einer Ressource, mit der die Steuerungsoptionen von Betrieben um eine bislang dort nur unsystematisch beachtete Gestaltungsmöglichkeit erweitert wird (ausführlich Huchler et al. 2007, 2012).

Die Entwicklung kann bedeuten, dass der traditionelle Herrschaftsmechanismus durch die drei nun verstärkt eingesetzten nicht-hierarchischen Steuerungsoptionen ergänzt, überlagert oder sogar unterlaufen wird. Dies bedeutet jedoch keineswegs, dass Hierarchie und damit traditionelle betriebliche Herrschaft obsolet wird. Was vielmehr geschieht, ist zwar eine Verringerung direkter betrieblicher Steuerung durch den Einsatz der Mechanismen Markt, Solidarität und eben auch Subjektivität, die jedoch letztlich genauso herrschaftlichen Zwecken dienen sollen (z. B. durch Ergebnissteuerung, Zielvereinbarung, Gruppendruck bzw. Gruppenhaftung, Steuerung durch Unternehmenskultur, verstärkte Eigenverantwortung). Es geht also nicht um einen Abbau, sondern um eine *Er-*

---

7   Vgl. ausführlicher Huchler et al. 2007, 2012.

weiterung der Steuerungsmöglichkeiten und neue „indirektere" betriebliche Steuerungs*formen* (vgl. Sauer 2005) (vgl. Abbildung 3).

Abbildung 3:   Indirekte Steuerung und Subjektivierung von Arbeit (eigene Darstellung)

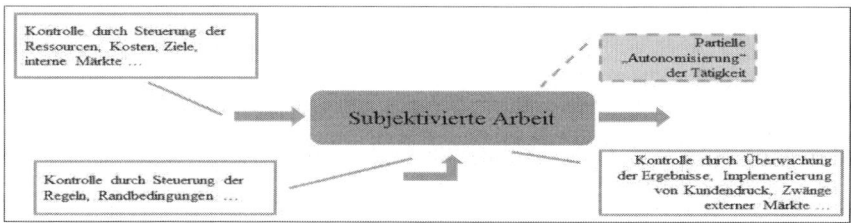

Zur Konkretisierung der Erscheinungen einer Entgrenzung und Subjektivierung von Arbeit und der daraus entstehenden psychosozialen Folgen für Betroffene ist ein Blick auf die Ergebnisse einer im Umfeld der Autoren durchgeführten Expertenbefragung aufschlussreich.

3   Befunde aus dem Projekt „Arbeit und Leben in Organisationen"

Das Forschungsprojekt „Arbeit und Leben in Organisationen" wurde erstmalig im Jahr 2008 in Kooperation der Professur Industrie- und Techniksoziologie an der TU Chemnitz mit dem Sigmund-Freud-Institut Frankfurt am Main im Auftrag der Deutschen Gesellschaft für Supervision (DGSv) durchgeführt. Seit 2011 wird das Projekt mit einer zweiten Untersuchungswelle fortgesetzt. Ziel der Studie ist es, die Arbeits- und Lebensbedingungen und insbesondere die psychosoziale Situation von Mitarbeitern in Organisationen vor dem Hintergrund sich wandelnder Arbeitsbedingungen aufzuzeigen. Hierzu wurden Supervisoren und Berater auf der Grundlage ihres berufsspezifischen Zugangs zu Organisationen um ihre Einschätzung bezüglich der Veränderungsprozesse in Organisationen und insbesondere zu deren psychosozialen Folgen für die Beschäftigten gebeten. Durch die *Befragung supervisorischer Experten* soll ein möglichst breiter Fokus über mehrere Organisationen hinweg erreicht werden. Dabei fungieren die befragten Supervisoren genau genommen nicht als Untersuchungsgruppe, sondern gewissermaßen als vermittelnde „Erhebungsinstrumente", da sie weitreichende Erfahrungen und Eindrücke aus mehreren Organisationen und Arbeitskontexten bündeln und diese Informationen durch eine Befragung der Betreffenden gewonnen werden können. Da die Supervisoren privilegierte Einblicke in Organisationen haben und daher umfassend Wandlungsprozesse und deren Folgeprobleme erfassen und auch deuten können, sind sie als qualifizierte Experten für Veränderungs- und Anpassungsprozesse in Organisationen anzusehen, deren Wissen genutzt werden kann. Langfristiges Ziel ist es, die Befragung regelmäßig zu wiederholen, um eine Dauerbeobachtung zu erhalten.

Die Erhebungen der *ersten Welle des Projektes* (2008–09) basierten auf 14 themenzentrierten Intensivinterviews und zwei Gruppendiskussionen sowie einer quantitativen Online-Befragung aller 3.600 Mitglieder der DGSv (Rücklauf 28 %, ca. 1.000 realisierte Interviews). Die Auswahl der qualitativ befragten Supervisoren erfolgte danach, dass die Befragten über eine möglichst intensive Berufserfahrung sowie einen breiten Überblick über mehrere Organisationen verfügen sollten und basiert daher nicht auf einer Zufallsstichprobe.

Im Rahmen der *zweiten Welle des Projektes* (2011–12) wurde die Anzahl der qualitativen Befragungen erhöht (30 Intensivinterviews, vier Gruppendiskussionen). Analog zur ersten Welle wurde eine quantitative Online-Befragung unter allen DGSv-Mitgliedern durchgeführt (Rücklauf 25 %, ca. 900 realisierte Interviews). Zusätzlich zu den Auswahlkriterien der ersten Welle wurde bei der Auswahl der qualitativ befragten Supervisoren das Alter sowie die berufliche Ausrichtung der Befragten gezielt berücksichtigt. Dabei wurden insbesondere jüngere Supervisoren zur Teilnahme aufgefordert und solche, deren Tätigkeitsfeld in Organisationen des Profit-Sektors liegt.

3.1 „Arbeit und Leben in Organisationen 2008"

Die erste Befragungswelle hatte einen primär explorativen Charakter und war darauf angelegt, eine möglichst große Bandbreite an Eindrücken und Informationen zu gewinnen. Dabei sollten entsprechend der fachlichen Ausrichtung der beiden Forschergruppen arbeitspsychologische und -soziologische Schwerpunkte den Inhalt der Untersuchung bilden. Das Spektrum der Themen umfasste daher Aussagen zu allgemeinen strukturellen Entwicklungen in Organisationen, zur Qualität von Arbeitsleistungen, zu professionellem Arbeitshandeln, Führungsverständnis, kollegialem Verhalten, Arbeitsbelastungen und Selbstfürsorge (vgl. Haubl/Voß 2011). Im Folgenden werden ausgewählte Forschungsergebnisse ausführlicher vorgestellt.

Veränderungen in Organisationen: Ökonomisierungsdruck hinterlässt deutliche Spuren
Vor dem Hintergrund des hohen Veränderungs- und Innovationstempos in der Arbeitswelt sehen sich die Organisationen über alle Branchen hinweg gezwungen, Strategien zu entwickeln, um den daraus resultierenden Anforderungen zu begegnen. Dabei orientieren sich die internen Umstrukturierungen im Zuge der organi-

sationsbezogenen Wandlungsprozesse in der Regel jedoch nicht, wie die Befunde zeigen, an längerfristigen und zukunftsfähigen Lösungen, sondern vielmehr am *kurzfristigen ökonomischen Erfolg*. Die Organisationen greifen dabei auf Maßnahmen zurück, die primär das Ziel der Kostenminimierung verfolgen. Da insbesondere die Personalkosten einen hohen und zugleich variablen Ausgabenanteil ausmachen, sind diese der zentrale Ansatzpunkt betrieblicher Restrukturierungsmaßnahmen. Dies bestätigen auch die Aussagen der befragten Supervisoren hinsichtlich des *Anstiegs atypischer und prekärer Beschäftigungsverhältnisse* (Zeit- und Leiharbeit, Scheinselbständigkeit usw.). Dabei betonen sie die Sorge der Beschäftigten um ihre berufliche Zukunft sowie die negativen *Auswirkungen der beruflichen Unsicherheit* auf privater Ebene (v. a. bzgl. Work-Life-Balance), aber auch hinsichtlich einer *Gefährdung der sozialen Beziehungen* in den Betrieben (zunehmende Konkurrenz, abnehmende Kollegialität). Die strukturellen Veränderungen machen sich nach Einschätzung der Befragten unmittelbar in den Arbeitsbedingungen bemerkbar: Aus der zunehmenden Ökonomisierung und Standardisierung folgt sowohl für Mitarbeiter als auch Führungskräfte ein drastischer *Anstieg des Kosten- und Zeitdrucks*, der mit zunehmender *psychophysischer Belastung* (s. a. Abschnitt „Arbeitsbelastungen") einhergehen kann.

Zudem weisen die Forschungsergebnisse darauf hin, dass die veränderten Rahmenbedingungen, denen die Organisationen ausgesetzt sind, und die damit einhergehenden Umstrukturierungsmaßnahmen bezüglich Verantwortungsbereichen, Funktionen, Befugnissen und Aufgaben einen erheblichen meist *negativen Einfluss auf das professionelle Handeln der Beschäftigten* haben (Handrich 2011). Vor allem zeigt sich, dass aufgrund des Zeitdrucks nicht oder zu selten gefragt wird, inwieweit Mitarbeiter tatsächlich in der Lage sind, den gestiegenen Leistungsansprüchen fachlich nachzukommen. Die Aussagen der Supervisoren weisen dabei auf den Unterschied zwischen Leistungsbereitschaft und Leistungsfähigkeit hin: „Sich flexibel zu zeigen und sofort Aufgaben zu übernehmen, die ihnen angeboten werden, signalisiert Leistungsbereitschaft, nicht aber zwangsläufig auch Leistungsfähigkeit" (Haubl/Voß 2009: 4). Dies bedeutet konkret, dass Mitarbeiter wie auch Führungskräfte zunehmend Aufgaben ausführen müssen, für die sie nicht ausreichend qualifiziert sind. In der Folge werden solche Beschäftigten, wenn sie den Leistungsansprüchen nicht genügen, nicht mehr gefördert, sondern bevorzugt ersetzt, was einen hochfrequenten Personalwechsel nach sich zieht.

Insgesamt verweisen diese Erkenntnisse darauf, dass vor dem Hintergrund eines permanenten Veränderungs- und Effizienzdrucks eine *nachhaltige Organisations- und Personalentwicklung nicht selten vernachlässigt* wird. Dies spiegelt sich z. B. in der oftmals kurzen „Lebensdauer" initiierter Veränderungsprozesse wider, was von den Beschäftigten aufmerksam registriert wird. Dies ist auch Ausdruck eines spezifischen Karrieremechanismus' der Managementebenen:

Karriere macht, wer (auf den ersten Blick) erfolgversprechende Problemlösungen anbietet und sogenannte Change-Prozesse anstößt. Einmal aufgestiegen, wird die angestoßene Veränderung hinter sich gelassen und versucht, sich mit erneuten Ideen („Leuchtturm-Projekte" usw.) zu profilieren. Nicht zuletzt zeigt sich, wie 80 % der Supervisoren angeben (vgl. Abbildung 4), dass das zunehmend höhere Tempo in den Organisationen und die immer kürzere Taktung der Veränderungen den Beschäftigten kaum ausreichend Raum lassen, sich den Veränderungen anzupassen, und sie damit oft massiv *überfordern* (Alsdorf/Fuchs 2011).

Führung: hoher Führungsbedarf, doch überforderte Führungskräfte
Angesichts der andauernden Veränderungsprozesse und der sich im Zuge dessen tendenziell verschlechternden Arbeitsbedingungen kommt der Führung in Organisationen besondere Bedeutung zu. Dazu zeigen die Forschungsergebnisse jedoch, dass die Führungskräfte kaum in der Lage sind, den Beschäftigten vor dem Hintergrund der aktuellen Situation in der Arbeitswelt hinreichend *Halt und Orientierung* zu bieten, obwohl dies von Mitarbeitern deutlich erwartet wird (vgl. Abbildung 4).

Abbildung 4:   „Führungskräfte bieten nicht ausreichend Halt und Orientierung"
                (eigene Darstellung)

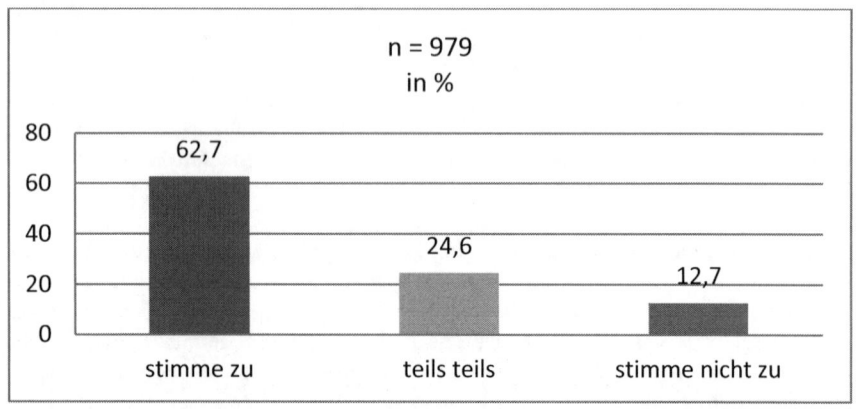

Untermauert wird diese Aussage durch eine weitere Einschätzung der Supervisoren: Sie attestieren Führungskräften eine mangelnde „Containment-Kompetenz" (Beumer 2011: 33). Gemeint ist damit, dass Führungskräfte nicht in der Lage oder bereit sind, Aufgaben an Mitarbeiter weiterzugeben, ohne sie zu überfordern. Verstärkt wird dies durch eine sich abzeichnende schwindende

Kooperation in der Beziehung zwischen Beschäftigten und Führungskraft. Die befragten Supervisoren stellen fest, dass es Vorgesetzten häufig, entgegen allen Tätigkeitsbeschreibungen, erheblich an den vielzitierten „Soft Skills" und hier insbesondere an kommunikativen Kompetenzen und nicht zuletzt schlicht am Mut fehlt, wirklich kooperativ zu führen. Respekt und Anerkennung sind vor diesem Hintergrund als zwei der wichtigsten Faktoren für eine gemeinsame Bewältigung der durch die Veränderungen entstandenen Belastungen anzusehen. Die Studie zeigt jedoch, wie die Hälfte der befragten Supervisoren angeben, dass ein respektvolles, von wechselseitiger Achtung geprägtes Verhältnis zwischen Vorgesetzten und Beschäftigten in den Organisationen nur teilweise vorhanden ist; mehr als 20 % kommen zu der Einschätzung, dass Vorgesetzte und Mitarbeiter „nicht" respektvoll miteinander umgehen.

Deutlich wird in der Untersuchung allerdings ebenfalls: Alle befragten Supervisoren betonen, dass Führung in Organisationen heute mehr denn je eine *anspruchsvolle und komplexe Aufgabe* darstellt. Dies gilt zum einen bezogen auf Anforderungen, die von außen z. B. in Form ökonomischer oder politischer Vorgaben, aber auch in Form von Veränderungsdruck auf die Führungskräfte zukommen; zum anderen im Hinblick auf die oft ambivalenten Erwartungen der Mitarbeiter, die sich einerseits Orientierung und Rückmeldung wünschen und andererseits Handlungsspielräume und Autonomie einfordern. Eine gute Führungskraft folgt vor diesem Hintergrund nicht mehr, wie in den Interviews betont wird, traditionellen Idealen autoritärer Führung und setzt Vorgaben und Richtlinien über die Köpfe der Mitarbeiter hinweg durch. Vielmehr bedarf es Einfühlungsvermögen, wechselseitiger Kooperationsbereitschaft, Respekt und Vertrauen – die Voraussetzungen dafür sind aber oft nur teilweise gegeben.

Besonders anspruchsvoll ist die Aufgabe des Führens gegenwärtig deshalb, weil Führungskräfte gleichzeitig *„Treiber und Getriebene"* (Beumer 2011: 29) sind. „Treiber" als Initiatoren von Veränderungsprozessen und damit Gestalter der Rahmenbedingungen der Arbeit. „Getriebene" in dem Sinne, dass auch sie zu Opfern des rasanten Veränderungs- und Innovationstempos werden. Diese komplexen und teilweise ambivalenten, an sie gestellten Anforderungen müssen die Führungskräfte ausbalancieren. Wie die Untersuchungsergebnisse zeigen, sind nicht wenige in den Augen der Befragten diesem Anspruch jedoch nicht gewachsen.

In diesem Zusammenhang kann von einem *„Führungsvakuum"* (Haubl/Voß 2009: 5) gesprochen werden, welches sich darin äußert, dass sich Führungskräfte aufgrund von Überforderung aus ihren Aufgaben zurückziehen. Zudem lässt die Befragung erkennen, dass es die Mitarbeiter erheblich verunsichert, wenn ihre Vorgesetzten offensichtlich genauso wie sie selbst als „Getriebene" dem permanenten Veränderungs- und Effizienzdruck unterworfen sind und keinerlei Gestaltungsmacht mehr zu haben scheinen. Doch genau diese Macht braucht es, um unter den gegenwärtigen Bedingungen erfolgreich führen zu können, um somit klare Ziele für die Mitarbeiter zu setzen und diese hierbei – im Sinne des „Containment-Konzeptes" – zu unterstützen.

Arbeitsbelastungen: Beschäftigte an der Grenze zur Erkrankung
Wie bereits angedeutet, kommt den Führungskräften gegenwärtig eine wichtige Rolle hinsichtlich des Schutzes ihrer Mitarbeiter vor Überlastungen zu. Allerdings wird in der Untersuchung deutlich, dass sich nach Auffassung der Befragten die Führungskräfte zunehmend *aus ihrer Fürsorgepflicht zurückziehen* und ihre Mitarbeiter nicht mehr ausreichend unterstützen. Vielmehr geben sie den auf sie einwirkenden ökonomischen Druck weiter und entziehen sich somit ihrer Verantwortung. Nicht zuletzt, weil sie selbst „ausbrennen", da sie sich ihrer eigenen Leistungsgrenzen nicht (mehr) bewusst sind. Abbildung 5 verdeutlicht, dass die Mitarbeiter in der Wahrnehmung der Supervisoren infolge der beträchtlich gestiegenen Arbeitsintensität in den Organisationen häufig unter dauerhaftem Leistungsdruck stehen.

Abbildung 5: „Beschäftigte stehen unter dauerhaftem Leistungsdruck" (eigene Darstellung)

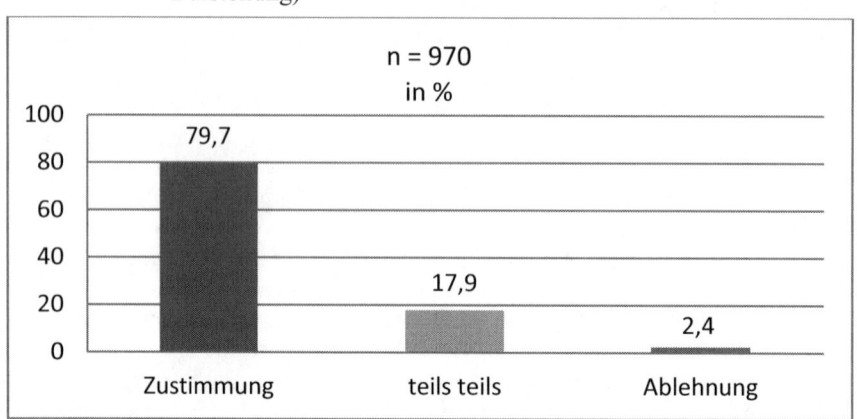

Auch wenn einzelne Mitarbeiter die Arbeitsintensivierung und das hohe Tempo als befriedigend oder teilweise als motivierend empfinden, erlebt die Mehrheit der Beschäftigten den anhaltenden Zeit- und Leistungsdruck als starke Belastung und kommt an ihre physischen und psychischen Grenzen. Nach Einschätzung der befragten Supervisoren haben nicht nur die *psychophysischen Belastungen* allgemein zugenommen (vgl. Abbildung 6), sondern mit diesen ebenso die Anzahl der Mitarbeiter, die aufgrund dieser Arbeitsbelastungen *erkranken*. Dabei zeichnet sich ein Trend hinsichtlich der *Zunahme von Burnout-Phänomenen* ab (vgl. Abbildung 7).

Abbildung 6:   „Psychophysische Belastungen aufgrund hoher Arbeitsbelastungen" (eigene Darstellung)

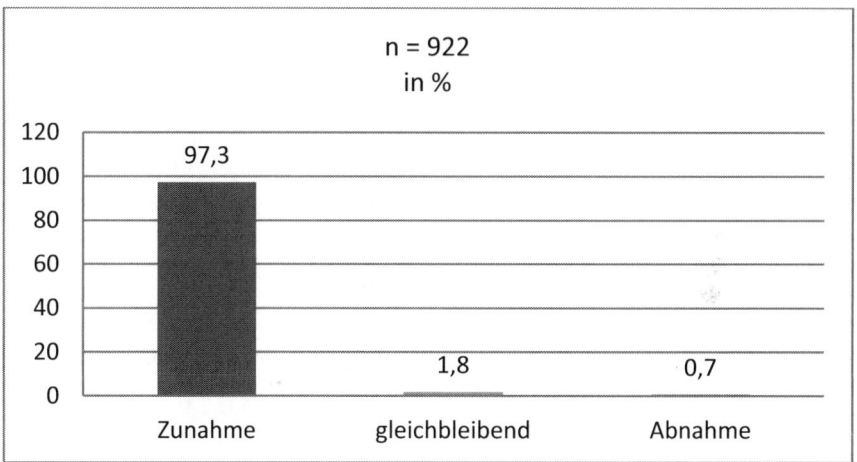

Abbildung 7:   „Burnout-Phänomene aufgrund hoher Arbeitsbelastungen" (eigene Darstellung)

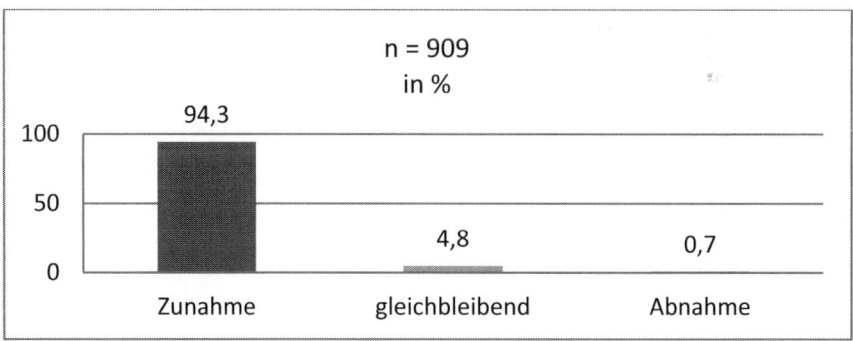

Vor dem Hintergrund dieser Befunde kann konstatiert werden (Haubl/Voß 2009: 6): „Die steigende Arbeitsintensität macht krank oder führt zu einer inneren Kündigung, die aber letztlich auch nicht der Gesunderhaltung dient." Angesichts der gegenwärtigen Dynamik der organisationsbezogenen Veränderungsprozesse wird aktive *„Selbstfürsorge"* der Beschäftigten zu einem essentiellen „Schlüsselmoment" (Daser/Kerschgens 2011: 66). Doch wie die Forschungsergebnisse belegen, verschlechtern sich zugleich die Rahmenbedingungen, die Selbstfürsorge ermöglichen. Zudem scheitern nicht wenige Mitarbeiter, so die Befragten, an der Anforderung, sich um sich selbst zu sorgen bzw. sich zu entlasten.

In diesem Zusammenhang zeigen die Befunde, dass im Zuge der tiefgreifenden organisatorischen Wandlungsprozesse ein weiteres Moment droht verloren zu gehen, das zur Bewältigung der Arbeitsbelastungen beiträgt (und meist Merkmal erfolgreicher Betriebe war): die gelebte *Kollegialität*. Kollegiales Verhalten bietet einen stabilisierenden und von Kontinuität geprägten Rahmen für die Zusammenarbeit in Organisationen. Doch gegenwärtig kommt es zu einer deutlichen Verschlechterung der Rahmenbedingungen für Kollegialität: Personalabbau, schlechte Führung, permanenter Zeit-, Kosten- und Effizienzdruck verstärken aktuell das Konkurrenzdenken zwischen den Mitarbeitern. Kollegiales Verhalten verliert für die Beschäftigten vor dem Hintergrund dieser Rahmenbedingungen an Reiz – zentral werden die persönlichen Karriereziele (Daser 2011: 45). Diese Entwicklung bedeutet jedoch keineswegs, dass der Wunsch der Beschäftigten nach kollegialem Verhalten und Solidarität nicht existiert, im Gegenteil. Die Untersuchung verdeutlicht vielmehr, dass die Kontextbedingungen in den Organisationen das nach wie vor hohe Bedürfnis der Beschäftigten nach kollegialer Unterstützung und Hilfe in schwierigen Situationen systematisch untergraben, da sie Kooperation verhindern. So führt dieses von *Konkurrenzdenken* und *Misstrauen* geprägte „Betriebsklima kommunikativer Isolierung" (Haubl/Voß 2009: 6) nicht zuletzt auch dazu, dass aus Scham nicht offen über Belastungen bzw. Überlastungen gesprochen wird. Gefährliche Folgen können dann aus einer „unausgesprochenen Solidarisierung" (ebd.) hervorgehen, insbesondere, wenn vermeintlich belastbarere Mitarbeiter ihre Kollegen unterstützen, indem sie ihnen Arbeit abnehmen, dieses Pensum sie jedoch letztlich selbst überfordert. In der Konsequenz entwickelt sich in einigen Organisationen eine „Kultur des Klagens" (ebd.), die jedoch weder eine adäquate Auseinandersetzung mit der permanenten Überlastung noch eine Verbesserung der Situation ermöglicht. Stattdessen wird dieses Klima des Klagens von manchen Beschäftigten zu ihrem eigenen Vorteil ausgenutzt, indem sie sich auf Kosten ihrer Kollegen schonen.

3.2 „Arbeit und Leben in Organisationen 2011"

Die Befragung der zweiten Erhebungswelle knüpft inhaltlich und methodisch in weiten Teilen an die erste Welle an, wurde aber zusätzlich um zwei Schwerpunkte ergänzt. Dabei wurde zum einen insbesondere auf *gesundheitliche Auswirkungen* steigender Arbeitsbelastungen und Strategien der Mitarbeiter, sich vor diesen Belastungen zu schützen („Selbstfürsorge"), fokussiert. Der zweite Schwerpunkt bezieht sich vor allem auf die Auswirkungen der Arbeitsbedingungen bezüglich *Qualität* und *Professionalität* der Arbeit. Im Folgenden werden ausgewählte Befunde der zweiten Welle vorgestellt. Da die Auswertung zum Zeitpunkt der Veröffentlichung dieses Beitrags noch nicht komplett abgeschlossen ist, sind die Befunde noch als vorläufig anzusehen.[8]

Organisationswandel: anhaltender Druck erzeugt Orientierungslosigkeit und psychische Belastungen

Wie die Befragungen zeigen, sind die Organisationen weiterhin stark von Prozessen der *Ökonomisierung, Privatisierung, Kostenreduktion* und einer *internationalen Konkurrenz* geprägt. Auf den dadurch entstehenden Veränderungsdruck reagieren sie nach wie vor mit oft tiefgreifenden Restrukturierungen der Arbeitsorganisation. Im Non-Profit-Bereich zeigt sich dies vor allem als immer stärkere Ausrichtung der Führungsstrukturen an Prinzipien der Organisationen des Profit-Bereichs. Für die Mitarbeiter wirken sich diese Prozesse mehr denn je in Form von Befristungen der Arbeitsverträge, schlechterer Bezahlung und einer Zunahme der Komplexität innerhalb der Organisation aus, indem beispielsweise Organisationsstrukturen durch Auslagerungen als solche nicht mehr klar erkennbar sind. Hinzu kommen bereichsübergreifende Anforderungen an Flexibilität (z. B. die Abdeckung immer breiterer Tätigkeitsfelder, die Zunahme von Führungsspannen). Eher neu ist die Feststellung, dass die zunehmenden Restrukturierungen den sozialen Zusammenhalt in Betrieben in den Hintergrund treten lassen, mit der Folge, dass konkrete Inhalte, Werte und Ziele der Organisation für die Mitarbeiter verschwimmen und erhebliche *Orientierungslosigkeit* nach sich ziehen. Es zeigt sich, dass dies in verstärkter Form zu einem Vertrauensverlust gegenüber der Organisation und deren Führungskräften führt. Insbesondere dies ist es, was (aus Sicht einer deutlichen Mehrheit der Befragten) in Verbindung mit den allgemein steigenden Anforderungen auch drei Jahre nach der ersten Befragung (vgl. Abbildung 6) für eine *Zunahme psychophysischer Belastungen* verantwortlich ist (vgl. Abbildung 8).

---

8   Die dargestellten Befunde beruhen auf gemeinsamen Auswertungsworkshops mit der Forschergruppe des Sigmund-Freud-Instituts Frankfurt, denen die Autoren an dieser Stelle danken wollen.

Abbildung 8:   „Psychophysische Belastungen aufgrund hoher
Arbeitsbelastungen" (eigene Darstellung)

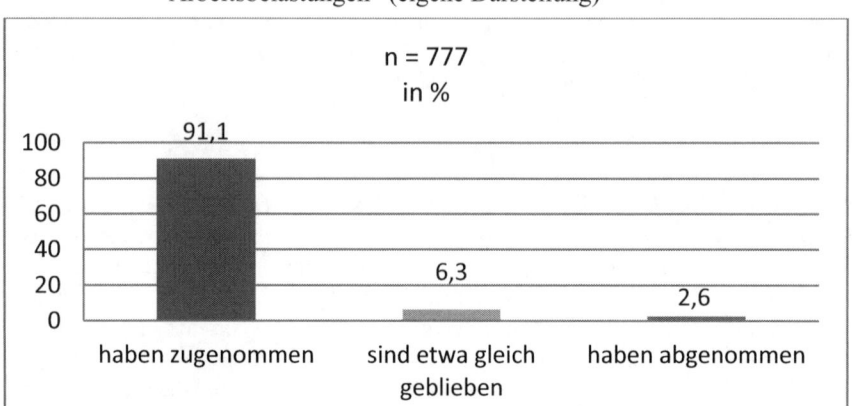

Professionalität: Professionalität gerät unter Druck und verändert sich
Die Aussagen der befragten Supervisoren zeigen, dass Professionalität und professionelles Handeln durch einen Widerspruch zwischen den Anforderungen der Organisationen an ein qualitätsvolles Produkt einerseits und den Ansprüchen der Mitarbeiter an ihre Arbeit andererseits gekennzeichnet sind.

Das Ziel professionellen Handelns liegt, so die Befragten, aus Sicht der Organisationen insbesondere darin, eine Sicherung von Konkurrenzfähigkeit und ökonomischem Erfolg zu gewährleisten. In diesem Zusammenhang wird von den Mitarbeitern ein effizientes Arbeitshandeln eingefordert, das primär auf quantitativen Messdaten bezüglich anfallender Kosten und erreichter Ergebnisse beruht. Zusätzlich zählen die Reputation sowie eine positive Außendarstellung der Organisation und eine besondere Kundenorientierung zu den Kriterien professioneller Arbeit aus Sicht der Organisationen. Die Qualität der Arbeit soll dabei durch eine starke Standardisierung sowie eine entsprechende kennzahlenbasierte Kontrolle der Arbeitsergebnisse gesichert werden. Für die Mitarbeiter bedeutet dies zusätzliche Aufgaben über ihre eigentliche Tätigkeit hinaus, wie z. B. umfangreiche Dokumentationspflichten der eigenen Arbeitsleistung. Dementsprechend konstatiert eine Mehrzahl der befragten Supervisoren eine starke *Dominanz ökonomischer Kriterien* innerhalb der Organisationen.

Demgegenüber zeigen die Untersuchungsergebnisse, dass professionelles Handeln in der Wahrnehmung der Mitarbeiter nach wie vor primär mit Sinnhaftigkeit und erkennbarer Wirksamkeit verbunden ist. Aufgrund der zunehmenden Heterogenität der Aufgaben fällt es ihnen jedoch deutlich schwerer, den Sinn der geleisteten Arbeit zu erkennen. In der Folge kann dies mit einer schleichenden bzw. manifesten *Entfremdung von der eigenen Tätigkeit* einhergehen und die physische wie psychische Leistungsfähigkeit beeinträchtigen. Weiterhin ist die Verknüpfung der geleisteten Arbeit mit einem konkreten und wirksamen Ergebnis aus Sicht der Beschäftigten ein fundamentales Kriterium professioneller Arbeit. Auf der Grundlage von Sinnhaftigkeit und Wirksamkeit der eigenen Arbeit entwickeln sie in der Regel eine relativ klare Vorstellung von professioneller Arbeit, die im Vordergrund des eigenen Arbeitshandelns steht, aber dennoch die ökonomischen Ziele der Organisationen berücksichtigt. Problematische Konstellationen entstehen dann, wenn die in diesem Sinne tauschwertorientierten Ziele der Organisation die eigenen, vornehmlich am Gebrauchswertcharakter der Arbeit orientierten Ziele der Mitarbeiter zu überlagern drohen und deren Erfüllung somit nicht oder nur schwer realisierbar ist.

Die Studie zeigt, dass diese auseinanderdriftenden Auffassungen von Professionalität im Arbeitsalltag verstärkt zu *Konflikten um die Qualität der Arbeit* führen (vgl. Abbildung 9)[9]. Die Folge ist oft eine zunehmende Unsicherheit der Beschäftigten hinsichtlich des konkreten Ziels ihres Arbeitshandelns. Die Zunahme kleinteiliger Arbeitsprozesse, Erfordernisse zur Übernahme nichtfachspezifischer Aufgaben, die Verringerung zur Verfügung stehender Ressourcen im Zuge von Effizienzsteigerung und ein Absinken von Qualifikationen (beispielsweise aufgrund kürzerer Ausbildungszeiten, um einem Arbeitskräftemangel entgegenzuwirken) verstärken die Unsicherheit. Die Mitarbeiter reagieren auf diese Entwicklungen mit vielfältigen *„taktischen"* Verhaltensweisen. Insbesondere sind zu nennen: standardisiertes Verfassen von Dokumentationen, informelle Ableitung des Drucks nach außen oder auf Dritte und die Entwicklung eines „flexiblen" Umgangs mit professionellen Standards bzw. eine *professionelle „Distanz"*.

Insbesondere Letzteres kann, so die Einschätzung der Supervisoren, zu einer langfristigen *Entwertung des bisher gültigen Begriffs von Professionalität* bzw. fachlich professioneller Arbeit führen. „Professionelle Distanz" meint in diesem Zusammenhang eine zunehmende individuelle „Entfernung" der Mitarbeiter von ihrem konkret zu bearbeitenden Gegenstand. Ausschlaggebend hierfür sind nicht nur die unterschiedlichen Vorstellungen von professioneller Arbeit, sondern auch eine mangelnde Kommunikation der Organisationen über die konkrete Umsetzung der von ihnen eingeforderten professionellen Arbeit. Denn trotz der Anforderungen, Vorgaben und Qualitätsmanagementsysteme ist den Mitarbeitern ihr eigener Arbeitsauftrag häufig nicht bewusst, da die Anforderungen der Organisationen häufig in diffuser Weise oder nicht selten gar nicht kommuniziert werden, sodass selten organisationsweit einheitliche professionelle Stan-

---

9   Vgl. exemplarisch zur Situation im Krankenhauswesen Koch 2009.

dards bestehen. Dementsprechend lässt sich zunehmend beobachten, dass den Mitarbeitern die Ausgestaltung des professionellen Handelns zugewiesen und eigenverantwortlich überlassen wird. Dies erfordert einen veränderten Umgang der Beschäftigten mit fachlichen Anforderungen und Standards, womit auf der Grundlage vorhandener Ressourcen eigene Vorstellungen und Praktiken professionellen Handelns selbstreflexiv entwickelt werden (*„subjektivierte Professionalität"*, u. a. Voß 2012). Die Mitarbeiter kompensieren somit die aus der Reorganisation resultierende zunehmend defizitäre Ressourcenausstattung (die oft mit einer abnehmenden Anerkennung fachlicher Qualität verbunden ist) durch eine individuelle Re-Definition von Professionalität. Dabei zeigen insbesondere jüngere Mitarbeiter bezüglich der Definition von Qualität sowie bei der konkreten Ausführung der Arbeit ein in diesem Sinne eher „pragmatisches" Verhältnis.

Abbildung 9:   „Konflikte über Qualitätsstandards zwischen Management und Beschäftigten?" (eigene Darstellung)

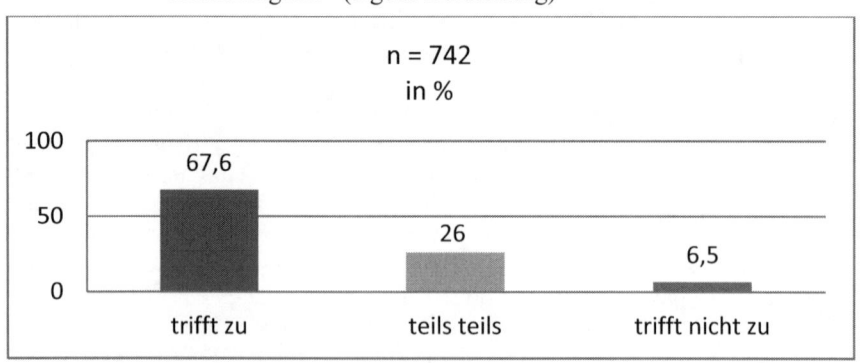

Generationenunterschiede: Pragmatismus vs. Gelassenheit
Bei den *Jüngeren* (20-30 Jahre) zeigt sich, wie eben schon angedeutet, eine eher „nüchtern" funktionale Arbeitseinstellung, die sich in Individualismus, geringerer Teamorientierung sowie einer Tendenz zu schwindender Identifizierung mit der Arbeit, ihrer beruflichen Rolle und der Organisation insgesamt äußert.
       Tendenziell fällt es, laut Aussage der Supervisoren, Organisationen insgesamt zunehmend schwerer, junge und dabei vor allem qualifizierte Mitarbeiter zu halten. Diese Entwicklung lässt sich auf einen Wandel des Arbeitsverständnisses bzw. der Arbeitseinstellung zurückführen, der sich hauptsächlich bei jüngeren Mitarbeitern finden lässt. Dies zeigt sich an einer zunehmend „latent" bleibenden und vielleicht sogar verstärkt offen instrumentellen Außenorientierung in Verbindung mit einem abnehmenden Verpflichtungsgefühl der Organisation gegenüber. Häufig nehmen die Jüngeren sehr bewusst mehrere berufliche Optionen wahr und ziehen diese

auch aktiv als Handlungsoption in Erwägung. Das Wechseln des Arbeitsplatzes und des Arbeitgebers gilt auf der Grundlage individueller, selbstbestimmter und auch strategischer Erwägungen als selbstverständlich. Infolgedessen etabliert sich bei spezifischen (insbesondere hoch qualifizierten) Beschäftigtengruppen eine *Mentalität des schnellen Wechsels* der Organisationen.

Demzufolge verändert sich auch die Bedeutung des Arbeitsplatzes für den einzelnen Mitarbeiter, denn mit einer abnehmenden Bindung zur Organisation geht auch ein Verlust der Bindung an den Arbeitsplatz und zu den Kollegen einher. Während ältere Mitarbeiter den Arbeitsplatz als eine Art „soziales Zuhause" ansehen, an dem sie sich wohlfühlen und der mehr oder weniger auf eine längere Aufenthaltsdauer ausgerichtet ist, betrachten die Jüngeren es eher wörtlich als denjenigen Platz, an dem sie gerade ihrer beruflichen Tätigkeit nachgehen. Infolgedessen spielen feste Büros, Arbeitsplätze oder Kollegen für jüngere Mitarbeiter eine eher untergeordnete Rolle. Dies ist insofern pragmatisch, als durch befristete und Teilzeitbeschäftigungsverhältnisse Arbeitsplätze zunehmend zwischen mehreren Mitarbeitern geteilt werden und die Aufenthaltsdauer in der Organisation auch aufgrund der stärkeren Außenorientierung der Beschäftigten von vornherein begrenzt ist. Zudem erwarten die Organisationen zunehmend eine stärkere Flexibilität bei der Übernahme unterschiedlicher Tätigkeiten, was zu einem raschen fachlichen wie räumlichen Wechsel des Arbeitsplatzes innerhalb der Organisation führen kann. Somit wird einerseits die individuelle Einrichtung und Ausgestaltung des Arbeitsplatzes verhindert, aber auch die organisationsinterne Lokalisierung ist so nur eingeschränkt möglich. *Ältere Mitarbeiter*, die eine relative Sicherheit gewöhnt sind, haben daher eher Schwierigkeiten, sich den neuen Gegebenheiten anzupassen als Jüngere.

Neben der Distanzierung von der Organisation und ihren Strukturen vollzieht sich bei den Jüngeren eine Distanzierung bezüglich des Arbeitsgegenstandes bzw. der Arbeitstätigkeit (s. a. Abschnitt „Professionalität"). Diese emotionale Entfernung von der eigenen Arbeit bewirkt eine *funktionale Arbeitseinstellung*, die einerseits zur Folge hat, dass die Jüngeren eher bereit sind, Abstriche bezüglich beruflicher Standards zu machen, um unter den gegebenen Bedingungen realistische Ziele erreichen zu können, auch wenn dies bedeutet, dass berufliche Qualitätsvorgaben missachtet werden müssen. Andererseits bewirkt dies auch ein Aufgeben des Selbstverwirklichungs- und Wertschätzungsanspruchs der Arbeit. Dies bedeutet, dass die jüngeren Mitarbeiter in erster Konsequenz die Erfüllung der Arbeitsaufgabe priorisieren und expliziter darauf achten, für die erbrachte Leistung bzw. die investierte Zeit auch entsprechende Ausgleichszeiten zur Verfügung gestellt zu bekommen.

Die unterschiedliche Arbeitsweise der jüngeren im Vergleich zu den älteren Beschäftigten sind nach Wahrnehmung der befragten Supervisoren hauptsächlich durch Unterschiede der beruflichen Sozialisation bedingt. Dabei stellt insbesondere eine stärkere ökonomische und durch Standardisierung geprägte Ausbildung einen wichtigen Faktor zur Entwicklung der Arbeitseinstellung der Jüngeren dar. So fällt es Jüngeren leichter, moderne Technik zu nutzen und in den Arbeitsprozess zu integrieren, die vor allem als Voraussetzung von Planungs- und Steuerungsprozessen in Organisationen dient, sodass sie insgesamt gesehen weniger Probleme mit Vorausplanungen und Dokumentationen zu haben scheinen. Ebenso sind die beruflichen Ausbildungsphasen jüngerer Mitarbeiter deutlich durch Standardisierung und Formalisierung geprägt, was deren Akzeptanz eben jener Prozesse in den Organisationen befördert. Zudem ist die weitere berufliche Sozialisation der Jüngeren seit der Ausbildung von der Erfahrung der Unsicherheit des Arbeitsmarktes und der flexiblen Anforderungen an die Arbeitnehmer geprägt, sodass langfristige Planung und Perspektiven bei den Jüngeren nicht in dem Maße wie häufig noch bei den Älteren verinnerlicht sind. Insgesamt kann als Folge dieser Sozialisation angeführt werden, dass die jüngeren Beschäftigten weniger die Sinnhaftigkeit von Veränderungen und Vorgaben hinterfragen, sondern eher bereit sind, diese umzusetzen.

Während die jüngeren Mitarbeiter zunehmend versuchen, sich durch eine Distanzierung zu Organisation und Arbeitsgegenstand und eine damit verbundene Veränderung der Arbeitseinstellung mit den gegebenen Verhältnissen zu arrangieren, zeigt sich bei den *Älteren* eine *abwartende Haltung*. Diese beruht vor allem auf einer größeren Berufserfahrung und dem damit verbundenen Durchlaufen mehrerer Veränderungsprozesse in den Unternehmen. Die befragten Supervisoren beschreiben ihr Verhalten als „gelassener" im Vergleich zu den Jüngeren. Mit dem Verweis, vorangegangene Umstrukturierungsmaßnahmen miterlebt zu haben, entwickeln sie im Gegensatz zu den Jüngeren, die sich aktiv mit den Prozessen arrangieren, eine passive „skeptisch-abwartende" Grundhaltung. Dabei wird nicht selten der Rückzug auf den „Dienst nach Vorschrift" als eine Strategie gewählt, aus deren relativ sicherer Position heraus die Entwicklung der Situation über einen längeren Zeitraum beobachtet und bewertet werden kann, ohne sich dabei selbst einer zu großen Überforderung aussetzen zu müssen. Allerdings ist diese Möglichkeit meist jenen Mitarbeitern vorbehalten, die über einen unbefristeten Arbeitsvertrag verfügen, und wird laut den Beobachtungen der Supervisoren auch meist von denjenigen Beschäftigten genutzt, deren Pensionierung in nicht allzu weiter Ferne liegt.

Festhalten lässt sich, dass jüngere und ältere Mitarbeiter unterschiedliche Strategien verfolgen, um sich mit den Bedingungen, die mit dem Wandel der Arbeitswelt einhergehen, zu arrangieren. Letzten Endes können die instrumentellen Orientierungen der Mitarbeiter einer Erosion der Beziehungsqualität zwischen Mitarbeitern und Organisation Vorschub leisten und die Stabilität des Gesamtgefüges eines Unternehmens unterminieren.

Führung: Wandel des Führungsverständnisses?
Der oben dargestellte Widerspruch zwischen Tauschwert- und Gebrauchswertorientierung im Zusammenhang mit Professionalität und professionellem Handeln spiegelt sich nicht zuletzt in den Anforderungen an die Führungskräfte und in deren Führungsverhalten wider. Auch sie stehen in zunehmendem Maße komplexeren Organisationsstrukturen gegenüber, die sie tendenziell zu überfordern drohen (s. a. Abschnitt „Führung" in Kapitel 3.1.). Die häufigen und komplexen Umstrukturierungsprozesse, Qualitätsmanagementsysteme und ein genereller latenter oder auch offener ökonomischer Erfolgsdruck bewirken eine zunehmende *Desorientierung auch der Führungskräfte*. Sie verlieren den Überblick über die Organisationsstrukturen und können die Sinnhaftigkeit der Veränderungsprozesse häufig selbst kaum nachvollziehen, müssen aber dennoch eben jene Prozesse ihren Mitarbeitern sinnhaft vermitteln und ihnen Orientierung bieten. Insbesondere bei mittleren Führungskräften lässt sich eine strukturelle Überforderung erkennen, die deren Führungsverhalten maßgeblich beeinflusst.

Wie oben bereits ausgeführt, manifestiert sich die Tauschwertorientierung der Organisationen im Arbeitsalltag in allgegenwärtigen standardisierten *Kennzahlensystemen*, die wiederum auf ökonomischen Stabilitätskriterien beruhen. Die Bewertung der Führungsarbeit beruht folglich ebenso auf diesen Kennzahlen. Allerdings vernachlässigt eine kennzahlenbasierte Bewertung der Führungsarbeit ihre Kernkomponente, die im Wesentlichen aus Kommunikation, Kooperation und Delegation von Aufgaben besteht. Diese zentralen, primär sozialen Aufgaben werden von den Organisationen allerdings nicht der Arbeitsleistung zugeschrieben. Die eigentliche Führungsarbeit wird von den Führungskräften daher auch als eine Art Belastung wahrgenommen. In der Konsequenz erzeugt diese Nichtanerkennung scheinbar unproduktiver Tätigkeiten seitens der Organisationen Führungsprobleme, die selbst nicht als Kosten in die Steuerungslogik aufgenommen werden und somit keine Entsprechung in den Kennzahlen finden.

Der spezifischen ökonomischen Rationalität der Organisationen entsprechend erfolgt auch die Selektion und Ausbildung der Führungskräfte primär nach den Prinzipien des kennzahlenbasierten Führens und weniger auf der Grundlage des Führens mittels sozialer Kompetenzen. Doch angesichts permanenter struktureller Veränderungen der Organisationen nimmt die soziale Komponente des Führungsverhaltens einen immer höheren Stellenwert ein, da die Führungskräfte ihren Mitarbeitern diese Veränderungen derart vermitteln müssen, dass diese einen Sinn in ihrer Arbeit erkennen können. Den Führungskräften kommt somit mehr denn je eine Mittlerrolle zu, für deren Ausfüllung eine rein fachliche Orientierung, wie im bisherigen Führungsleitbild der Organisationen üblich, nicht ausreicht. Denn als Folge des rein fachlichen Führens beobachten die befragten Supervisoren einen zunehmenden Rückzug der Führungskräfte von ihren Mitarbeitern, der sich z. B. im Fehlen von Feedbackstrukturen und einer mangelnden Konfliktfähigkeit äußert.

Dementsprechend sieht eine Mehrzahl der befragten Supervisoren trotz rückläufiger Zahlen im Vergleich zum Jahr 2008 die Führungskräfte in den Organisationen weiterhin *nicht in der Lage, ihren Mitarbeitern ausreichend Halt und Orientierung zu geben* (vgl. Abbildung 10).

Abbildung 10: „Führungskräfte bieten ausreichend Halt und Orientierung"
            (eigene Darstellung)

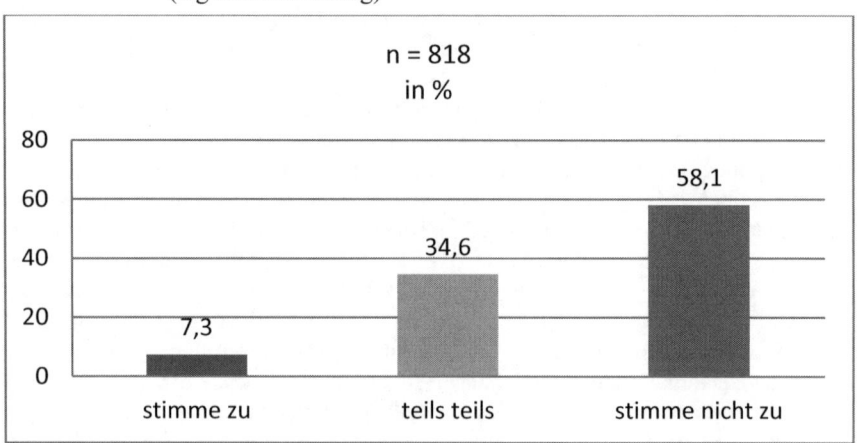

Es zeigt sich, dass ein künftiges Führungsmodell einerseits allgemeine fachliche Kompetenz erfordert, die es ermöglicht, die Organisationsstrukturen in ihrer gesamten Breite zu überblicken und Veränderungen entsprechend einordnen zu können. Andererseits sind ebenso soziale Kompetenzen wie Kommunikations- und Konfliktfähigkeit ein elementarer Bestandteil des Führungsverhaltens. Beide Anforderungen kontrastieren mit dem aktuell vorherrschenden Modell, wonach sich Führungskräfte überwiegend durch spezielle und weniger durch allgemeine fachliche Kompetenzen sowie durch soziale Fähigkeiten auszeichnen.

4   Fazit

Die geschilderte Entgrenzung und Subjektivierung von Arbeit, vor deren Hintergrund die Ergebnisse der Expertenbefragung vorgestellt wurden, ist, so sollte deutlich werden, ein hoch ambivalenter oder paradoxer Prozess. Einerseits geht damit tendenziell die Möglichkeit zu einer *erweiterten Selbstgestaltung* und

Selbstentfaltung betroffener Berufstätiger einher. Andererseits bedeutet sie aber immer auch den *Zwang zur betriebsfunktionalen Eigenverantwortung* und *Selbstorganisation* mit der Gefahr der sozialen Entbindung, Selbstüberforderung und Selbstausbeutung. Die Folge ist eine neue Qualität überlasteter Beschäftigter in nicht wenigen Bereichen, wie sie die Befunde exemplarisch in wichtigen Ausschnitten erkennen lassen.

Als vor vier Jahren die ersten Ergebnisse der DGSv-Studie mit ihren Hinweisen auf das *„erhebliche psychische Elend"* in den Organisationen (so ein Befragter) erkennbar wurden, war die Skepsis der beteiligten Wissenschaftler gegenüber dem, was sie da sahen, erheblich. Dies führte u. a. dazu, dass die quantitative Befragung beschleunigt vorangetrieben wurde, die dann jedoch die ersten Eindrücke mehr als deutlich bestätigte. Die daraufhin bewusst forcierte Präsentation der Ergebnisse erlangte große öffentliche Aufmerksamkeit, die durch die anschließend erscheinenden und in die gleiche Richtung weisenden Daten der verschiedenen Krankenkassenreports noch verstärkt wurde. Inzwischen wird das Thema derart breit beachtet und dabei oft überaus pauschal und vereinfachend interpretiert, dass die Wissenschaft auf genauere Untersuchungen drängen muss.

Literatur

Alsdorf, N./Fuchs, S. M. (2011): „Leistung". In: Haubl, R./Voß, G. G. (Hrsg.) (2011), 18-26

Badura, B./Bäcker, G. (Hrsg.) (2004): Fehlzeiten-Report 2003. Wettbewerbsfaktor Work-Life-Balance. Zahlen, Daten, Analysen aus allen Branchen der Wirtschaft. Berlin u. a.: Springer

Badura, B./Ducki, A./Schröder, H./Klose, J./Macco, K. (Hrsg.) (2011): Fehlzeiten-Report 2011. Führung und Gesundheit. Zahlen, Daten, Analysen aus allen Branchen der Wirtschaft. Berlin: Springer

Badura, B./Litsch, M./Vetter, C. (Hrsg.) (2000): Fehlzeiten-Report 1999. Psychische Belastung am Arbeitsplatz. Zahlen, Daten, Fakten aus allen Branchen der Wirtschaft. Berlin: Springer

Badura, B./Litsch, M./Vetter, C. (Hrsg.) (2001): Fehlzeiten-Report 2000. Zukünftige Arbeitswelten. Gesundheitsschutz und Gesundheitsmanagement. Berlin: Springer

Badura, B./Litsch, M./Vetter, C. (Hrsg.) (2002): Fehlzeiten-Report 2001. Gesundheitsmanagement im öffentlichen Sektor. Berlin: Springer

Badura, B./Schellschmidt, H./Vetter, C. (Hrsg.) (2002a): Fehlzeiten-Report 2002. Demographischer Wandel. Herausforderung für die betriebliche Personal- und Gesundheitspolitik. Berlin: Springer

Badura, B./Schellschmidt, H./Vetter, C. (Hrsg.) (2005): Fehlzeiten-Report 2004. Gesundheitsmanagement in Krankenhäusern und Pflegeeinrichtungen. Zahlen, Daten, Analysen aus allen Branchen der Wirtschaft. Berlin: Springer

90 G. Günter Voß, Christoph Handrich, Carolyn Koch-Falkenberg, Cornelia Weiß

Badura, B./Schellschmidt, H./Vetter, C. (Hrsg.) (2006): Fehlzeiten-Report 2005. Arbeitsplatzunsicherheit und Gesundheit. Berlin: Springer
Badura, B./Schellschmidt, H./Vetter, C. (Hrsg.) (2007): Fehlzeiten-Report 2006. Chronische Krankheiten. Berlin, Heidelberg: Springer
Badura, B./Schröder, H./Klose, J./Macco, K. (Hrsg.) (2010): Fehlzeiten-Report 2009. Arbeit und Psyche. Belastungen reduzieren – Wohlbefinden fördern. Zahlen, Daten, Analysen aus allen Branchen der Wirtschaft. Berlin: Springer
Badura, B./Schröder, H./Vetter, C. (Hrsg.) (2008): Fehlzeiten-Report 2007. Arbeit, Geschlecht und Gesundheit. Berlin: Springer
Badura, B./Vetter, C./Schröder, H. (Hrsg.) (2009): Fehlzeiten-Report 2008. Betriebliches Gesundheitsmanagement. Kosten und Nutzen. Zahlen, Daten, Analysen aus allen Branchen der Wirtschaft. Heidelberg: Springer
Baethge, M. (1991): Arbeit, Vergesellschaftung, Identität – Zur zunehmenden normativen Subjektivierung der Arbeit. In: Soziale Welt 42 (1), 6-19
BARMER (2004): BARMER Gesundheitsreport 2004. Gesundheit, Fitness und Produktivität – Betriebliche Gesundheitsförderung bewegt was. Wuppertal. Download unter: http://www.komfor.uni-wuppertal.de/uploads/media/Barmer_Gesundheitsreport_2004.pdf (Abruf: 16.01.2011)
BARMER (2005): BARMER Gesundheitsreport 2005. Fehlzeiten, Gender und betriebliche Gesundheitsförderung. Wuppertal. Download unter: http://www.haward.de/cms_pdf/2005__Gesundheitsreport.pdf (Abruf: 21.02.2012)
BARMER (2006): BARMER Gesundheitsreport 2006. Demografischer Wandel – ältere Beschäftigte im Focus betrieblicher Gesundheitsförderung. Wuppertal. Download unter: http://www.haward.de/cms_pdf/2006__Gesundheitsreport.pdf (Abruf: 21.02.2012)
BARMER (2007): BARMER Gesundheitsreport 2007. Führung und Gesundheit. Wuppertal. Download unter: http://www.haward.de/cms_pdf/2007__Gesundheitsreport.pdf (Abruf: 21.02.2012)
BARMER (2008): BARMER Gesundheitsreport 2008. Rückengesundheit. Rückhalt für Arbeit und Alltag. Wuppertal. Download unter: http://www.komfor.uni-wuppertal.de/uploads/media/BARMER_Gesundheitsreport_2008.pdf (Abruf: 21.02.2012)
BARMER (2009): BARMER Gesundheitsreport 2009. Psychische Gesundheit und psychische Belastungen. Wuppertal. Download unter: http://www.haward.de/cms_pdf/2009__Gesundheitsreport.pdf (Abruf: 21.02.2012)
BARMER GEK (2010): Gesundheitsreport 2010. Berlin. Download unter: http://www.barmer-gek.de/barmer/web/Portale/Arbeitgeberportal/Gesundheit_20im_20Unternehmen/GesundheitPublik/Gesundheitsreport/Gesundheitsreport_202010.html (Abruf: 28.07.2010)
BARMER GEK (2011): Gesundheitsreport 2011. Berlin. Download unter: http://www.barmer-gek.de/barmer/web/Portale/Versicherte/Wissen-Dialog/Gesundheitswissen/Wissenschaft-Forschung/Reports/Reports_202011/Gesundheitsreport2011/Gesundheitsreport2011.html (Abruf: 21.02.2012)
Beumer, U. (2011): Führung. In: Haubl, R./Voß, G. G. (Hrsg.) (2011), 27-37
BKK Bundesverband (Hrsg.) (2004): BKK-Gesundheitsreport 2004. Gesundheit und sozialer Wandel. Download unter: http://www.bkk.de/fileadmin/user_upload/PDF/Arbeitgeber/gesundheitsreport/Bkk_Ge-report04-Gesamt.pdf (Abruf: 16.09.2010)

BKK Bundesverband (Hrsg.) (2005): BKK-Gesundheitsreport 2005. Krankheitsentwicklungen – Blickpunkt: Psychische Gesundheit. Download unter: http://www.bkk.de/fileadmin/user_upload/PDF/Arbeitgeber/gesundheitsreport/Gesundheitsrepor t2005.pdf (Abruf: 16.09.2010)

BKK Bundesverband (Hrsg.) (2006): BKK-Gesundheitsreport 2006. Demografischer und wirtschaftlicher Wandel – gesundheitliche Folgen. Download unter: http://www.bkk.de/fileadmin/user_upload/PDF/Arbeitgeber/gesundheitsreport/BKK_Gesundheitsreport_2006.pdf (Abruf: 16.09.2010)

BKK Bundesverband (Hrsg.) (2007): BKK-Gesundheitsreport 2007. Gesundheit in Zeiten der Globalisierung. Download unter: http://www.bkk.de/fileadmin/user_upload/ PDF/Arbeitgeber/gesundheitsreport/BKK_Gesundheitsreport_2007.pdf (Abruf: 16.09.2010)

BKK Bundesverband (Hrsg.) (2008): BKK-Gesundheitsreport 2008. Seelische Krankheiten prägen das Krankheitsgeschehen. Download unter: http://www.bkk.de/fileadmin/user_upload/PDF/Arbeitgeber/gesundheitsreport/Gesundheitsreport2008_kompletter_Report.pdf (Abruf: 16.09.2012)

BKK Bundesverband (Hrsg.) (2009): BKK-Gesundheitsreport 2009. Gesundheit in Zeiten der Krise. Download unter: http://www.bkk.de/fileadmin/user_upload/PDF/Arbeitgeber/gesundheitsreport/BKK_Gesundheitsreport_2009.pdf (Abruf: 16.09.2010)

BKK Bundesverband (Hrsg.)(2010): BKK-Gesundheitsreport 2010. Gesundheit in einer älter werdenden Gesellschaft. Download unter: http://www.bkk.de/fileadmin/user_upload/PDF/Arbeitgeber/gesundheitsreport/BKK_Gesundheitsreport_2010.pdf (Abruf: 16.01.2012)

BKK Bundesverband (2011): BKK Gesundheitsreport 2011. Die Zukunft der Arbeit. Essen

Böhle, F. (1988): Vom Handrad zum Bildschirm. Eine Untersuchung zur sinnlichen Erfahrung im Arbeitsprozeß. Frankfurt a. M., New York: Campus

Bolder, A./Dobischat, R./Kutscha, G./Reutter, G. (Hrsg.)(2012, i. E.): Beruflichkeit zwischen zwischen institutionellem Wandel und biographischem Projekt. Inklusion durch Kontinuität im Wandel? Wiesbaden: VS Verlag für Sozialwissenschaften (Bildung und Arbeit, 3)

Bundespsychotherapeutenkammer (BPtK) (2010): Komplexe Abhängigkeiten machen psychisch krank – BPtK-Studie zu psychischen Belastungen in der modernen Arbeitswelt. Berlin. Download unter: http://www.bptk.de (Abruf: 17.03.2011).

Bundespsychotherapeutenkammer (BPtK) (2011): BPtK-Studie zur Arbeitsunfähigkeit. Psychische Erkrankungen – keine Frage des Alters. Berlin. Download unter: http://www.bptk.de (Abruf: 16.11.2011).

Busch, M./Hapke, U./Mensink, G. B. M. (2011): Psychische Gesundheit und gesunde Lebensweise. Robert-Koch-Institut. Berlin. Download unter: http://edoc.rki.de/series/gbe-kompakt/2011-12/PDF/12.pdf (Abruf: 16.11.2011)

DAK Gesundheitsmanagement (2004): DAK Gesundheitsreport 2004. Schwerpunktthema: Kurzzeiterkrankungen. Download unter: http://www.presse.dak.de/ps.nsf/Show/C494796B9F4C08B9C1256E9700253F0F/$File/Bericht_Bundes2004.pdf (Abruf: 16.09.2010)

DAK Gesundheitsmanagement (2005): DAK Gesundheitsreport 2005. Schwerpunktthema: Psychische Erkrankungen, Angststörungen und Depressionen. Download unter: http://www.presse.dak.de/ps.nsf/Show/0EC76DEF241AA710C1256FE7004CC340/ $File/DAK_Gesundheitsreport2005-neu1.pdf (Abruf: 16.09.2010)

DAK Gesundheitsmanagement (2006): DAK Gesundheitsreport 2006. Schwerpunktthema: Gesundheit von Frauen im mittleren Lebensalter. Download unter: http://www.presse.dak.de/ps.nsf/Show/8521D7B1E899B3EDC12571380044E28F/$ File/DAK_Gesundheitsreport%202006_Bund.pdf (Abruf: 16.09.2010)

DAK Gesundheitsmanagement (2007): DAK Gesundheitsreport 2007. Schwerpunkt: Kopfschmerz und Migräne. Download unter: http://www.presse.dak.de/ps.nsf/ Show/0885A4BED97A557DC125727A00300E89/$File/010207_final_DAK_Gesun dheitsreport_2007.pdf (Abruf: 16.09.2010)

DAK Gesundheitsmanagement (2008): DAK Gesundheitsreport 2008. Schwerpunkt: Mann und Gesundheit. Download unter: http://www.dak.de/content/filesopen/ Gesundheitsreport_2008.pdf. (Abruf: 16.09.2010)

DAK Gesundheitsmanagement (2009): DAK Gesundheitsreport 2009. Analyse der Arbeitsunfähigkeitsdaten. Schwerpunktthema: Doping am Arbeitsplatz. Download unter: http://www.dak.de/content/filesopen/Gesundheitsreport_2009.pdf (Abruf: 16.09.2010)

DAK Gesundheitsmanagement (2010): DAK Gesundheitsreport 2010. Schwerpunktthema: Schlafstörungen – ein häufig unterschätztes Problem? Download unter: http://www.dak.de/content/filesopen/Gesundheitsreport_2010.pdf (Abruf: 21.10.2011)

DAK Forschung (2011): DAK Gesundheitsreport 2011. Schwerpunktthema: Wie gesund sind junge Arbeitnehmer? Download unter: http://www.dak.de/content/files-open/Gesundheitsreport_2011.pdf (Abruf: 21.02.2012)

Daser, B. (2011): Kollegialität. In: Haubl, R./Voß, G. G. (Hrsg.) (2011), 38-45

Daser, B./Kerschgens, A. (2011): Selbstfürsorge. In: Haubl, R./Voß, G. G. (Hrsg.) (2011), 57-67

Deutsches Institut für Medizinische Dokumentation und Information (DIMDI) (2009): ICD-10-GM. Version 2010. Systematisches Verzeichnis. Internationale statistische Klassifikation der Krankheiten und verwandter Gesundheitsprobleme, 10. Revision – German Modification – Berlin. Download unter: http://www.dimdi.de (Abruf: 16.11.2011).

Drinkuth, A. (2007): Die Subjekte der Subjektivierung. Handlungslogiken bei entgrenzter Arbeit und ihre lokale Ordnung. Berlin: Edition Sigma

Frey, M./Heilmann, A./Lohr, K./Manske, A./Völker, S. (Hrsg.) (2010): Perspektiven auf Arbeit und Geschlecht. München, Mering: Hampp

Gensichen, J./Huchzermeier, C./Aldenhoff, J. B./Gerlach, F. M./Hinze-Selch, D. (2005): Signalsituationen für den Beginn einer strukturierten Depressionsdiagnostik in der Allgemeinarztpraxis. Eine praxis-kritische Einschätzung internationaler Leitlinien. In: ZaeFQ (99), 57-63

Giddens, A. (1988, zuerst 1984): Die Konstitution der Gesellschaft. Grundzüge einer Theorie der Strukturierung. Frankfurt a. M., New York: Campus

Gottschall, K./Voß, G. G. (Hrsg.) (2005, zuerst 2003): Entgrenzung von Arbeit und Leben. Zum Wandel der Beziehung von Erwerbstätigkeit und Privatsphäre im Alltag. München, Mering: Hampp

Gottschall, K./Voß, G. G. (2005, zuerst 2003): Entgrenzung von Arbeit und Leben. Zur Einführung. In: Gottschall, K./Voß, G. G. (Hrsg.) (2005), 11-33

Handrich, C. (2011): Professionalität und Qualität der Arbeit. In: Haubl, R./Voß, G. G. (Hrsg.) (2011), 11-17

Härter, M./Baumeister, H. (2007): Ätiologie psychischer Störungen bei chronischen körperlichen Erkrankungen. In: Härter, M./Baumeister, H./Bengel, J. (Hrsg.) (2007), 1-12

Härter, M./Baumeister, H./Bengel, J. (Hrsg.) (2007): Psychische Störungen bei körperlichen Erkrankungen. Berlin, Heidelberg: Springer Medizin

Haubl, R./Voß, G. G. (2009): Psychosoziale Kosten turbulenter Veränderungen. Arbeit und Leben in Organisationen 2008. In: Positionen. Beiträge zur Beratung in der Arbeitswelt 2009, Heft 1

Haubl, R./Voß, G. G. (Hrsg.) (2011): Riskante Arbeitswelt im Spiegel der Supervision. Eine Studie zu den psychosozialen Auswirkungen spätmoderner Erwerbsarbeit. Göttingen: Vandehoeck & Ruprecht

Heyde, K./Macco, K. (2010): Krankheitsbedingte Fehlzeiten aufgrund psychischer Erkrankungen – Eine Analyse der AOK-Arbeitsunfähigkeitsdaten des Jahres 2008. In: Badura, B. (Hrsg.) (2010), 31-40

Hölzinger, J. (2011): Krank machende Arbeitswelt. Deutsches Ärzteblatt, 108 (16), B 723

Honegger, C. (Hrsg.) (1999): Grenzenlose Gesellschaft? Verhandlungen des 19. Kongresses der Deutschen Gesellschaft für Soziologie, des 16. Kongresses der Österreichischen Gesellschaft für Soziologie, des 11. Kongresses der Schweizerischen Gesellschaft für Soziologie in Freiburg i. Br. 1998. Opladen: Leske + Budrich

Huchler, N./Voß, G. G./Weihrich, M. (2007): Soziale Mechanismen im Betrieb. Theoretische und empirische Analysen zur Entgrenzung und Subjektivierung von Arbeit. München, Mering: Hampp

Huchler, N./Voß, G. G./Weihrich, M. (2012): Markt, Herrschaft, Solidarität und Subjektivität. Ein Vorschlag für ein integratives Mechanismen- und Mehrebenenkonzept. In: Arbeits- und Industriesoziologische Studien (12) (www.ais-studien.de)

Jacobi, F. (2009): Nehmen psychische Erkrankungen zu? In: Report Psychologie, 34 (1), 16-26

Jaggi, Ferdinand (2008): Burnout – praxisnah. Stuttgart: Thieme

Jurczyk, K./Schier, M./Szymenderski, P./Lange, A./Voß, G. G. (2009): Entgrenzte Arbeit – entgrenzte Familie. Grenzmanagement im Alltag als neue Herausforderung. Berlin: Edition Sigma

Kleemann, F./Matuschek, I./Voß, G. G. (2003, zuerst 2002): Subjektivierung von Arbeit – Ein Überblick zum Stand der soziologischen Diskussion. In: Moldaschl, M./Voß, G. G. (Hrsg.) (2003), 57-114

Koch, C. (2009): Ökonomisierung des Krankenhauses. Zum Wandel der Arzt-Patient-Beziehung unter den Bedingungen der Diagnosis Related Groups. Saarbrücken: VDM

Kratzer, N. (2003): Arbeitskraft in Entgrenzung. Grenzenlose Anforderungen, erweiterte Spielräume, begrenzte Ressourcen. Berlin: Edition Sigma

Kurz-Scherf, I./Corell, L./Janczyk, S. (Hrsg.) (2005): In Arbeit: Zukunft. Münster: Westfälisches Dampfboot.

Lademann, J./Mertesacker, H./Gebhardt, B. (2006): Psychische Erkrankungen im Fokus der Gesundheitsreporte der Krankenkassen. In: Psychotherapeutenjournal (2), 123-129

Lohr, K. (2003): Subjektivierung von Arbeit. Ausgangspunkt einer Neuorientierung der Industrie- und Arbeitssoziologie? In: Berliner Journal für Soziologie, 4, 511-529

Lohr, K./Nickel, H. M. (Hrsg.) (2005): Subjektivierung von Arbeit. Riskante Chancen. Münster: Westfälisches Dampfboot

Minssen, H. (Hrsg.) (1999): Begrenzte Entgrenzung. Berlin: Edition Sigma

Moldaschl, M. (1999): Internalisierung des Marktes – Zur neuen Dialektik von Kooperation und Herrschaft. In: Minssen, H. (Hrsg.)(1999), 205-224

Moldaschl, M./Voß, G. G. (Hrsg.) (2003, zuerst 2002): Subjektivierung von Arbeit. München, Mering: Hampp

Pongratz, H. J./Voß, G. G. (1999): Vom Arbeitnehmer zum Arbeitskraftunternehmer. Zur Entgrenzung der Ware Arbeitskraft. In: Minssen, H. (Hrsg.) (1999), 225-247

Pongratz, H. J./Voß, G. G. (2003): Arbeitskraftunternehmer. Erwerbsorientierungen in entgrenzten Arbeitsformen. Berlin: Edition Sigma

Pongratz, H. J./Voß, G. G. (2004): Arbeitskraft und Subjektivität. Einleitung und Stellungnahme aus der Sicht der Arbeitskraftunternehmer-These. In: Pongratz, H. J./Voß, G. G. (Hrsg.) (2004), 7-31

Pongratz, H. J./Voß, G. G. (Hrsg.) (2004): Typisch Arbeitskraftunternehmer? Berlin: Edition Sigma

Rösing, I. (2008): Ist die Burnout-Forschung ausgebrannt? Analyse und Kritik der internationalen Burnout-Forschung. Kröning: Asanger

Sauer, D. (2005): Arbeit im Übergang. Eine Standortbestimmung. Hamburg: VSA

Schaufeli, W. B./Enzmann, D. (1998): The Burnout Companion to Study and Practice. A Critical Analysis. London: Taylor & Francis

Schönberger, K./Springer, S. (Hrsg.) (2003): Subjektivierte Arbeit. Mensch, Organisation und Technik in einer entgrenzten Arbeitswelt. Frankfurt a. M., New York: Campus

Spießl, H./Jacobi, F. (2008): Nehmen psychische Störungen zu? In: Psychiatrische Praxis, 35, 318-320

Techniker Krankenkasse (2004): Moderne IT-Arbeitswelten gestalten. Anforderungen, Belastungen und Ressourcen in der IT-Branche. Wuppertal. Download unter: http://www.tk.de/tk/broschueren-und-mehr/studien-und-auswertungen/moderne-it-arbeitswelt-gestalten/215842 (Abruf: 13.8.2009).

Techniker Krankenkasse (2005): Gesundheitsreport. Auswertungen 2005 zu Trends bei Arbeitsunfähigkeiten und Arzneiverordnungen. Hamburg. Download unter: http://www.tk.de/tk/broschueren-und-mehr/studien-und-auswertungen/gesundheits-report-2005/49566 (Abruf: 24.10.2010)

Techniker Krankenkasse (2006): Gesundheitsreport. Auswertungen 2006 Arbeitsunfähig-keiten und Arzneiverordnungen. Schwerpunkt: Erkältungskrankheiten – Grippe. Hamburg. Download unter: http://www.tk.de/tk/broschueren-und-mehr/studien-und-auswertungen/gesundheitsreport-2006/49570 (Abruf: 22.09.2010)

Techniker Krankenkasse (2007): Gesundheitsreport. Auswertungen 2007. Arbeitsunfä-higkeiten und Arzneiverordnungen. Schwerpunkt: Gesundheit im demografischen Wandel. Hamburg. Download unter: http://www.tk.de/tk/broschueren-und-mehr/studien-und-auswertungen/gesundheitsreport-2007/49578 (Abruf: 22.09.2010)

Techniker Krankenkasse (2008): Gesundheitsreport 2008. Auswertungen 2008. Arbeits-unfähigkeiten und Arzneiverordnungen. Schwerpunkt: Psychische Störungen. Hamburg. Download unter: http:// www.tk.de/tk/broschueren-und-mehr/studien-und-auswertungen/gesundheitsreport-2008/49602 (Abruf: 22.09.2010)

Techniker Krankenkasse (2009): Gesundheitsreport 2009. Auswertungen 2009. Arbeits-unfähigkeiten und Arzneiverordnungen. Schwerpunkt: Gesundheit von Beschäftig-ten in Zeitarbeitsunternehmen. Herausgegeben von Techniker Krankenkasse. Hamburg. Download unter: http://www.tk.de/centaurus/servlet/contentblob/157354/Datei/3992/Gesundheitsreport-8.pdf (Abruf: 22.09.2010)

Techniker Krankenkasse (2010). Gesundheitsreport 2010 – Gesundheitliche Veränderun-gen bei Berufstätigen und Arbeitslosen von 2000 bis 2009. Hamburg. Download un-ter: http://www.tk-online.de/centaurus/servlet/contentblob/222138/Datei/48895/Gesundheitsreport-2010.pdf (Abruf: 28.07.2010)

Techniker Krankenkasse (2011). Gesundheitsreport 2011 – Gesundheitliche Veränderun-gen bei jungen Erwerbspersonen und Studierenden. Hamburg. Download unter: http://www.tk.de/tk/broschueren-und-mehr/studien-und-auswertungen/gesundheitsreport-2011/281904 (Abruf: 16.02.2012)

Voß, G. G. (1998): Die Entgrenzung von Arbeit und Arbeitskraft. Eine subjektorientierte Interpretation des Wandels der Arbeit. In: Mitteilungen aus der Arbeitsmarkt- und Berufsforschung, 31 (3), 473-487

Voß, G. G. (2010): Auf dem Weg zu einer neuen Verelendung? Psychosoziale Folgen der Entgrenzung und Subjektivierung der Arbeit. In: Vorgänge, Heft 3, 15-22

Voß, G. G. (2012, i. E.): Individualberuf und subjektivierte Professionalität. Zur berufli-chen Orientierung des Arbeitskraftunternehmers. In: Bolder, A./Dobischat, R./Kutscha, G./Reutter, G. (Hrsg.) (2012, i. E.)

Voß, G. G./Pongratz, H. J. (1998): Der Arbeitskraftunternehmer. Eine neue Grundform der „Ware Arbeitskraft"? In: Kölner Zeitschrift für Soziologie und Sozialpsycholo-gie, 50 (1), 131-158

Voß, G. G./Weiß, C. (2005a): Ist der Arbeitskraftunternehmer weiblich? In: Lohr, K./Nickel, H. M. (Hrsg.) (2005), 65-91

Voß, G. G./Weiß, C. (2005b): Subjektivierung von Arbeit – Subjektivierung von Arbeits-kraft. In: Kurz-Scherf, I./Corell, L./Janczyk, S. (Hrsg.) (2005), 139-155

Voß, G. G./Weiß, C. (2010): Selbstgenderung und Genderarbeit. Zur Subjektivierung von Geschlecht in Zeiten entgrenzter Arbeit. In: Frey, M./Heilmann, A./Lohr, K./Manske, A./Völker, S. (Hrsg.) (2010), 135-164

Wang, P. S./Beck, A. L./Berglund, P./McKenas, D. K./Pronk, N. P./Simon, G. E./Kessler, R. C. (2004): Effects of Major Depression on Moment-in-Time Work Performance. In: American Journal of Psychiatry, 161 (10), 1885-1891

Weber, A./Hörmann, G./Köllner, V. (2006): Psychische und Verhaltensstörungen. Die Epidemie des 21. Jahrhunderts? Der Erhalt oder die Wiederherstellung der seeli schen Gesundheit müssen als gesamtgesellschaftliche Aufgabe begriffen werden. In: Deutsches Ärzteblatt PP, H. 4, 169-172

Wex, T. (2004): Der Nonprofit-Sektor der Organisationsgesellschaft. Wiesbaden: Deut-scher Universitäts Verlag

Williamson, O. E. (1975): Markets and Hierarchies. Analysis and Antitrust Implications. A Study in the Economics of Internal Organization. New York: Free Press.

Psychische Beanspruchung durch illegitime Aufgaben

Norbert K. Semmer, Nicola Jacobshagen, Laurenz L. Meier, Achim Elfering, Wolfgang Kälin, Franziska Tschan

Abstract

Illegitime Aufgaben sind Bestandteil des „Stress-as-Offense-to-Self"-Konzepts, das an der Universität Bern entwickelt wurde. Es geht von der Annahme aus, dass viele Situationen vor allem dadurch Stress auslösen, dass sie Ausdruck mangelnder Wertschätzung sind und damit den Selbstwert bedrohen. Illegitime Aufgaben sind definiert als Aufgaben, die man von einer Person eigentlich nicht erwarten kann; das kann daran liegen, dass sie als vermeidbar – und damit als *unnötig* – empfunden werden, oder daran, dass sie der beruflichen Kernrolle nicht entsprechen und deshalb als *unzumutbar* empfunden werden. Das Kapitel beschreibt die Merkmale von illegitimen Aufgaben, ordnet sie in die bisherige Forschung ein und grenzt sie von anderen, bereits bestehenden Konzepten ab. Zum anderen wird über erste Forschungsergebnisse berichtet, die die Tragfähigkeit des Konzepts zeigen. Das Kapitel endet mit der Diskussion weiterer Forschungsnotwendigkeiten (zum Beispiel im Hinblick auf interindividuelle Unterschiede) sowie praktischer Implikationen (zum Beispiel im Hinblick auf die Schulung von Führungskräften im Erkennen von und im Umgang mit illegitimen Aufgaben).

1 Vorbemerkung: Zur Entstehung eines Konzepts

Merkmale der Arbeitsaufgaben stellen seit jeher einen Schwerpunkt arbeitspsychologischer Forschung und Praxis dar (z. B. Ulich 2011). Im Vordergrund stehen Merkmale wie Ganzheitlichkeit, Komplexität, Variabilität und Bedeutsamkeit der Aufgaben, aber auch Aspekte wie das Feedback durch die Aufgabe, die Autonomie, die damit verbunden ist, sowie Ausführungsbedingungen wie etwa die Belastung durch die in einem umgrenzten Zeitraum zu erledigende Arbeitsmenge (Semmer/Udris 2007). In diesem Beitrag geht es um ein Merkmal von Aufgaben, das bisher noch wenig Beachtung gefunden hat, nämlich um ihre (Il-)Legitimität. Was damit gemeint ist, lässt sich am besten an einem Beispiel illustrieren, das am Anfang der Entwicklung dieses Konzepts steht.

In den 90er Jahren des letzten Jahrhunderts stießen wir in unserer Forschung zum Thema Stress in der Arbeit auf ein interessantes Phänomen. Wir führten Interviews durch, in denen wir den Merkmalen von Stress-Situationen näher auf den Grund gehen wollten. Wir gaben unseren InterviewpartnerInnen Situationen vor, die sie im Hinblick auf Stress beurteilen sollten. Pflegefachleute (fast ausschließlich Pflegefachfrauen) erhielten beispielsweise folgendes Szenario:

> Stellen Sie sich einen hektischen Arbeitstag vor. Es ist viel Betrieb, Sie bekommen laufend neue Patientinnen und Patienten, zu allem Überfluss ist auch noch eine Kollegin plötzlich erkrankt. Einer Ihrer Patienten, der schwer krank ist, läutet relativ häufig und bittet Sie um alles Mögliche – ob Sie ihm eine Tasse Tee bringen könnten, ob Sie das Fenster öffnen könnten, weil es zu heiß ist, ob Sie das Fenster schließen könnten, weil es zieht, usw. Wie belastend ist so etwas für Sie?

Viele unserer Interviewpartnerinnen gaben darauf eine Antwort wie: „Ach, wissen Sie, das stresst mich nicht so sehr, das gehört ja zum Beruf!" Nachdem wir immer wieder solche und ähnliche Antworten erhielten, gingen wir der Frage nach, was es denn mit dem „das gehört zum Beruf" auf sich hatte. Wir führten daher weitere Interviews durch, die nach demselben Muster konstruiert waren, aber nach der Antwort „Das gehört doch zum Beruf" weitergingen. Wir fragten dann:

> Stellen Sie sich nun vor: Es ist etwas Zeit vergangen, der Zustand dieses Patienten hat sich deutlich verbessert, er wird bald entlassen werden. Nach wie vor läutet er viel nach Ihnen, obwohl er manches, worum er Sie bittet, inzwischen selbst machen könnte.

Die Reaktion unserer Interviewpartnerinnen veränderte sich nun drastisch: Sie nahmen die Situation gar nicht mehr gelassen, und es kamen Äußerungen wie „Wir sind doch kein Hotel!" oder „Ich bin doch kein Dienstmädchen!"

Die Frage, ob eine Aktivität als zum Kern eines Berufes gehörig empfunden wurde, schien also eine entscheidende Rolle dafür zu spielen, wie belastend sie war. Man beachte, dass die Aktivitäten, um die es ging, in beiden Szenarien genau dieselben waren; die unterschiedlichen Reaktionen haben also nichts mit der Tätigkeit als solcher zu tun – etwa weil sie unangenehm wäre – und auch nicht mit Zeitdruck und Hektik. Vielmehr haben die unterschiedlichen Reaktionen mit der *sozialen Bedeutung* der Aktivitäten zu tun: Im ersten Fall (Patient ist sehr krank) geht es um die Gesundheit des Patienten; er kann die Handlungen nicht oder allenfalls mit großer Mühe selbst ausführen, sie für ihn zu erledigen, wird als Unterstützung seines Heilungsprozesses empfunden. Diese Unterstützung des Heilungsprozesses ist ein Kernelement der beruflichen Rolle von Pflegefachleuten, und damit befinden sich die in Frage stehenden Aktivitäten im Einklang mit der beruflichen Rolle. Anders ist es im Fall des schon weitgehend gesunden Patienten: Er braucht diese Unterstützung für seine Heilung nicht mehr. Sie vom Pflegepersonal zu fordern, entspricht daher nicht mehr deren

Berufsrolle, sie gilt als „pflegefremde Arbeit". Mit der Aufforderung, sie auszuführen, wird nun eine andere berufliche Rolle angesprochen, die des Dienstmädchens oder der Kellnerin. Das liegt außerhalb der Kernaktivitäten in der Krankenpflege und wird dort oft als kränkend empfunden: Die Anforderung wird als *nicht legitim* wahrgenommen.

Diese kurze Zusammenfassung spiegelt natürlich die langen Diskussions- und Forschungsprozesse nicht wider, die über viele Zwischenschritte, auf die hier nicht näher eingegangen werden kann, zum Konzept der *illegitimen Aufgaben* führten (vgl. Semmer/Jacobshagen 2003; Semmer/Jacobshagen/Meier 2006; Semmer/Jacobshagen/Meier/Elfering 2007). Im Folgenden soll das Konzept etwas präziser dargestellt werden.

2 Illegitime Aufgaben

Illegitime Aufgaben sind Aufgaben, die man von einer Person legitimerweise nicht erwarten kann; sie beinhalten also Tätigkeiten, die die Person eigentlich nicht ausführen müssen sollte. Gemeint sind aber nicht Tätigkeiten, die *per se* illegitim sind, wie etwa unmoralische oder illegale Handlungen, welche grundsätzlich von niemandem verlangt werden sollten. Vielmehr geht es um Aufgaben, die in einem bestimmten Kontext als *unnötig* oder als *unzumutbar* empfunden werden, die aber unter anderen Umständen möglicherweise als durchaus legitim empfunden würden. *Unnötige* Aufgaben sind solche, die als sinnlos empfunden werden (z. B. Dokumente erstellen müssen, die so gut wie nie jemand liest) oder die nicht existieren würden, wenn in vorhergehenden Stadien besser gearbeitet worden wäre (z. B. wenn Daten von Hand von einem IT-System in ein anderes übertragen werden müssen, weil bei der Anschaffung der Systeme nicht darauf geachtet wurde, ob sie miteinander kompatibel sind). *Unzumutbare* Aufgaben sind solche, die durch die gegebene berufliche Rolle nicht abgedeckt sind; sie sollten von jemand anderem erledigt werden (und können für eine andere berufliche Rolle absolut legitim sein). Die Grenzen zwischen beiden Aspekten sind nicht immer einfach zu ziehen. So kann eine Ärztin es unzumutbar finden, dass sie so viel Zeit für Dokumentation verwenden muss, die ihr nachher für ihre Kernaufgabe, die Behandlung von Patienten, fehlt, und sie kann der Meinung sein, dass zumindest ein Teil der Dokumentationsaufgaben von jemand anderem erledigt werden sollte; zugleich kann sie aber auch der Meinung sein, der Dokumentationsaufwand sei insgesamt übertrieben und in dieser Ausführlichkeit unnötig.

3   Identität, Stress und Ich-Bedrohung

Was macht illegitime Aufgaben zu einem speziellen Stressfaktor? Nach unserer Meinung hängt das damit zusammen, dass illegitime Aufgaben einen Angriff auf die berufliche Identität darstellen. Wir Menschen neigen dazu, uns mit unserer beruflichen Rolle zu identifizieren; wir definieren uns unter anderem durch sie; sie wird zum Bestandteil unserer Identität und unseres Selbstbildes (Ashforth 2001; Haslam/Ellemers 2005; Kahn/Wolfe/Quinn/Snoek/Rosenthal 1964; Sluss/Ashforth 2007; Stryker/Burke 2000). Damit wird sie aber auch ein „schützenswertes Gut", denn Menschen streben in der Regel nach einem positiven Selbstbild. Dies gilt in einem doppelten Sinn: Wir möchten uns selbst positiv sehen, also einen hohen Selbstwert haben (vgl. z. B. Dauenheimer/Stahlberg/Frey/Petersen 2007; Epstein 1998; Sedikides/Gregg 2008); wir möchten aber auch, dass wichtige Andere ein positives Bild von uns haben, uns schätzen und uns respektvoll behandeln (Leary 2007; Semmer/Jacobshagen 2003; Semmer et al. 2007). Dementsprechend sind Dinge, die unser berufliches Selbstbild gefährden, als besonders belastend einzustufen. Illegitime Aufgaben respektieren unsere berufliche Identität nicht; sie erfordern, dass wir Aktivitäten ausführen müssen, die dem Kern unserer beruflichen Rolle nicht entsprechen. Wir gehen daher davon aus, dass sie unseren Selbstwert gefährden und deshalb als Stressfaktor anzusehen sind. In Anlehnung an Thoits (1991) sprechen wir von „identity-threatening stressors".

4   Illegitime Aufgaben – theoretische Wurzeln und verwandte Konzepte

Illegitime Aufgaben sind einerseits ein neues Konzept; andererseits sind sie als spezielle Ausprägung von Konzepten anzusehen, die in der arbeitspsychologischen Stressforschung schon länger diskutiert und erforscht werden.

4.1 Theoretische Wurzeln I – Organisationale (Un-)Gerechtigkeit

Die Forschung zu organisationaler Gerechtigkeit (oder organisationaler Fairness; diese beiden Begriff werden hier synonym verwendet) und die Stressforschung existierten über lange Zeit parallel und ohne viele Berührungspunkte (vgl. Greenberg 2010). Tatsächlich kann man davon ausgehen, dass ein Mangel an Fairness einen Stressfaktor darstellt (Kivimäki et al. 2002; Kivimäki et al. 2006). Das Modell der beruflichen Gratifikationskrise (Siegrist 1996, 2002; Siegrist/Dragano 2008) steht in dieser Tradition, und die einschlägige Forschung hat ein Ungleichgewicht zwischen Verausgabung und Belohnung sehr überzeugend als gesundheit-

lichen Risikofaktor bestätigt (Siegrist 2002; Siegrist/Dragano 2008); Ähnliches gilt
für ein Modell von Burnout, das einen gestörten sozialen Austausch in den Mittelpunkt stellt (z. B. Schaufeli 2006).

Sofern nicht spezifische Umstände (z. B. Krankheit der eigentlich zuständi-
gen Person) die Erledigung an sich illegitimer Aufgaben unumgänglich macht,
erfüllt die Zuteilung illegitimer Aufgaben die drei Bedingungen der sogenannten
Fairness-Theory (Folger/Cropanzano 2001). Ohne diese Aufgaben *würde* es
keine Verletzung beruflicher Rollenerwartungen geben (die *would*-Frage); die
verantwortliche Person hätte anders handeln *können* (die *could*-Frage), und da
illegitime Aufgaben Rollenerwartungen verletzen, hätte sie auch anders handeln
sollen (die *should*-Frage). Wenn diese drei Bedingungen gegeben sind, entsteht
die Wahrnehmung mangelnder Fairness.

In unserem Kontext ist nun besonders wichtig, dass das Ausmaß an (wahrgenommener) Fairness als soziale Botschaft gelten kann: Sie signalisiert den
Status, den man in einer sozialen Gruppe einnimmt, das Ausmaß an Akzeptanz,
das man genießt. Dieses Ausmaß an Akzeptanz wiederum ist wichtig für die
eigene Identität und für den eigenen Selbstwert (siehe oben; man spricht hier oft
auch vom „sozialen Selbstwert"; vgl. Cremer/Tyler 2005; Cropanzano/
Byrne/Bobocel/Rupp 2001).

Insofern können illegitime Aufgaben als Spezialfall mangelnder Fairness angesehen
werden. Sie stellen trotzdem ein eigenständiges Konzept dar, das von bisherigen
Fairness-Konzepten nicht abgedeckt ist. Denn Fairness-Theorien können zwar erklären, wie Menschen typischerweise auf Aufgaben reagieren, die sie als illegitim –
und damit als unfair – ansehen, sie können aber nicht erklären, *warum* diese Aufgaben als illegitim angesehen werden[1]. Zur Klärung der Frage, warum Aufgaben als illegitim angesehen werden, bedarf es rollentheoretischer Überlegungen.

4.2 Theoretische Wurzeln II – Rollentheorie und Rollenkonflikt

Illegitime Aufgaben haben mit beruflichen Rollen zu tun. Der Kern von Rollen
sind damit verbundene Erwartungen, wenngleich, wie oben dargestellt, ihre Bedeutung viel weiter geht und auch Identität mit einschließt (Kahn et al. 1964).
Man kann von Personen, die eine Rolle einnehmen, erwarten, dass sie bestimmte
Verhaltensweisen zeigen, die mit ihrer Rolle verbunden sind; dazu gehört, dass
sie bestimmte Aufgaben ausführen (Katz/Kahn 1978). Die mit Rollen verbundenen Erwartungen können aber auch miteinander in Konflikt geraten; dies ist als
Konzept des „Rollenkonflikts" Bestandteil eines der frühesten und einfluss-

---

1   Dasselbe gilt für das Konzept des psychologischen Vertrags, das ebenfalls in der Tradition der
     Gerechtigkeitsforschung steht (Rigotti 2010; Rousseau/Tijoriwala 1998).

reichsten arbeitspsychologischen Stress-Konzepte bereits 1964 eingeführt worden (Kahn et al. 1964). So können verschiedene Vorgesetzte unterschiedliche Erwartungen haben; man spricht dann von einem *Inter-Sender-Konflikt* (so manche Sekretärin, die für mehrere Vorgesetzte arbeitet, kann ein Lied davon singen). Wenn ein Vorgesetzter heute dies fordert (z. B. höchste Priorität auf Qualität) und morgen etwas anderes (z. B. die Einhaltung von Terminen, koste es, was es wolle...), ergibt sich ein *Intra-Sender-Konflikt*. Die mit einer bestimmten Rolle verbundenen Erwartungen können aber auch mit den Erwartungen in Konflikt geraten, die mit anderen Rollen verbunden sind; ein Beispiel für diesen *Inter-Rollen-Konflikt* ist etwa die Schwierigkeit, berufliche Rollen und Eltern-Rollen miteinander zu vereinbaren. Schließlich kann eine Rollenerwartung mit den Maßstäben der Person selbst in Konflikt geraten, etwa, wenn ein Pazifist in einer Munitionsfabrik arbeiten muss; man spricht dann von einem *Person-Rollen-Konflikt* (Beehr/Glazer 2005).

Ähnlich wie bei der Diskussion der Fairness-Forschung kann man nun auch in Bezug auf Rollenkonflikte den Schluss ziehen, dass illegitime Aufgaben als Spezialfall von Rollenkonflikten, speziell von Person-Rollen-Konflikten, angesehen werden können. Auch hier gilt jedoch, dass die Forschung zu Rollenkonflikten das Konzept der illegitimen Aufgaben nicht wirklich abdeckt. Sie hat den Person-Rollen-Konflikt kaum beachtet; vielmehr hat sie sich vor allem auf den Inter-Sender-Konflikt konzentriert (Katz/Kahn 1978, 204) – und wenn sie den Person-Rollen-Konflikt beachtet hat, hat sie die Vereinbarkeit mit moralischen Maximen betont (Beehr/Glazer 2005; Kahn et al. 1964), nicht aber die Vereinbarkeit mit beruflichen Rollen und beruflicher Identität. Aspekte von illegitimen Aufgaben werden allenfalls am Rande erwähnt (so unnötige Aufgaben bei Rizzo/House/Lirtzman 1970). Ähnlich wie bezüglich der Fairness-Forschung gilt also auch bezüglich der Forschung zum Rollenkonflikt, dass illegitime Aufgaben als Spezialfall dieses Konzeptes angesehen werden können, aber dennoch einen eigenständigen Charakter aufweisen.

4.3 Illegitime Aufgaben und andere Stressoren

Illegitime Aufgaben sind zwar spezifische Stressoren, das heißt aber nicht, dass sie nicht mit anderen Stressoren korrelieren. Für solche Zusammenhänge gibt es verschiedene Gründe. Zum einen teilen illegitime Aufgaben bestimmte Merkmale mit anderen Stressoren. Wir haben dargestellt, dass eine konzeptionelle Nähe zu Indikatoren mangelnder Fairness sowie zu Rollenkonflikten besteht. Daraus folgt, dass illegitime Aufgaben mit diesen Faktoren korrelieren sollten. Da illegitime Aufgaben durch andere – meist Vorgesetze – zugeteilt werden, stellen sie im weiteren Sinne auch soziale Stressoren dar. Soziale Stressoren werden meist als Konflikte und Spannungen beschrieben (Dormann/Zapf 1999; Frese/Zapf 1987), und da die Zuteilung illegitimer Aufgaben vermutlich (zumindest innerlich) mit Vorwürfen an Vorgesetzte verbunden sein dürfte (siehe oben: die „could"- und die „should"-Frage), besteht eine gewisse Nähe zum Konzept der sozialen Stressoren. Darüber hinaus ist die Zuteilung sinnloser Aufgaben eine der Strategien, die Mobbing kennzeichnen (Hoel/Zapf/Cooper 2002; Zapf 1999). Zum anderen haben Stressoren generell die Tendenz, miteinander korreliert zu sein. Unternehmen und Vorgesetzte, die sich um eine gute Gestaltung der Arbeit und der Arbeitsbedingungen bemühen, tun dies oft in einem umfassenden Sinn, so dass viele Merkmale gleichzeitig gut – oder weniger gut – gestaltet sind. Auch ohne dass verschiedene Merkmale konzeptionell verwandt sind, können sie daher miteinander korrelieren, weil sie Ausdruck einer insgesamt guten versus nicht so guten Arbeitssituation sind. Empirisch finden sich daher typischerweise Korrelationen zwischen verschiedenen Stressfaktoren (Semmer/Zapf/Greif 1996; Spector/Jex 1998), und dies ist daher auch für illegitime Aufgaben zu erwarten.

Aus all dem folgt, dass die von uns postulierte Eigenständigkeit des Konstrukts der illegitimen Aufgaben auch empirisch nachgewiesen werden muss. Es gilt zu zeigen, dass illegitime Aufgaben Indikatoren psychischer und/oder physischer Gesundheit voraussagen, und zwar unter Kontrolle anderer, „etablierter" Stressoren, und speziell von Indikatoren der Fairness, des Rollenkonflikts sowie sozialer Stressoren.

5 Illegitime Aufgaben und Gesundheit – Messung und erste Forschungsergebnisse

In diesem Abschnitt soll dargestellt werden, wie illegitime Aufgaben gemessen werden und mit welchen Indikatoren psychischer oder physischer Gesundheit sie zusammenhängen.

5.1 Messung: Die „Bern Illegitimate Tasks Scale" (BITS)

Auf der Basis verschiedener Voruntersuchungen wurde die „Bern Illegitimate Task Scale" entwickelt (Jacobshagen 2006; Semmer et al. 2006)[2]. Sie enthält 8 Items, je vier zu den Subkonstrukten der unnötigen und der unzumutbaren Aufgaben. Ein Beispiel für unnötige Aufgaben ist: „Gibt es Arbeitsaufgaben in Ihrem Arbeitsalltag, bei denen Sie sich fragen, ob diese überhaupt gemacht werden müssen?" Ein Beispiel für unzumutbare Aufgaben ist: „Gibt es Arbeitsaufgaben

---

2 Die Skala ist bei den Autorinnen und Autoren für Forschungszwecke erhältlich.

in Ihrem Arbeitsalltag, bei denen Sie der Meinung sind, dass diese jemand anderes machen sollte?" Die Antworten reichen von 1 *(sehr selten/nie)* bis 5 *(sehr häufig)*. Die zwei Subkonstrukte korrelieren hoch miteinander (z. B. zu r = .65 in der Untersuchung von Stocker/Jacobshagen/Semmer/Annen 2010). Die Gesamtskala hat gute Reliabilitätswerte, die interne Konsistenz (Cronbach's α) ist typischerweise zwischen .80 und .90 (Semmer/Tschan/Meier/Facchin/Jacobshagen 2010)[3].

5.2 Illegitime Aufgaben und Gesundheit

Da illegitime Aufgaben Stressoren darstellen, ist davon auszugehen, dass sie mit schlechterer psychischer und physischer Gesundheit einhergehen (Zapf/Semmer 2004). Dies gilt zunächst ganz allgemein, d. h. für die verschiedensten Indikatoren, die in der einschlägigen Forschung untersucht werden – angefangen von psychosomatischen Beschwerden (z. B. Schweißausbrüche, Herzklopfen, Nervosität; Nacken- und Rückenschmerzen, Schlafprobleme) über Irritation (Gereiztheit, Rumination) bis hin zu depressiven Gedanken und Gefühlen (Sonnentag/Frese 2003; Zapf/Semmer 2004), aber auch bezüglich Einstellungen wie Arbeitszufriedenheit. Auch die entsprechenden physiologischen Reaktionen, die mit Stress verbunden sind, sind zu erwarten, etwa eine veränderte Kortisol- und Katecholaminausschüttung oder Veränderungen in Immunparametern (Hamer et al. 2006).

Darüber hinaus kann man aber postulieren, dass es einige Gesundheitsindikatoren gibt, die in besonderem Maße die Prozesse widerspiegeln, die beim Konzept der illegitimen Aufgaben postuliert werden. So kann man davon ausgehen, dass illegitime Aufgaben mit Ärger und Kränkung verbunden sind, die typische Reaktionen auf mangelnde Fairness darstellen (Barclay/Skarlicki/Pugh 2005; Cohen-Charash/Spector 2001). Zudem postulieren wir, dass illegitime Aufgaben „identitätsbedrohend" (Thoits 1991) sind und den Selbstwert angreifen. Sie sollten daher in der Lage sein, einen tieferen Selbstwert vorherzusagen.

---

3 Für methodisch Interessierte sei angemerkt, dass Analysen mit Strukturgleichungsmodellen gute Messmodelle ergeben, wenn man die Skala als Konstrukt zweiter Ordnung abbildet oder die beiden Subskalen als „isolated parcels" verwendet. Die Verwendung der Subskalen ist einzeln möglich; sie korrelieren allerdings oft so hoch miteinander, dass sich Multikollinearitätsprobleme ergeben, wenn man beide zusammen in einer Analyse einsetzt.

5.3 Ergebnisse bisheriger Untersuchungen

Wir haben argumentiert, dass für illegitime Aufgaben die berufliche Identität und die mit ihr verbundenen Kernaufgaben wichtig sind. Daraus folgt, dass es vor allem Sekundäraufgaben sein sollten, die als illegitim empfunden werden. Ausführliche arbeitsanalytische Interviews ergeben tatsächlich dieses Resultat: Von den Aufgaben, die zu den Kerntätigkeiten gezählt wurden, wurden rund 10 % als illegitim empfunden, von den Nebentätigkeiten jedoch rund 64 % (Jacobshagen 2006; Semmer/Jacobshagen/Meier 2006). Ebenfalls erwartungsgemäß zeigen sich in unseren Untersuchungen Zusammenhänge zwischen illegitimen Aufgaben und verschiedenen anderen Stressoren sowie (in etwas geringerem Ausmass) mit Ressourcen[4].

Entscheidend sind aber die Zusammenhänge mit Indikatoren der psychischen Gesundheit. Illegitime Aufgaben korrelieren mit Irritation beispielsweise zwischen $r = .26$ und $.48$, mit negativen Gefühlen (Ressentiments) gegenüber der eigenen Organisation zwischen $r = .43$ und $.63$, mit psychosomatischen Beschwerden zwischen $r = .10$ und $.36$ und mit Arbeitszufriedenheit zwischen $r = -.25$ und $-.56$. Mit einer einzigen Ausnahme (die Korrelation von $r = .10$ mit psychosomatischen Beschwerden in einer Untersuchung) sind alle Koeffizienten statistisch signifikant (alle Werte aus Jacobshagen 2006).

In diesen Analysen fehlt jedoch ein entscheidender Punkt: Um sicher zu sein, dass „illegitime Aufgaben" tatsächlich ein eigenständiges Konzept ist, das sich von anderen Stressoren auch unterscheidet, muss natürlich der Nachweis geführt werden, dass die Zusammenhänge mit Gesundheit auch erhalten bleiben, wenn andere Stressoren statistisch kontrolliert sind.

Verschiedene Untersuchungen zeigen eben dies: In einer Untersuchung von Semmer, Jacobshagen, Meier, Elfering und Tschan (2012) gehen mehr illegitime Aufgaben mit geringerem Selbstwert, mit höheren Ressentiments gegenüber der eigenen Organisation und mit mehr Burnout einher, und dabei sind, neben dem Alter und dem Geschlecht, Rollenkonflikt, soziale Stressoren und mangelnde Reziprozität (Fairness) kontrolliert. Jacobshagen, Semmer, Aronsson und Bejerot (2012) haben illegitime Aufgaben bei schwedischen Ärztinnen und Ärzten untersucht. Diese hängen mit mehr Stressempfinden, Schlafproblemen und Erschöpfung zusammen; dabei sind quantitative Anforderungen (Zeitdruck, Arbeitsmenge),

---

4   Korrelationen mit aufgabenbezogenen Stressoren (ein Index aus Zeitdruck, Unsicherheit, Unterbrechungen, Konzentrationsanforderungen und arbeitsorganisatorischen Problemen) liegen zwischen $r = .48$ und $.60$; mit sozialen Stressoren zwischen $r = .41$ und $.54$, mit mangelnder Fairness zwischen $r = .48$ und $.66$; bei den Ressourcen ergeben sich Werte zwischen $r = -.16$ und $-.38$ für Kontrolle und zwischen $r = -.14$ und $-.48$ für soziale Unterstützung (alle Werte aus Jacobshagen, 2006; mit Ausnahme der beiden unteren Werte für Kontrolle und soziale Unterstützung sind alle Koeffizienten statistisch signifikant).

Kontrolle und soziale Unterstützung, also die Variablen des um soziale Unterstützung erweiterten Job-Demands-Control-Modells (Karasek 1979) kontrolliert. Wir hatten postuliert, dass die Zuweisung illegitimer Aufgaben einen Mangel an Respekt und Wertschätzung signalisiere. Stocker et al. (2010) sind dieser Frage im Rahmen einer Untersuchung zur Wertschätzung nachgegangen. Sie konnten zeigen, dass der negative Zusammenhang zwischen illegitimen Aufgaben und Arbeitszufriedenheit sowie zwischen illegitimen Aufgaben und Ressentiments gegenüber der eigenen Organisation sinkt, wenn man Wertschätzung kontrolliert. Wertschätzung mediiert also die Beziehung zwischen illegitimen Aufgaben und Arbeitszufriedenheit (vollständig) respektive Ressentiments (teilweise); die indirekte Beziehung (d. h. über Wertschätzung) ist in beiden Fällen statistisch signifikant.

Schließlich seien noch vier Untersuchungen erwähnt, die über die soeben berichteten Ergebnisse hinausgehen: Semmer et al. (2012) berichten auch eine Längsschnittuntersuchung; dabei sagen illegitime Aufgaben über einen Zeitraum von zwei Monaten eine Verschlechterung des Befindens voraus. Semmer et al. (2010) berichten Zusammenhänge zu so genannten kontraproduktiven Verhaltensweisen. Diese Verhaltensweisen (etwa Überziehen von Pausen, Nutzung der Arbeitszeit zu privaten Zwecken, unkollegiales Verhalten gegenüber Kolleginnen und Kollegen) sind nicht mit den Zielen der Organisation vereinbar. Sie wurden in dieser Studie um so häufiger berichtet, je höher die illegitimen Aufgaben eingeschätzt wurden; dabei sind Indikatoren der organisationalen Fairness sowie in einer der zwei Teil-Studien auch die Persönlichkeitsmerkmale Gewissenhaftigkeit und Verträglichkeit kontrolliert. Und schließlich zeigen Kottwitz, Meier, Jacobshagen, Kälin, Elfering und Semmer (2012) Zusammenhänge zwischen illegitimen Aufgaben und erhöhter Cortisolausschüttung bei Personen mit relativ schlechtem Gesundheitszustand.

Zusammengenommen zeigen diese Ergebnisse, dass die erwarteten Zusammenhänge auffindbar sind, dass sie bei statistischer Kontrolle anderer Einflussgrößen erhalten bleiben, dass sie auch im Längsschnitt existieren, dass sie nicht nur mit Befinden, sondern auch mit Verhalten zusammenhängen, und dass sie nicht nur für Befragungsdaten gelten, sondern auch für biologische Indikatoren der Beanspruchung.

6   Randbedingungen und ungeklärte Fragen

Wir meinen, dass unsere bisherige Forschung die Bedeutung illegitimer Aufgaben *grundsätzlich* bestätigt hat. Trotzdem steht sie in vieler Hinsicht erst am Anfang. So haben wir bisher illegitime Aufgaben immer nur aus individueller Sicht erhoben; sie stellen aber ein kulturelles Phänomen dar, denn kulturspezifische Normen bestimmen, was als illegitim gilt und was nicht. Solche Normen können einen breiteren Kulturkreis betreffen (in manchen Kulturen erwartet man von einem Vorarbeiter, dass er im Zweifel kräftig mit anpackt – in anderen Kulturen wäre das „unter seiner Würde"). Normen können aber auch betriebliche Kulturen widerspiegeln, und etwas kann in einem Unternehmen normal sein, im anderen nicht. Das impliziert auch, dass sie historisch veränderbar sind. So gibt es derzeit Spitäler, die sich bewusst einen „Hotel-Anstrich" geben; in einem solchen Hotel sind möglicherweise Arbeiten für das Pflegepersonal vorgesehen, die andernorts als „pflegefremde Arbeiten" gelten würden.

Darüber hinaus ist natürlich mit Unterschieden zwischen Individuen zu rechnen. Manche interpretieren ihre Rolle eher eng, andere breiter, und Letztere würden dann wohl weniger empfindlich auf potentiell illegitime Aufgaben reagieren. Manche – z. B. Personen mit einem hohen, aber instabilen Selbstwert (Meier/Semmer/Hupfeld 2009) – sind empfindlicher gegen Kränkung als andere.

Schließlich gilt es, die beteiligten Mechanismen noch genauer zu klären. Die Interpretationsprozesse, die bei illegitimen Aufgaben beteiligt sind, und die damit verbundenen emotionalen Reaktionen haben wir bis anhin nur recht grob und in erster Annäherung erfasst.

7 Praktische Implikationen

Auch wenn viele Fragen noch ungeklärt sind, haben wir in unseren bisherigen Untersuchungen zeigen können, dass das Konzept der illegitimen Aufgaben ein nützliches, wichtiges und eigenständiges Konzept darstellt. Wenn dem so ist, dann stellt sich natürlich die Frage, was daraus an praktischen Implikationen folgt. Unseres Erachtens ergeben sich vor allem für Führungskräfte Konsequenzen.

Zunächst ist festzuhalten, dass das Konzept der illegitimen Aufgaben bislang kaum bekannt ist, dass aber viele Leute auf die Schilderung dieses Konzepts mit Aussagen reagieren wie: „Ja, das kenne ich!"; „Sie müssten mal zu uns kommen!"; „Das sollten Sie mal meinem Chef erzählen!". Das Phänomen ist also bekannt, auch wenn es bislang kaum als eigenständiges Konzept umschrieben wird. Dies legt die Annahme nahe, dass bei der Zuteilung von Aufgaben oft nicht bedacht wird, dass bestimmte Aufgaben illegitim sein könnten. Das gilt für die explizite Aufgabenzuteilung an bestimmte Personen, aber auch die implizite Aufgabenzuteilung über die (Re-)Organisation von Abläufen, die dann die Erfüllung bestimmter Aufgaben zur Folge haben (man denke nur an Qualitätssicherungssysteme). Eine erste Implikation unserer Forschung ist daher, dass sich Führungskräfte mehr als bisher der möglichen Kränkung durch illegitime Aufgaben bewusst sein sollten.

Für die Führungskräfte steht vermutlich die Notwendigkeit aus Sicht der Organisation im Vordergrund: Aufgaben müssen erledigt werden. (Das gilt sogar für unnötige Aufgaben, wenn der „unnötige" Aspekt in früheren Fehlern liegt, die jetzt nicht mehr korrigiert werden können: Wenn zwei Computersysteme nicht miteinander kompatibel sind, aber nun einmal existieren, dann müssen die Daten vom einen ins andere per Hand übertragen werden.) Die mögliche Kränkung für ihre Mitarbeitenden wird dann nicht gesehen oder angesichts der betrieblichen Notwendigkeiten als zweitrangig erachtet.

Das heißt nun nicht, dass man potentiell illegitime Aufgaben auf keinen Fall zuweisen darf. Es kann z. B. Umstände geben, die das rechtfertigen. Ein Beispiel wäre die Krankheit einer Person, die für bestimmte Aufgaben zuständig ist; diese müssen trotzdem erledigt werden. Ein anderes Beispiel wäre die Situation in einem Kleinbetrieb: Dort muss auch ein „alter Hase" u. U. „Anfänger-Arbeiten" verrichten, weil das in einem kleinen Team nicht anders lösbar ist. Entscheidend ist hier, dass sich die Führungskräfte dieser Situation bewusst sind und dies auch deutlich machen. Schon eine Erklärung wie „Ich weiß, dass das eigentlich nicht Ihre Aufgabe ist, aber unter den gegebenen Umständen…" vermeidet die potentiell abschätzige Botschaft, die mit einer Zuteilung ohne eine solche Erklärung verbunden sein könnte; sie signalisiert stattdessen, dass man die betroffene Person und ihre Bedürfnisse und Ansprüche ernst nimmt. Ein solches Vorgehen entspräche den Kriterien der sog. interaktionellen Gerechtigkeit (Cropanzano et al. 2001). Vor allem bei Arbeiten, die niemand gerne macht (z. B. Putz- und Aufräumarbeiten) könnte es auch sinnvoll sein, wenn Vorgesetzte sich selbst daran beteiligen und damit dokumentieren, dass sie sich für solche Arbeiten nicht „zu schade" sind.

Was immer ein Vorgesetzter oder eine Vorgesetzte in solchen Situationen tut: Entscheidend ist, dass er oder sie sich in Kenntnis und nach Abwägen der diskutierten Gesichtspunkte zu einem bestimmten Vorgehen entschließt und nicht unüberlegt Kränkungen provoziert, die unnötig und vermeidbar wären. Solche Aspekte sollten in Management-Kurse einfließen.

Schwieriger wird es bei potentiell illegitimen Aufgaben, die nicht individuell zugeteilt werden, sondern sich aus Prozeduren und Reorganisationen ergeben. Umfangreiche Dokumentationsaufgaben im Rahmen der Qualitätssicherung sind hier einschlägige Kandidaten, aber auch umständliche Rechtfertigungen („hier muss man für jeden Bleistift einen Antrag schreiben"). Insbesondere wenn Unregelmäßigkeiten vorgekommen sind, werden oft neue Kontrollmaßnahmen ergriffen, die manchmal über das Ziel hinausschießen, weil sie den 99 % der Mitarbeitenden, die sich korrekt verhalten haben, Zusatzaufwand verursachen (und zugleich Misstrauen signalisieren). Manchmal entsteht dabei der Eindruck, dass der Aufwand, der nötig ist, um eine Leistung zu dokumentieren, in keinem Verhältnis mehr steht zu dem Aufwand, der nötig ist, um die Leistung zu erbringen. Anders ausgedrückt: Die Sekundäraufgaben nehmen überhand. Hier muss man mancherorts aufpassen, dass man nicht über das Ziel hinausschießt und der Illusion erliegt, eine umfangreichere Messung sei auf jeden Fall mit besserer Leistung verbunden (Kerr 1991).

8   Abschließende Bemerkungen

„Illegitime Aufgaben" sind ein neues Konzept, das die ersten Tests gut überstanden hat: Mit der Bern Illegitimate Tasks Scale liegt ein erprobtes Messinstrument vor, und die bisherigen Untersuchungen bestätigen, dass das Konzept a) eigenständig ist, weil es die Kontrolle anderer Faktoren „übersteht", und b) wichtig ist, weil es mit verschiedenen Gesundheits-Indikatoren zusammenhängt – und das auch in Längsschnitt-Untersuchungen und mit Indikatoren, die nicht auf Befragung beruhen. Es hat klare Implikationen für die Praxis, und es stößt dort in Diskussionen meist auf großes Interesse. Auch wenn die Forschung erst am Anfang steht und noch viele Fragen der Klärung bedürfen, ist dies für ein so „junges" Konzept doch ein vielversprechender Anfang.

Literatur

Ashforth, B. E. (2001): Role transitions in organizational life: An identity-based perspective. Lawrence Erlbaum.

Barclay, L. J./Skarlicki, D. P./Pugh, S. D. (2005): Exploring the role of emotions in injustice perceptions and retaliation. Journal of Applied Psychology, 90, 629

Beehr, T. A./Glazer, S. (2005): Organizational role stress. In: Barling, J./Kelloway, E. K./Frone, M. R. (Eds.): Handbook of work stress, 7-33. Thousand Oaks, CA: Sage

Cohen-Charash, Y./Spector, P. E. (2001): The role of justice in organizations: A meta-analysis. Organizational behavior and human decision processes, 86, 278-321

Cremer, D./Tyler, T. R. (2005): Am I respected or not?: Inclusion and reputation as issues in group membership. Social Justice Research, 18, 121-153

Cropanzano, R./Byrne, Z. S./Bobocel, D. R./Rupp, D. E. (2001): Moral virtues, fairness heuristics, social entities, and other denizens of organizational justice. Journal of Vocational Behavior, 58, 164-209

Dauenheimer, D./Stahlberg, D./Frey, D./Petersen, L. E. (2007): Die Theorie des Selbstwertschutzes und der Selbstwerterhöhung. In: Frey, D./Irle, M. (Hrsg.): Motivations-und Informationsverarbeitungstheorien, 159-190. Bern: Huber

Dormann, C./Zapf, D. (1999): Social support, social stressors at work, and depressive symptoms: testing for main and moderating effects with structural equations in a three-wave longitudinal study. Journal of Applied Psychology, 84, 874

Epstein, S. (1998): Personal control from the perspective of cognitive-experiential self-theory. In: Kofta, M./Weary, G./Sedek, G. (Eds.): Personal control in action: Cognitive and emotional mechanisms, 5-26. New York Plenum Press

Folger, R./Cropanzano, R. (2001): Fairness theory: Justice as accountability. In: Greenberg, J./Cropanzano, R. (Eds.): Advances in organizational justice (1-55). Stanford, CA: Stanford University Press

Frese, M./Zapf, D. (1987): Eine Skala zur Erfassung von Sozialen Stressoren am Arbeitsplatz. Zeitschrift für Arbeitswissenschaft, 41, 134-141

Greenberg, J. (2010): Organizational injustice as an occupational health risk. The Academy of Management Annals, 4, 205-243

Hamer, M./Williams, E./Vuonovirta, R./Giacobazzi, P./Gibson, E. L./Steptoe, A. (2006): The effects of effort-reward imbalance on inflammatory and cardiovascular responses to mental stress. Psychosomatic medicine, 68, 408-413

Haslam, S. A./Ellemers, N. (2005): Social identity in industrial and organizational psychology: Concepts, controversies and contributions. International Review of Industrial and Organizational Psychology 2005, 39-118

Hoel, H./Zapf, D./Cooper, C. L. (2002): Workplace bullying and stress. Research in Occupational Stress and Well Being, 2, 293-333

Jacobshagen, N. (2006): Illegitimate tasks, illegitimate stressors: Testing a new stressor-strain concept. Unveröfftl. Dissertation. Universität Bern, Philosophisch-humanwissenschaftliche Fakultät

Jacobshagen, N./Semmer, N. K./Aronsson, G./Bejerot, E. (2012): Illegitimate tasks among physicians: They matter beyond demands, control and support. Manuscript submitted for publication

Kahn, R. L./Wolfe, D. M./Quinn, R. P./Snoek, J. D./Rosenthal, R. A. (1964): Organizational stress: Studies in role conflict and ambiguity. New York: John Wiley

Karasek, R. A., Jr. (1979). Job Demands, Job Decision Latitude, and Mental Strain: Implications for Job Redesign. Administrative science quarterly, 24, 285-308

Katz, D./Kahn, R. L. (1978). The social psychology of organizations. New York: Wiley

Kerr, S. (1991): On the folly of rewarding A, while hoping for B. I. In: Steers, R. M./Porter, L. W. (Eds.): Motivation and work behavior (5 ed.), 485-498. New York: McGraw-Hill

Kivimäki, M./Leino-Arjas, P./Luukkonen, R./Riihimäki, H./Vahtera, J./Kirjonen, J. (2002): Work stress and risk of cardiovascular mortality: prospective cohort study of industrial employees. British Medical Journal, 325, 857

Kivimäki, M./Virtanen, M./Elovainio, M./Kouvonen, A./Väänänen, A./Vahtera, J. (2006): Work stress in the etiology of coronary heart disease – a meta-analysis. Scandinavian journal of work, environment & health, 32, 431

Kottwitz, M. U., Meier, L. L., Jacobshagen, N., Elfering, A., & Semmer, N. K. (2012). Illegitimate tasks associated with higher cortisol levels in male employees when subjective health is relatively low – An intraindividual analysis. Scandinavian Journal of Work, Environment & Health. doi:10.5271/sjweh.3334

Leary, M. R. (2007): Motivational and emotional aspects of the self. Annual Reviews of Psychology, 58, 317-344

Meier, L. L./Semmer, N. K./Hupfeld, J. (2009): The impact of unfair treatment on depressive mood: The moderating role of self-esteem level and self-esteem instability. Personality and Social Psychology Bulletin, 35, 643-655

Rigotti, T. (2010): Der Psychologische Vertrag und seine Relevanz für die Gesundheit von Beschäftigten. In: Badura, B./Schröder, H./Klose, J./Macco, K. (Hrsg.): Fehlzeiten-Report 2009, 157-165. Heidelberg: Springer

Rizzo, J. R./House, R. J./Lirtzman, S. I. (1970): Role conflict and ambiguity in complex organizations. Administrative science quarterly, 150-163

Rousseau, D. M./Tijoriwala, S. A. (1998): Assessing psychological contracts: Issues, alternatives and measures. Journal of organizational Behavior, 19, 679-695

Schaufeli, W. B. (2006): The balance of give and take: Toward a social exchange model of burnout. International Review of Social Psychology, 19, 87

Sedikides, C./Gregg, A. P. (2008): Self-enhancement: Food for thought. Perspectives on Psychological Science, 3, 102-116

Semmer, N./Zapf, D./Greif, S. (1996) : 'Shared job strain': A new approach for assessing the validity of job stress measurements. Journal of Occupational and Organizational Psychology, 69, 293-310.

Semmer, N. K./Jacobshagen, N. (2003): Selbstwert und Wertschätzung als Themen der arbeitspsychologischen Stressforschung. In: Hamborg, K. C./Holling, H. (Hrsg.): Innovative Personal- und Organisations-entwicklung, 131-155. Göttingen: Hogrefe

Semmer, N. K./Jacobshagen, N./Meier, L. L. (2006): Arbeit und (mangelnde) Wertschätzung. Wirtschaftspsychologie, 2, 87-95

Semmer, N. K./Jacobshagen, N./Meier, L. L./Elfering, A. (2007): Occupational stress research: The 'Stress-As-Offense-to-Self' perspective. In: Houdmont, J./McIntryre, S. (Eds.): Occupational health psychology: European perspectives on research, education and practice (Vol. 2), 43-60. Castelo da Maia, Portugal: ISMAI Publishing

Semmer, N. K./Jacobshagen, N./Meier, L. L./Elfering, A./Tschan, F. (2012): Illegitimate tasks as a source of stress. Manuscript submitted for publication

Semmer, N. K./Tschan, F./Meier, L. L./Facchin, S./Jacobshagen, N. (2010): Illegitimate tasks and counterproductive work behavior. Applied Psychology, 59, 70-96

Semmer, N. K./Udris, I. (2007): Bedeutung und Wirkung von Arbeit. In: Schuler, H. (Hrsg.): Lehrbuch Organisationspsychologie (4. Auflage), 157-195. Bern: Huber

Siegrist, J. (1996): Soziale Krisen und Gesundheit. Göttingen: Hogrefe

Siegrist, J. (2002): Effort-reward imbalance at work and health. In: Ganster, P. P. L. & D. C. (Eds.): Historical and current perspectives on stress and health (Vol. 2), 261-291. Amsterdam: JAI

Siegrist, J./Dragano, N. (2008): Psychosoziale Belastungen und Erkrankungsrisiken im Erwerbsleben.   Bundesgesundheitsblatt-Gesundheitsforschung-Gesundheitsschutz, 51, 305-312

Sluss, D. M./Ashforth, B. E. (2007): Relational identity and identification: Defining ourselves through work relationships. The Academy of Management Review, 32, 9-32

Sonnentag, S./Frese, M. (2003): Stress in organizations. In: Borman, W./Ilgen, D. R./Klimoski, J. R. (Eds.): Handbook of psychology (Vol. 12, 453-491). Hoboken, NJ: Wiley

Spector, P. E./ Jex, S. M. (1998): Development of four self-report measures of job stressors and strain: Interpersonal Conflict at Work Scale, Organizational Constraints Scale, Quantitative Workload Inventory, and Physical Symptoms Inventory. Journal of Occupational Health Psychology; Journal of Occupational Health Psychology, 3, 356-367

Stocker, D./Jacobshagen, N./Semmer, N. K./Annen, H. (2010): Appreciation at work in the Swiss armed forces. Swiss Journal of Psychology, 69, 117-124

Stryker, S./Burke, P. J. (2000): The past, present, and future of an identity theory. Social psychology quarterly, 64, 284-297

Thoits, P. A. (1991): On merging identity theory and stress research. Social psychology quarterly, 101-112

Ulich, E. (2011): Arbeitspsychologie. Stuttgart: Schäffer-Poeschel

Zapf, D. (1999): Mobbing in Organisationen – Überblick zum Stand der Forschung. Zeitschrift für Arbeits-und Organisationspsychologie, 43, 1-25

Zapf, D./Semmer, N. K. (2004): Stress und Gesundheit in Organisationen. In: Schuler, H. (Hrsg.): Organisationspsychologie – Grundlagen und Personalpsychologie (Band 3), 1007-1112. Göttingen: Hogrefe

Optionsstress und Zeitdruck

Holger Pfaff

Abstract

Die moderne Arbeitswelt ist zweigeteilt. Die strukturierte Arbeitswelt ist durch Formalisierung und Standardisierung gekennzeichnet. In ihr herrschen Programme und Ablaufpläne vor, mit deren Hilfe standardisierte Produkte oder Dienstleistungen erstellt werden. In diesem strukturierten Teil der Arbeitswelt sind die Wahlmöglichkeiten gering. Es herrscht Optionsmangel. Der damit einhergehende geringe Handlungsspielraum gefährdet die Persönlichkeitsentwicklung und die Gesundheit der Beschäftigten. Die unstrukturierte Arbeitswelt hingegen zeichnet sich durch große Optionsräume aus. Wenig ist festgelegt. Die Abläufe sind unklar, fließend und nicht vorhersehbar. Es fehlen Programme und Standards. Diese unstrukturierte Welt besteht mehr aus ungelösten Problemen als aus fertigen Problemlösungen. In diesem Teil der Arbeitswelt ist die Optionslast groß und Optionsstress wahrscheinlich. Die unstrukturierte Welt ist die Welt der Wissensarbeiter. Sie haben die Aufgabe, den praktisch unendlichen Optionsraum zu strukturieren und so auf ein handhabbares und bearbeitbares Maß einzugrenzen.

Dabei operiert der Wissensarbeiter in einem unternehmerischen Umfeld, das durch Wettbewerbsdruck, Innovationszwang, Produktkomplexität und hohen Kundenanforderungen geprägt ist. Diese modernen Anforderungen führen zu einer Ausweitung des von den Unternehmen und damit auch von den Mitarbeitern zu betrachtenden Raums an Produkt-, Prozess- und Strukturoptionen. Die Bewältigung dieses Optionsraumes kostet Zeit und Energie. Aufgrund des wachsenden Kosten- und Zeitdrucks wird es für die Unternehmen immer schwieriger, sich diese Zeit zu nehmen. Die Lösung des Konflikts zwischen Zeitdruck und kreativer Optionsbewältigung ist eine zentrale Aufgabe innovativer Organisationen. Es ist Ziel dieses Aufsatzes, diesen Aspekt näher zu beleuchten. Dazu gehen wir zunächst auf das Konzept des Optionsstresses ein, leiten dann über zur These der zweigeteilten Arbeitswelt, diskutieren die unterschiedliche Optionslast in beiden Welten und wenden uns zum Schluss dem Verhältnis von Optionsstress und Zeitdruck zu.

1 Das Optionsstress-Konzept

Im Folgenden soll ein allgemeines Konzept des Optionsstresses skizziert werden, das den Begriff Optionsstress in einen Gesamtrahmen integriert. Nach diesem

Konzept ist der Optionsraum der Ausgangspunkt für Optionsstress (vgl. Abbildung 1). Unter Optionsraum kann die Menge an Möglichkeiten, die die Welt bietet, verstanden werden. Man kann zwei Formen des Optionsraumes unterscheiden: den potentiellen und den faktischen Optionsraum.

1.1 Der potentielle Optionsraum

Der potentielle Optionsraum besteht aus allen Möglichkeiten, die die Welt insgesamt an Strukturen, Prozessen, Erlebnissen, Verhaltensweisen und Dingen bereit hält. Dieser Raum kann sehr groß sein. Aus anthropologischer Sicht besteht das Problem darin, dass dieser potentielle Optionsraum den Menschen tendenziell überfordert, da dessen schiere Größe zu intellektueller Überlastung führen kann. Für Luhmann (2005) stellt der prinzipiell unendliche Möglichkeitsraum das Grundproblem menschlicher Existenz dar. Der Mensch sieht sich mit einer Welt konfrontiert, die eine extreme Komplexität aufweist. Sie kann beliebig viele Zustände annehmen und hält ein fast unendliches Ausmaß an möglichen Erlebnissen und Handlungen bereit. Die Kontingenz, also die Tatsache, „dass etwas auch anders möglich ist" (Luhmann 2005: 182), ist in einer komplexen Welt sehr hoch. Das Grundproblem hierbei ist: Der Mensch kann diese Komplexität der Welt alleine nicht aushalten. Ihm fehlen als Mängelwesen die dazu nötigen persönlichen Ressourcen. Die Welt zeigt dem Menschen „eine Fülle von Möglichkeiten des Erlebens und Handelns, der nur ein sehr begrenztes Potential für aktuell-bewusste Wahrnehmung, Informationsverarbeitung und Handlung gegenübersteht" (Luhmann 2008: 31).

Dieses Grundproblem des Menschen nimmt durch die Modernisierung eher zu als ab. Nicht nur, dass die Post-Moderne mit ihrem Leitgedanken des „anything goes" die Wahlfreiheit zum kulturellen Maßstab erhoben hat. Das eigentliche Problem ist neben der Globalisierung und der Zunahme der vernetzungsbedingten Komplexität der enorme Wissenszuwachs: „Jährlich werden weltweit fast 1 Million Patente angemeldet. Es gibt zwischen 200.000 und 300.000 Zeitschriften, in denen jährlich 3 bis 10 Millionen Aufsätze erscheinen. Täglich produzieren Wissenschaftler weltweit über 8.000 Arbeiten und über 2.000 Bücher" (Moldaschl 2007: 135). Diese Produktion von Wissen vergrößert den potentiellen Optionsraum stetig.

Abbildung 1:   Das Optionsstress-Konzept: Vom Optionsraum zum
                  Optionsstress

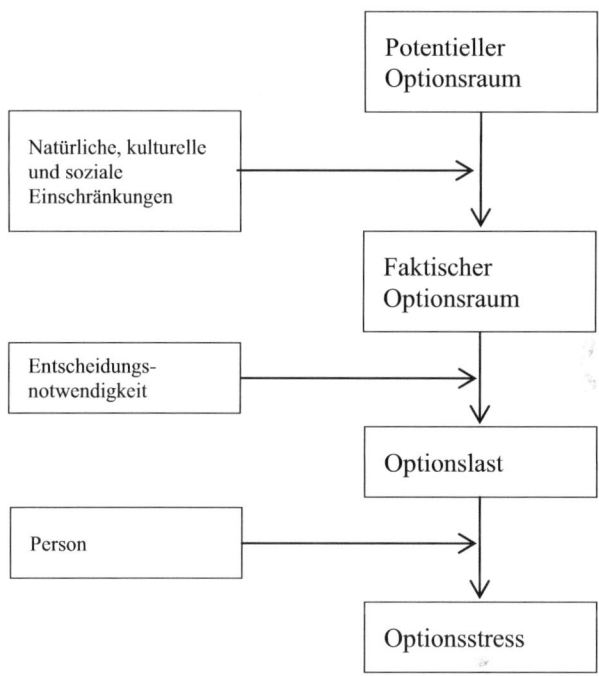

1.2 Der faktische Optionsraum

Der faktische Optionsraum kann umschrieben werden als der in einer bestimmten natürlichen, kulturellen und sozialen Situation tatsächlich gegebene Raum an
Möglichkeiten. Der potentielle Optionsraum wird zunächst durch die Natur bzw.
durch die natürlichen Gegebenheiten eingeschränkt. Nicht alles, was menschen-
möglich ist, ist in jeder Gegend der Welt tatsächlich möglich (Franz 1986; Parsons 1949; Münch 1988). Aber selbst dieser durch die Natur eingeschränkte
Raum ist für den Menschen zu groß oder enthält Verhaltensmöglichkeiten, die
moralisch, ethisch oder sozial unverträglich sind. Es ist Aufgabe der Kultur und
der Sozialsysteme, diesen durch die Natur eingeschränkten potentiellen Optionsraum so weiter einzuschränken, dass er individuell beherrschbar und sozial ver-
träglich wird. Dies geschieht über Werte, Normen, Traditionen, Institutionen und

Sozialsysteme. Sie schaffen Orientierungssicherheit und Entscheidungsentlastung (Luhmann 1993, 2005).

Nach der Constrained-choice-Theorie reduziert ein Filter aus strukturellen
und Umweltfaktoren die Menge an vorstellbaren situationsbezogenen Handlungen auf ein handhabbares Maß. Auf diese Weise wird eine kleinere Zahl aus-
führbarer Handlungsalternativen geschaffen (Franz 1986). Nach der funktionalistischen Systemtheorie gibt es eine Hierarchie der einschränkenden Faktoren. Die
stärkste einschränkende Kraft geht von der Kultur aus. Die kulturellen Werte,
Glaubenssätze und Symbolsysteme legen indirekt fest, welche Optionen aus dem
potentiellen Optionsraum kulturell akzeptabel sind. Der zweitstärkste bedingen-
de Faktor ist das Sozialsystem (Parsons 1975). Das kulturelle System beeinflusst
Form und Inhalt der sozialen Systeme durch orientierende Informationen und
durch den Mechanismus der Institutionalisierung (Esser 1993). Mit Institutionalisierung ist ein Prozess gemeint, in dem die allgemeinen Werte des kulturellen
Systems in den einzelnen sozialen Systemen in Form situationsgebundener Normen und Regeln fest verankert werden (Esser 1993). Diese Normen, Regeln,
Standards und Glaubenssätze des jeweiligen sozialen Systems schränken den
natürlich und kulturell bereits begrenzten Optionsraum weiter ein. Die Strukturen in sozialen Systemen bestehen im Wesentlichen aus – einschränkenden –
Erwartungen, durch die sich das soziale System selbst strukturiert und abwei-
chende Geschehnisse als Erwartungsenttäuschung identifizieren kann (Parsons
1951; Luhmann 1993). Soziale Systeme sind institutionalisierte Erwartungs-
strukturen (Kiss 1990; Schimank 1992). Systeme stellen „Bereiche relativer
Nichtzufälligkeit" (Ackerman/Parsons 1976: 73) dar. Betrachten wir die Arbeitswelt als Beispiel, so grenzt ein Unternehmen durch die eigenen Normen,
Regeln und Standards – wie sie z. B. in standardisierten Abläufen zum Ausdruck
kommen – die Wahlmöglichkeiten der Beschäftigten auf ein definiertes Maß ein.

Oft wird im Rahmen der Wissens- und Innovationsarbeit der faktische Optionsraum absichtlich ausgeweitet, um sicher gehen zu können, dass relevante
Optionen nicht übersehen werden. Beispiele hierfür sind die Zusammenstellung
interdisziplinärer und multikultureller Projektteams oder die Anwendung kollektiver Kreativitätstechniken wie z. B. Brainstorming (Pahl et al. 2006).

1.3   Optionslast

Aus dem faktischen Optionsraum wird erst durch den Druck, entscheiden zu
müssen, eine Optionslast. Der Begriff Optionslast ist gleichzusetzen mit dem
Unterscheidungs-, Selektions- und Entscheidungsdruck, der mit einer Wahlent-
scheidung einhergeht. Es geht darum, aus dem durch die Natur, die Kultur und
dem Sozialen vorgefilterten Optionsraum durch den individuellen Entschei-

dungsprozess, der den zweiten Filter bildet, eine Handlungsalternative auszu-
wählen. Ähnliche Vorstellungen sind in der Constrained-choice-Theorie zu finden (Franz 1986).

Unter *Unterscheidungsdruck* soll die Anforderung verstanden werden, Optionen erkennen, unterscheiden und benennen zu können. Dies ist die Voraussetzung für Selektion und Entscheidung. *Selektionsdruck* ist die Anforderung, den
gegebenen Optionsraum durch Auswahl geeigneter Optionen so weit einzugrenzen, dass eine endgültige Entscheidung getroffen werden kann. *Entscheidungsdruck* ist gegeben, wenn ein Zwang besteht, sich in einem gegebenen Zeitrahmen
für eine Handlungswahl endgültig entscheiden zu müssen. Der Selektionsprozess
führt dazu, dass der Optionsraum durch die nacheinander vorgenommenen Se-
lektionsschritte immer kleiner wird. Dadurch entsteht ein Optionstrichter (vgl.
Abbildung 2).

Abbildung 2:   Der Optionstrichter

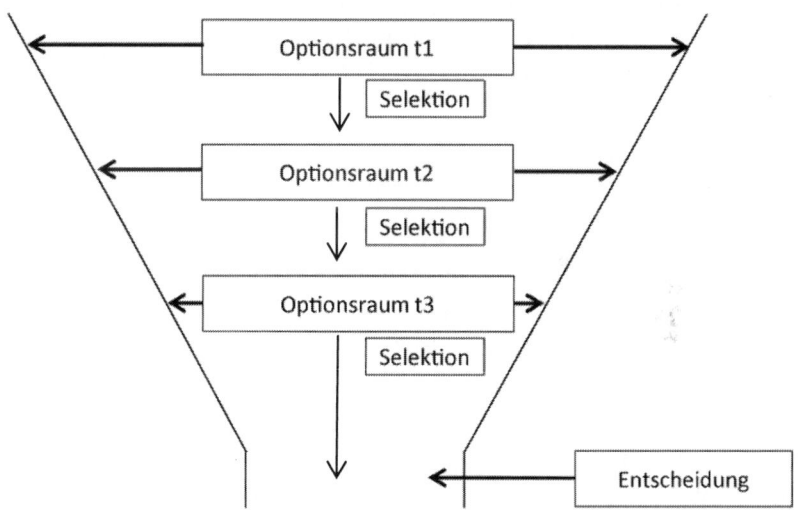

Müsste nicht zwischen verschiedenen Möglichkeiten entschieden werden, wären
kein Unterscheidungs-, Selektions- und Entscheidungsdruck und auch keine
Optionslast gegeben. Es gäbe zwar einen Raum an situationsspezifischen Möglichkeiten (faktischer Optionsraum), er stünde aber nicht zur Disposition und
wäre gleichsam irrelevant. Da der Mensch sich jedoch nicht nicht verhalten
kann, muss er sich verhalten und damit bewusst oder unbewusst entscheiden. Es
besteht also zeitlebens ein gewisser Entscheidungsdruck. Dieser kann jedoch – je

nach Situation – unterschiedlich groß sein. Je mehr die Menschen sich in strukturierten Umwelten bewegen und Routinetätigkeiten nachgehen, desto geringer ist
der Entscheidungsdruck. Es müssen in diesen Welten zwar Handlungen ausgeführt werden, aber es findet kaum ein bewusster Auswahlprozess statt, bei dem
die Alternativen (Optionen) gegeneinander abgewogen werden. Es ist in solchen
strukturierten Umwelten kaum Handlungs- und Entscheidungsspielraum vorhanden. Ganz anders verhält es sich in unstrukturierten Arbeitswelten. Dort ist meist
eine große Optionslast zu bewältigen.

1.3.1 Quantitative vs. qualitative Optionslast

Die Optionslast ist eine Form der psychischen Belastung. Psychische Belastungen sind nach DIN ISO definiert als die „Gesamtheit aller erfassbaren Einflüsse,
die von außen auf den Menschen zukommen und psychisch auf ihn einwirken"
(Nachreiner 2002: 14). Entsprechend kann definiert werden: Optionslast ist die
Gesamtheit der Wahlmöglichkeiten, die psychisch auf den Menschen einwirken.
Optionslast ist gegeben, wenn eine Entscheidungssituation eine Wahl zwischen
vielen und/oder komplexen Optionen beinhaltet (Pfaff et al. 2010). Man kann
zwischen quantitativer und qualitativer Optionslast unterscheiden.

Quantitative Optionslast besteht, wenn die Zahl der zur Verfügung stehenden Optionen bei einer konkreten Entscheidung oder bei mehreren Entscheidungen groß ist. Wir unterscheiden die quantitative Optionslast bei einer Einzelent-
scheidung von der bei mehreren Einzelentscheidungen. Ersteres ist der Fall,
wenn man bei einer Entscheidung zum Beispiel zwischen drei Optionen auswäh-
len soll. Letzteres ist beispielsweise gegeben, wenn in einer Vorstandssitzung
hintereinander zehn Einzelentscheidungen getroffen werden müssen, bei der pro
Entscheidung drei Optionen zu betrachten sind. In diesem Fall müssen in der
Vorstandssitzung 30 Optionen betrachtet, differenziert, verstanden, bewertet und
selektiert werden.

Qualitative Optionslast ist gegeben, wenn die zur Verfügung stehenden Optionen in sich komplex und/oder schwer einzuschätzen sind. Komplex ist eine
Option, wenn bei einer Entscheidung für oder gegen eine Option viele Kriterien
(Entscheidungsparameter) zu berücksichtigen sind, die Informationsgrundlagen
unzureichend sind, zu wenig Transparenz vorhanden ist oder die Folgen der
Entscheidung unklar bzw. schwerwiegend sind. Die qualitative Optionslast steigt
mit der Anzahl der Aspekte an, die bei der Entscheidung für oder gegen die Option zu beachten sind. Ein Beispiel hierfür ist eine konstruktionstechnische Lösung, die nicht nur Entscheidungen hinsichtlich des Funktions-, Wirk- und Gestaltungsprinzips, sondern auch hinsichtlich der Aspekte Sicherheit, Ergonomie,
Fertigung, Kontrolle, Montage, Transport, Gebrauch, Instandhaltung, Recycling

und Aufwand beinhaltet (Pahl et al. 2006). Eine Konstruktionsoption, die all diesen Aspekten gerecht wird, ist eine komplexe Option. Tritt zu diesen Aspekten noch hinzu, dass die Effekte der auszuwählenden Alternative vielgestaltig sind und Wechselwirkungen sowie Folgewirkungen bestehen, wird die Komplexität der Option zusätzlich gesteigert, denn in diesem Fall müssen die Interdependenzen bei der Wahl mitberücksichtigt werden.

1.3.2 Zieloptionen vs. Mitteloptionen

Manche Theorieansätze gehen davon aus, dass Menschen Ziele haben, und widmen sich dann der Frage, welche Mittel (Optionen) zur Verfolgung des Ziels zur Verfügung stehen. Dabei wird oft übersehen, dass unterschiedliche Ziele verfolgt werden können. Auch bezüglich der Ziele gibt es somit einen Optionsraum. Wir unterscheiden daher Mitteloptionen von Zieloptionen.

Zieloptionen betreffen die „Was"-Frage. Was soll ich tun? Es geht darum, das Richtige zu tun. Zielentscheidungen sind Wertentscheidungen. Sie decken die Werte, die man als Entscheidungsträger unbewusst oder bewusst vertritt, auf. Die Belastung durch Zieloptionen ist ein Thema für Führungskräfte und Personen, die Führungsentscheidungen mit beeinflussen (Stab, Mitarbeiter). Wir unterscheiden eine quantitative und eine qualitative Zieloptionslast. Eine *quantitative Zieloptionslast* besteht, wenn viele Ziele und Zielsetzungen möglich sind und man sich für ein Ziel entscheiden muss. Je mehr Ziele in einer Situation verfolgt werden können, desto größer ist die quantitative Zieloptionslast. Eine *qualitative Zieloptionslast* besteht, wenn das auswählbare Ziel komplex, vielgestaltig, unklar, unscharf und ethisch bedenklich ist oder wenn die Erreichung des Ziels viele Nebenwirkungen mit sich bringt, mit hohen Opportunitätskosten verbunden ist, unsicher ist oder strategisch falsch sein könnte. In diesem Fall muss man im Entscheidungsprozess die Vor- und Nachteile abwägen und eine Entscheidung unter Unsicherheit treffen. Je mehr eine Entscheidung unter Unsicherheit gefällt werden muss, desto größer ist die qualitative Zieloptionslast. Entscheidungen im Bereich der Unternehmensführung und im Bereich der Forschung und Entwicklung gehen meist mit einer hohen qualitativen Zieloptionslast einher.

Mitteloptionen betreffen die „Wie"-Frage: Wie soll ich das Ziel erreichen? Welche Mittel darf ich, soll ich, muss ich anwenden? Wie tue ich das Richtige richtig? Nach der voluntaristischen Handlungstheorie von Parsons besteht jede Handlungseinheit aus den Elementen Zweck, Situation (Mittel, Bedingung) und Norm (Parsons, 1949). Jede Handlung findet in einer Situation statt, die durch unkontrollierbare Situationsbestandteile (Bedingungen) und kontrollierbare Situationsbestandteile (Mittel) festgelegt ist (Parsons 1949). Die Art und Weise und der Ablauf des Handelns wird durch Normen und Selektionsstandards (normative Orientierung) beeinflusst. Sie bestimmen darüber, welche Zwecke und Mittel gewählt werden dürfen, wobei insbesondere auch die Frage geregelt sein kann, welche Mittel für welche Ziele eingesetzt werden sollten (Parsons 1949). Durch diese drei Faktoren – Zweck, Situation und Norm – wird gleichsam ein Handlungsraum aufgespannt (Münch 1988). Das angestrebte Ziel verleiht dem Handeln eine Richtung. Die Richtung wird allerdings begrenzt durch die Situation und die jeweilig geltenden Normen. Dadurch ergibt sich der situationsspezifische Optionsraum. Innerhalb dieses Handlungsrahmens bleibt mehr oder weniger Raum für die individuelle Entfaltung von Kreativität und Gestaltungswillen. Die Zwecksetzung orientiert sich an Werten und Normen und die Entscheidung zwischen alternativen Mitteln (Ressourcen) an Maximen. Werte, Normen und Maximen ergeben zusammen die normativen Standards, die neben den materiellen Bedingungen die Wahl der Handlungen durch den Akteur beeinflussen können.

Eine quantitative Mitteloptionslast ist gegeben, wenn viele Mittel genutzt werden könnten und man sich für ein oder mehrere Mittel entscheiden muss. Eine qualitative Mitteloptionslast ist vorhanden, wenn das auswählbare Mittel komplex, vielgestaltig oder ethisch bedenklich ist oder wenn es mit vielen Nebenwirkungen, mit hohen Opportunitätskosten, mit unklarer Ergebniswirksamkeit und mit hohen Risiken verbunden ist. Während Unternehmensführung mit Zieloptionen und Zielauswahl zu tun hat, stehen beim Management die Mitteloptionen und die Mittelauswahl im Zentrum. Die Tätigkeit im mittleren Management dürfte daher meist mit einer hohen qualitativen Mitteloptionslast einhergehen.

Abbildung 3:   Formen der Optionslast

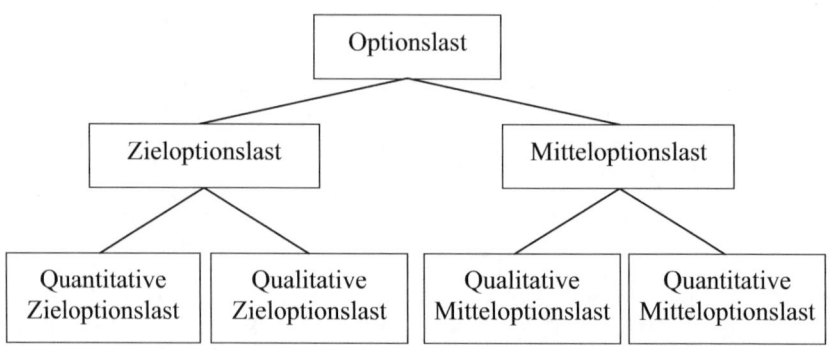

1.3.3 Optionen als Ressource und Optionen als Belastung

Aus Sicht der Stressforschung stellen Wahlmöglichkeiten und Handlungsspielräume positive und erstrebenswerte Merkmale der Arbeit dar (Karasek/Theorell 1990). Handlungs- und Entscheidungsspielräume zu haben, macht gesund und fördert die Persönlichkeitsentwicklung. Optionen sind aus dieser Sicht eine Ressource.

Die anthropologisch orientierte Systemtheorie vermittelt eine andere Perspektive. Aus ihrer Sicht ist es für den Menschen mit das größte Problem, zu viele Optionen zur Verfügung zu haben. Die sich aus den Optionen ergebende Komplexität der Welt ist für den Mensch als Mängelwesen im Prinzip unerträglich. Nach Luhmann sind Systeme komplex, „wenn sie mehr als einen Zustand annehmen können, also eine Mehrheit von Möglichkeiten haben" (Luhmann 1991: 116). Eine Situation, in der aufgrund der Komplexität alles möglich ist, hält „kein Mensch aus" (Luhmann 2000: 1). Aus dieser systemtheoretischen Perspektive sind Optionen Belastungen. Der Mensch braucht Kultur und Sozialsysteme, um die Optionslast zu verringern und die Komplexität der Welt zu bewältigen:

„Soziale Systeme haben die Funktion der Erfassung und Reduktion von Komplexität. Sie dienen der Vermittlung zwischen der äußersten Komplexität der Welt und der sehr geringen, aus anthropologischen Gründen kaum veränderbaren Fähigkeit des Menschen zu bewußter Erlebnisverarbeitung" (Luhmann 1991: 116).

Können diese konträren Ansichten in Einklang gebracht werden? Diese Frage kann man mit Ja beantworten. Die Lösung besteht darin, den Zusammenhang zwischen Optionen und Stressreaktion als U-Funktion zu konzipieren (vgl. Abbildung 4). Der Handlungsspielraum-Ansatz hat danach seine Berechtigung, wenn man nur den Bereich des Optionsmangels betrachtet (linker Schenkel des U in Abbildung 4). Die Sichtweise der anthropologischen Systemtheorie hat demgegenüber ihre Berechtigung, wenn man nur den Bereich der Optionsvielfalt in den Blick nimmt (rechter Schenkel des U).

Wir müssen somit von einer U-Funktion zwischen der Optionslast und den Stressreaktionen ausgehen. Hat der Mensch ganz wenige Optionen zur Verfügung, ist das Niveau der Stressreaktionen hoch. Der Optionsmangel führt zur Optionsunterforderung. Bei einem mittleren Maß an Optionen ist das Stressreaktionsniveau am geringsten. Es steigt dann wieder an, wenn viele bis sehr viele Optionen bestehen. Es existiert eine Obergrenze des Handlungsspielraums, ab der für manche Menschen eine intellektuelle Überlastung durch zu hohen Unterscheidungs-, Selektions- und Entscheidungsdruck einsetzt. In diesem Fall löst die Optionsvielfalt beim Individuum Optionsstress aus.

Bisher war es in der Arbeitswissenschaft kaum nötig, die rechte Seite der U-förmigen Funktion zu betrachten, da es ein Kennzeichen der Ära des Taylorismus und der Bürokratisierung war, den Optionsraum in der Arbeitswelt so einzuengen, dass das mögliche Problem eines Übermaßes an Optionen faktisch nicht auftrat. Kultur, Gesellschaft und Wirtschaft haben ihre Funktion als „Optionsraumbegrenzer" bisher gut erfüllt. Dies hatte zur Konsequenz, dass sich die Arbeitswissenschaft bisher vornehmlich nur um die linke Hälfte der U-Funktion kümmern musste.

Abbildung 4:   U-förmiger Zusammenhang zwischen Zahl der Optionen und Stressreaktionen

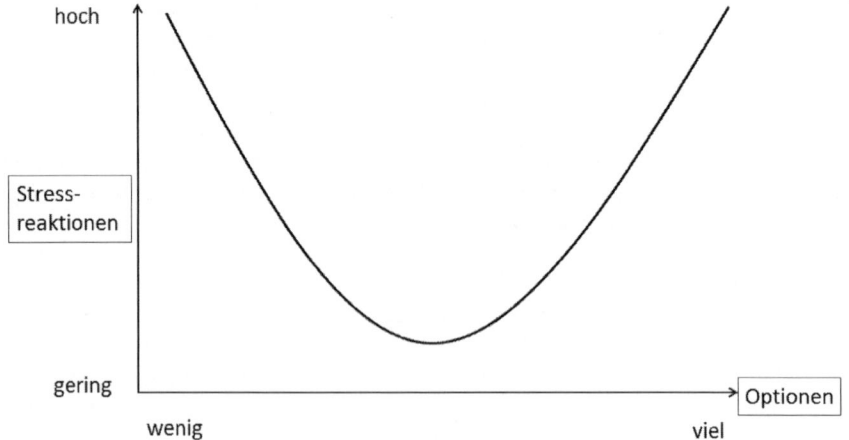

1.4 Optionsstress

Ein großer Optionsraum bietet Chancen für Menschen und Organisationen. Der Prozess des Entscheidens für oder gegen eine Option ist für den Entscheidungsträger jedoch mit Arbeit verbunden und stellt z. T. hohe Anforderungen. Dies haben wir als Optionslast bezeichnet. Je mehr Optionen vorliegen und je komplexer sie sind, desto schwerer fällt die Wahl und desto größer ist die Belastung des Entscheidungsträgers durch die Optionswahl. Die wesentliche Frage ist nun: Ab wann wird aus der Belastung eine Beanspruchung? Ab wann wird aus einer Optionslast Optionsstress?

Die Antwort des transaktionalen Stressansatzes lautet: Wenn die Person, die die Entscheidung zu treffen hat, durch den Auswahlprozess überfordert ist, weil die internen und externen Ressourcen dafür nicht ausreichen. Damit gelangen wir zu folgender Definition: Optionsstress ist gegeben, wenn eine Person in einer Situation, die sich durch viele oder komplexe Optionen auszeichnet, zur Einschätzung gelangt, dass diese Situation ihre Ressourcen beansprucht oder übersteigt und ihr Wohlbefinden gefährdet. Optionsstress kann in Multioptions-Situationen entstehen, bei denen entschieden werden muss, welche Option aus vielen Optionen ausgewählt werden soll. Optionsstress kann aber auch in einer Einoptions-Situation vorliegen, bei der entschieden werden muss, ob eine Option verfolgt werden soll oder nicht. Optionsstress entsteht in einer Situation, in welcher subjektiv die Ressourcen nicht ausreichen, um mit der Quantität und/oder Qualität der Optionen angemessen umgehen zu können. Aus der Sicht des arbeitspsychologischen Belastungs- und Beanspruchungs-Konzepts (Udris/Frese 1999) handelt es sich beim Optionsstress um eine Beanspruchung. Aus der Optionslast wird Optionsstress, wenn die internen und externen Ressourcen des Menschen subjektiv nicht ausreichen, mit der vorhandenen Optionslast souverän umgehen zu können.

Zieloptionsstress ist vorhanden, wenn eine Person in einer Situation, die sich durch viele und/oder komplexe Zieloptionen auszeichnet, zur Einschätzung gelangt, dass diese Situation ihre Ressourcen beansprucht oder übersteigt und ihr Wohlbefinden gefährdet. Entsprechend ist *Mitteloptionsstress* gegeben, wenn eine Person in einer Situation, die sich durch viele und/oder komplexe Mitteloptionen auszeichnet, zur Einschätzung gelangt, dass diese Situation ihre Ressourcen beansprucht oder übersteigt und ihr Wohlbefinden gefährdet. Optionsstress ist der Stress des Entscheidungsträgers. Zieloptionsstress ist der Stress der Top-Führungskräfte und der Kreativen. Mitteloptionsstress dagegen ist der Stress des mittleren Managements und der Mitarbeiter, die über Zielvereinbarungen geführt werden.

Wie ist der Begriff des Optionsstresses von ähnlichen Begriffen wie Tätigkeitsspielraum und Informationsüberlastung abzugrenzen? Der Tätigkeitsspielraum setzt sich nach Ulich aus dem Handlungs-, Gestaltungs- und Entscheidungsspielraum zusammen. Während der Handlungsspielraum das Ausmaß an Wahlmöglichkeiten zur Ausführung von Aufgaben umfasst, wird der Gestaltungsspielraum „durch die Möglichkeit zur selbständigen *Gestaltung* von Vorgehensweisen nach eigenen Zielsetzungen bestimmt" (Ulich 1998: 163). Der Entscheidungsspielraum schließlich „kennzeichnet das Ausmass der Entscheidungskompetenz einer Person oder einer Gruppe von Personen zur *Festlegung* bzw. Abgrenzung von Tätigkeiten oder Aufgaben" (Ulich 1998: 163). Während der Handlungsspielraum die Flexibilität erhöht, vergrößert der Gestaltungsspielraum

die Variabilität und der Entscheidungsspielraum die Autonomie der Arbeit
(Ulich 1998). Während der Begriff des Handlungsspielraums immer positiv
besetzt ist, verweist das Optionskonzept darauf, dass es auch ein zu viel an
Handlungsspielraum geben kann, nämlich dann, wenn der verfügbare Optionsraum zur Optionslast und bei Überforderung zu Optionsstress wird. Der entscheidende Unterschied zwischen Gestaltungsspielraum und Entscheidungsspielraum einerseits und Optionsraum andererseits ist, dass der Begriff Spielraum in
diesen beiden Fällen die Frage betrifft, ob und inwieweit der Beschäftigte aus
eventuell gegebenen Optionen eine Auswahl treffen darf. Der Begriff des Spielraums beinhaltet dagegen nicht die Frage, welche Qualität diese Optionen haben
und wie viele Optionen konkret gegeben sind, unter denen der Beschäftigte aus-
wählen darf. Kurz: Beim Gestaltungs- und beim Entscheidungsspielraum geht es
um das Dürfen, beim Optionsraum geht es um die Qual der Wahl im Rahmen des
Dürfens. Der Tätigkeitsspielraum ist – so gesehen – ein Potential und stellt nur
dann Anforderungen an den Beschäftigten, wenn der vorhandene Spielraum mit
konkreten Optionen gefüllt wird und zwischen diesen Optionen gewählt werden
muss, also Entscheidungsdruck besteht. Es gibt Tätigkeitsspielräume, die nur
wenige konkrete Optionen enthalten, und Tätigkeitsspielräume, die viele und
komplexe Optionen beinhalten. Der Begriff des Tätigkeitsspielraums ist nicht
mit den Begriffen Optionslast und Optionsstress gleichzusetzen, da aus dem
Begriff des Spielraums noch nicht abgeleitet werden kann, welche Optionslast
mit dem Spielraum verbunden ist. Allerdings gilt: Bei Tätigkeiten mit großem
Spielraum ist eher mit einer höheren Optionslast zu rechnen als bei Tätigkeiten
mit geringem Spielraum, denn ein begrenzter Spielraum kann auch nur mit einer
begrenzten Zahl an Optionen gefüllt werden. Der Begriff der Optionslast hebt
auf die Kosten des Spielraums ab. Die Auswahl von Optionen ist mit Aufwand
verbunden. Dieser steigt mit der Anzahl und der Komplexität der Optionen an.
Spielraum und Optionslast sind daher zwei Seiten einer Medaille. Die eine Seite
stellt den Nutzen der Optionen dar, die andere die Kosten.

   Worin besteht der Unterschied zwischen Optionsstress und Informationsüberlastung? Unter Informationsüberlastung wird der Zustand bezeichnet, zu
viele Informationen zu bekommen (O'Reilly 1980; Eppler/Mengis 2004) oder
mehr Informationen zu haben, als man verarbeiten kann (Edmunds/Morris 2000).
Informationsüberlastung und Optionsstress sind Formen der Beanspruchung.
Informationsüberlastung kann allerdings als eine Sonderform des Optionsstresses
betrachtet werden. Dies liegt daran, dass nach dem transaktionalen Stresskonzept
jede bewusste Information auf persönliche Relevanz (primäre Bewertung) und
auf Bewältigbarkeit (sekundäre Bewertung) hin beurteilt werden muss. Jede
Information – z. B. die Information in einer Mail – beinhaltet eine oder mehrere
Optionen. Der Adressat der Information muss entscheiden, ob er die Information

überhaupt wahrnehmen will und, wenn ja, wie er darauf reagieren soll. Informationen erzeugen auf diese Weise einen Optionsraum, der, soll er abgearbeitet werden, zur Optionslast wird. Führt dies zu Überforderung, ist informationsbedingter Optionsstress bzw. Informationsüberlastung gegeben.

1.5 Psychische Folgen des Optionsstresses

Anthropologisch betrachtet kann der Mensch mit der äußersten Weltkomplexität nicht zurechtkommen. Ihm fehlen als Mängelwesen die dazu nötigen internen Ressourcen (Luhmann 2008). Dieser komplexitätsbedingte Misfit zwischen Person und Umwelt ist eine Quelle für Optionsstress. Man kann vermuten, dass ein Teil des Anstiegs von Burnout und psychischen Störungen in der Wirtschaft auf einen Anstieg des Optionsstresses zurückzuführen ist. Die intellektuelle Überlastung durch Unterscheidungs-, Selektions- und Entscheidungsdruck führt auf Dauer zu einer Aushöhlung der inneren Ressourcen und gefährdet die psychische Gesundheit. Burnout kann gewissermaßen als der Notschalter des psychischen Systems angesehen werden, der unbewußt betätigt wird, wenn der Unterscheidungs-, Selektions- und Entscheidungsdruck zu groß wird. Burnout und psychische Störungen treten nach dieser These vor allem in solchen Kulturen, Gesellschaften und Betrieben gehäuft auf, in denen die bisherigen sozialen Optionsschutzmechanismen in Form von Gewohnheiten, Ritualen, Institutionen und sozialen Systemen nicht mehr in der gewohnten Art und Weise zur Verfügung stehen.

2 Optionsstress in der zweigeteilten Arbeitswelt

Die Modernisierung der Gesellschaft geht mit einer Zunahme der Optionen und einem Abbau sozialer Bindungen und Institutionen einher (Dahrendorf 1979; Badura 1981). Nach Gross leben wir in einer Multioptionsgesellschaft (Gross 1994). Die weiter wachsende Zahl an Optionen in unserer Gesellschaft setzt den Menschen unter wachsenden Optionsstress. Dies trifft auch auf die Arbeitswelt zu. Dennoch muss man die Situation differenziert betrachten. Die moderne Arbeitswelt ist zweigeteilt: Der strukturierten Arbeitswelt steht die unstrukturierte gegenüber (Zwei-Welten-These). Das Phänomen des Optionsstresses stellt sich in der strukturierten Arbeitswelt anders dar als in der unstrukturierten Arbeitswelt. Industriesoziologen sprechen auch von einer Polarisierung der Arbeitswelt (Drexel 2010). Der akademisierten Arbeitswelt steht die nicht-akademisierte gegenüber:

„Umgang mit abstraktem Wissen (Verarbeitung von Daten), Steuerungsauf-
gaben und Aufgaben der Außenkommunikation werden aus dem Aufgabenspekt-
rum der mittleren Positionen ausgegliedert und neu gebündelt zu Positionen für
Akademiker. Und die solchermaßen teilweise entleerten Positionen der mittleren
Ebene werden entweder zu „einfacheren" mittleren Positionen zusammengefasst
oder aber zergliedert und zur Anreicherung von Facharbeiter-Positionen genutzt;
im letzteren Fall verschwindet die mittlere Ebene (genauer: das „Mittelfeld"),
das Ergebnis ist eine Polarisierung zwischen Akademiker- und Arbeiterebene"
(Drexel 2010: 48).

Der Riss zwischen der strukturierten und der unstrukturierten Welt geht quer
durch die Branchen und die Betriebe. Dabei wird der unstrukturierte Bereich durch
den enormen Wissenszuwachs und die strukturzerstörende Dynamik des betrieblichen Wandels (Change Management) kontinuierlich ausgeweitet. Dies bedeutet,
dass es in Teilen einen Trend zur Optionsausweitung gibt (vgl. Abbildung 5).

Abbildung 5: These von der Ausweitung des Optionsraums als
Modernisierungstrend

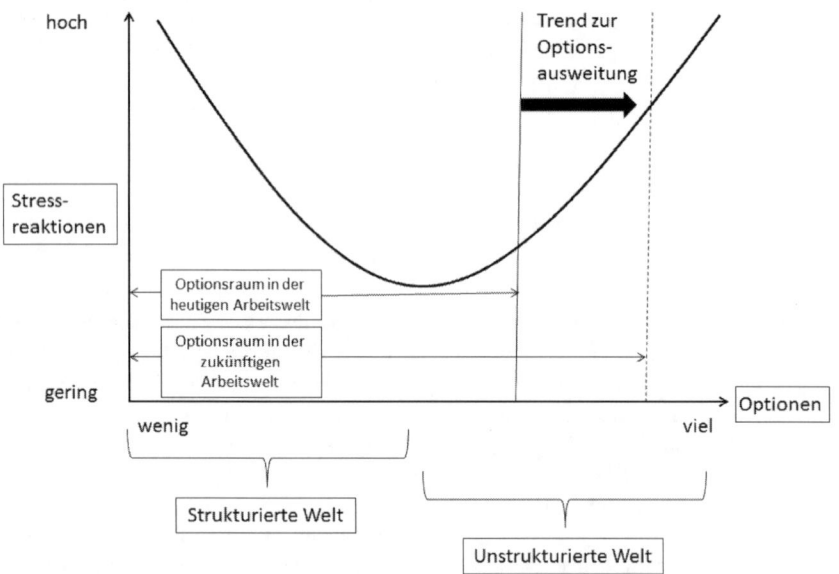

2.1 Die strukturierte Arbeitswelt – Optionsmangel als Problem

Die Geschichte der Modernisierung ist eine Geschichte der Standardisierung. Ziel der Standardisierung ist es, Verhalten oder Verfahren vorzuschreiben oder zu begrenzen (Hsieh/Hsieh 2003). Der Standardisierungstrend führt zu einer durchstrukturierten Produktions- und Dienstleistungsarbeit (Beynon/Nichols 2006). Wir leben – so scheint es – in einer standardisierten Gesellschaft (Wagner 2004). Dies gilt vor allem für die strukturierte Arbeitswelt. Sie ist meist taylorisiert. Dies bedeutet Arbeitsteilung, Trennung von planender und ausführender Arbeit, Standardisierung der Prozesse und Leistungskontrolle (Bechtle/Lutz 1989).

Nach einer Phase der starken Taylorisierung bis in die Mitte des vorigen Jahrhunderts gab es ab Mitte der 70er Jahre eine Gegenbewegung im Sinne eines Post-Taylorismus. In diesem Rahmen wurde bereits das Ende der Arbeitsteilung ausgerufen (Kern/Schumann 1985). Die Bemühungen des Managements zielten darauf ab, eine übermäßige Taylorisierung der Tätigkeit abzubauen (Bechtle/Lutz 1989). Inzwischen wird jedoch von den Industrie- und Organisationssoziologen vermehrt eine Re-Taylorisierung diagnostiziert. Das Fließband ist nicht völlig verschwunden, und moderne Formen der Werkstattfertigung (als Gegenprinzip zur Fließfertigung) stoßen an ihre Grenzen. Das Problem in Bezug auf das Thema Optionsstress ist: Zentrales Kennzeichen der taylorisierten, durchstrukturierten Arbeitswelt ist der Mangel an Optionen. Handlungsspielräume sind rar und dort, wo sie fehlen, stellen sich Störungen der Persönlichkeitsentwicklung und der Gesundheit ein (Karasek/Theorell 1990; Ulich 1998).

Die Taylorisierung und Standardisierung der Arbeit findet inzwischen auch in qualifizierten Dienstleistungsbereichen wie der Medizin statt. Der Siegeszug der evidenzbasierten Medizin hat zu einer erheblichen Standardisierung der Medizin geführt. Für diese Entwicklung stehen die medizinischen Leitlinien und die strukturierten Behandlungsprogramme. Seit über einem Jahrzehnt entwickeln Mediziner weltweit klinische Leitlinien. Es handelt sich dabei um systematisch entwickelte Aussagen und Regeln über die angemessene und evidenzbasierte Gesundheitsversorgung (Timmermans/Kolker 2004). Die Leitlinien werden systematisch entwickelt und sollen den neuesten Stand der evidenzbasierten Medizin widerspiegeln. Evidenzbasierte Medizin bedeutet „the conscientious, explicit, and judicious use of current best evidence in making decisions about the care of individual patients" (Sackett et al. 1996: 71). Leitlinien sind keine Richtlinien, aber sie sollen dem praktizierenden Arzt eine Hilfestellung geben, wie man vorzugehen hat, wenn man nach dem neuesten Stand arbeiten will. Dies führt zumindest indirekt zu einer Strukturierung und Standardisierung der medizinischen Versorgung (Castel 2009). Aus soziologischer Sicht formalisiert die evidenzbasierte Medizin das Wissen in der Medizin. Die Leitlinien transformieren dieses formalisierte Wissen in Handlungspraxis durch Standardisierung des Verhaltens (Timmermans/Kolker 2004).

Sie fördern das „One-best-way-Denken". Die Argumentation lautet: Wenn rando-
misierte kontrollierte Experimente gezeigt haben, dass es nur den einen besten
Weg der Diagnose oder Therapie gibt, dann sollte das Verhalten der Ärzte nur in
Ausnahmefällen von diesem Idealverhalten abweichen. Die Fachgesellschaften
versuchen daher zunehmend, Normen bezüglich der Erfüllung der Leitlinien zu
etablieren und Leitlinien-Compliance sicherzustellen (Karbach et al. 2011).

Das zweite Beispiel für die Strukturierung vormals unstrukturierter Gebiete
des Gesundheitswesens ist das Aufkommen der strukturierten Behandlungsprogramme. Diese sogenannten Disease-Management-Programme (DMP) können
definiert werden „as an intervention to manage or prevent a chronic condition by
using a systematic approach to care (i. e. evidence-based practice guidelines) and
potentially employing multiple treatment modalities" (Badamgarav et al. 2003:
2080). Die wichtigsten Merkmale der DMP sind: Systematisches Vorgehen,
umfassende und integrierte Behandlung, Therapie chronischer Erkrankungen und
multidisziplinäre Versorgung (McDonald 2007).

Ähnliche Entwicklungen sind auch in der Softwareprogrammierung zu beobachten (Streubel/Hörmann 2008). Insgesamt ist ein branchenübergreifender
Trend in Richtung Standardisierung zu erkennen. Dieser führt dazu, dass Bereiche, die sich vormals großer Freiheiten erfreuten und durch Optionsreichtum
gekennzeichnet waren, nun in Bereiche überführt werden, die sich durch tenden-
zielle Optionsarmut auszeichnen.

2.2 Die unstrukturierte Arbeitswelt – Optionslast als Problem

Die unstrukturierte Arbeitswelt zeichnet sich durch schwach strukturiertes Wissen,
wechselnde Prozesse, Strukturwandel und insbesondere durch große Optionsräume
aus. In diesem Teil der Arbeitswelt ist wenig festgelegt. Unstrukturierte Arbeitswelten finden sich besonders in bestimmten Branchen wie der Werbeindustrie, der
Medienindustrie und der Wissenschaft. Unstrukturierte Arbeitswelten finden sich
aber auch innerhalb strukturierter Welten. Beispiele dafür sind die Forschung- und
Entwicklungs-Abteilungen (F+E) und die Marketing-Abteilungen. Gerade der
F+E-Bereich ist durch nicht standardisierte, dynamische und wissensintensive
Arbeitsprozesse gekennzeichnet (Bullinger et al. 2001).

Das zentrale Organisationsmerkmal der unstrukturierten Welt ist nicht die
starre Linienorganisation, sondern die projektförmige Organisation im Sinne der
Adhocracy. Nach Mintzberg zeichnet sich die Adhocracy durch fünf Elemente
aus (Mintzberg/McHugh 1985):

1. Die Umwelt ist so dynamisch und komplex, dass innovative, einzigartige Lösungen erarbeitet werden müssen.
2. Die Produktion komplexer und einzigartiger Produkte oder Dienstleistungen erfordert den Einsatz von hochqualifizierten Experten aus verschiedenen Disziplinen und die Kombination ihres Wissens in temporären multidisziplinären Teams.
3. Die Experten sind ihren Disziplinen zugeordnet, werden aber je nach Aufgabenstellung temporären Projekten und Teams zugewiesen.
4. Aufgrund der komplexen und unsicheren Natur der Arbeit setzen die Betriebe auf selbstorganisierte Abstimmung und temporäre Kommissionen und vermeiden formale Koordinationsformen wie explizite Führung, Standardisierung, bürokratische Regeln, Hierarchie und Erfolgskontrolle.
5. Adhocracy-Organisationen sind selektiv dezentralisiert, so dass die Entscheidungsgewalt ungleichmäßig verteilt ist, je nachdem, wo Informationen und Expertise benötigt werden (Mintzberg/McHugh 1985). Die Adhocracy ist die Antwort der Organisationen auf die steigende Komplexität der Umwelt und auf die damit einhergehende Ausweitung des Optionsraums.

In organisch strukturierten Organisationen (Burns/Stalker 1961), in Tätigkeitsbereichen mit hohem Entscheidungs- und Handlungsspielraum und in Projektphasen, in denen Lösungsalternativen generiert werden müssen, ist die Optionslast relativ hoch. Dasselbe gilt im Falle einer betrieblichen Umstrukturierung. Umstrukturierungen werden meist durchgeführt, um ineffiziente Routinen abzuschaffen. Nach einer Umstrukturierung ergibt sich in vielen Fällen jedoch das Problem, dass durch den Wegfall der Routinen sich der Möglichkeitsraum stark öffnet. Viele Mitarbeiter wissen dann erst einmal nicht mehr, was in der neuen Situation „gilt" und wie man dieses oder jenes unter den neuen Umständen zu handhaben hat. Die mit dem Wegfall der Routinen verbundene Erweiterung der Wahlmöglichkeiten kann – falls die Ressourcen der Mitarbeiter nicht ausreichen – zu Optionsstress führen. Der Wunsch, diesem Optionsstress zu entgehen, mag ein Grund für das Phänomen des „Widerstands gegen Wandel" (Coch/French 1948) sein.

In der unstrukturierten Welt, in der der Organisationstyp der Adhocracy vorherrscht, ist nicht Optionsmangel das Problem, sondern Optionsüberfluss. Die schiere Größe des Optionsraums überwältigt und macht dort, wo es darum geht, aus diesem Raum heraus Problemlösungen zu entwickeln, den Optionsreichtum zur Optionslast. Das Kernproblem der unstrukturierten Arbeitswelt ist somit die Optionslast. Das vorherrschende Gefühl ist, zeitweise keinen festen Boden unter den Füßen zu haben. Man „schwimmt" gewissermaßen in dem „Meer der Optionen". Die unstrukturierte Arbeitswelt benötigt in dieser Situation den Typ des

Strukturierers. Dieser muss durch Strukturierungsarbeit Planbarkeit, Vorhersagbarkeit und Kontrolle herstellen, und zwar mit dem meist impliziten Ziel, Optionsstress zu reduzieren. Dies tut der Strukturierer, indem er im „Meer der Möglichkeiten" feste „Inseln" aufbaut, die einen begrenzten Optionsraum schaffen.

2.3 Wissensarbeit

Es ist sinnvoll, mehrere Formen der Wissensarbeit zu unterscheiden (vgl. Abbildung 6). Die erste Stufe der Wissensarbeit liegt vor, wenn explizites Wissen und standardisierte Fertigkeiten angewendet werden, um ein Produkt oder eine Dienstleistung herzustellen. Reicht zur Bewältigung der Arbeitsaufgabe spezifisches explizites Expertenwissen nicht aus, sondern ist zusätzlich implizites Expertenwissen (tacit knowledge; Erfahrungswissen) nötig, so ist die zweite Stufe der Wissensarbeit erreicht.

Abbildung 6:   Verschiedene Formen der Wissensarbeit

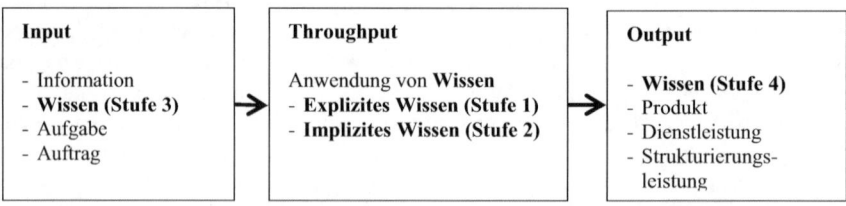

Die dritte Stufe der Wissensarbeit ist gegeben, wenn der Beschäftigte zur Erledigung seiner Aufgabe nicht nur sein explizites und implizites Expertenwissen anwendet, sondern von außen noch Wissen als Input benötigt, um die Arbeit gut machen zu können. Ein Beispiel hierfür ist der Mediziner, der nicht nur sein explizites und implizites Expertenwissen benötigt, sondern auch das Wissen über die konkrete Situation des Patienten und über die neuesten klinischen Leitlinien. Die vierte Stufe der Wissensarbeit ist erreicht, wenn zusätzlich zu den Voraussetzungen der dritten Stufe das Kriterium erfüllt ist, dass der Output der Arbeit selbst wiederum aus Wissen besteht. Den Wissensarbeiter der vierten. Stufe können wir auch als Wissensarbeiter im engeren Sinne bezeichnen. Ein Wissensarbeiter im engeren Sinne verarbeitet Wissen, wendet Wissen an und produziert Wissen. Oft erbringen Wissensarbeiter Strukturierungsleistungen. Die Strukturierungsleistung besteht meist darin, durch Festlegungen vorhandene Optionsräume zu schließen und die unstrukturierte Welt so zu strukturieren, dass die vorhandenen Probleme von der strukturierten Arbeitswelt bearbeitet werden können (vgl. Abbildung 7). Dies ist zum Beispiel das Bestreben der IT-Industrie (Streubel/Hörmann 2008). Man kann diese Strukturierungsleistung aus der Sicht der Optionstheorie auch als Optionsreduktionsarbeit bezeichnen.

Abbildung 7:   Strukturierungsleistung der Wissensarbeiter

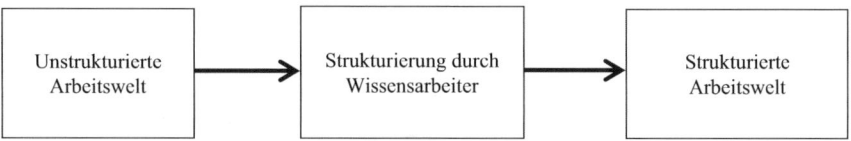

2.4 Moderne Koordinationsformen erhöhen die Optionslast

Es gibt unterschiedliche Formen der Koordination in Organisationen. Man kann nach Habermas lebensweltliche Handlungskoordinierung (Koordination durch Sprache) von systemischer Handlungskoordinierung (Koordination durch nicht-sprachliche Medien wie Markt und Hierarchie) unterscheiden (Habermas 1988). Zieht man noch eine zweite Dimension hinzu, den Grad der Normierung der Handlung, und bringt beide Dimensionen in einer Vier-Felder-Tafel in Beziehung, so ergeben sich vier Koordinationstypen: Lebensweltliche Handlungskoordinierung mit starker Normierung (Typ 1) oder geringer Normierung (Typ 2) sowie systemische Handlungskoordinierung mit starker Normierung (Typ 3) oder geringer Normierung (Typ 4). Beispiele für den ersten Koordinationstyp sind der Clan und die Professionsorganisation. Beispiele für den Typ 2 sind Organisationen, die nach dem Typ der Adhocracy organisiert sind und kollegiale Gremien (z. B. Tumorboards) enthalten. Beispiele für den Typ 3 sind hierarchische Bürokratien. Beispiele für den Typ 4 sind Organisationen, die auf dem Prinzip der organisationsinternen Märkte (z. B. Profit-Center) beruhen. Diese vier Koordinationstypen sind mit unterschiedlicher Optionslast verbunden.

Relativ gering ist die Optionslast, wenn über Macht bzw. Hierarchie koordiniert wird. Je mehr Hierarchieebenen vorhanden sind und je geringer die Kontrollspanne ist, desto kleiner wird der Optionsraum, der in der einzelnen Abteilung und von den einzelnen Beschäftigten abzuarbeiten ist. Arbeitsteilung bedeutet letztendlich Aufteilung und Verkleinerung des Optionsraums. Durch das in der hierarchischen Organisation geltende Führungsprinzip wird der durch die Arbeitsteilung bereits verringerte Optionsraum für die Mitarbeiter noch geringer, da die Führungskraft in einer hierarchischen Organisation die Aufgabe hat, die Entscheidungen vornehmlich alleine zu treffen. In einer hierarchischen Organisation trägt die Führungskraft die Optionslast. Die Wahrscheinlichkeit, dass die Mitarbeiter unter Optionsstress leiden, ist in der hierarchischen Organisation geringer als in Adhocracy-Organisationen.

Tabelle 1: Form der Koordinierung und Optionslast

Grad der Handlungsnormierung	Integrationsform	
	Sozialintegration (Lebensweltliche Organisation)	**Systemintegration** (Systemische Organisation)
Hoch	Koordination durch Organisationskultur und Einverständnis Optionslast: gering	Koordination durch Hierarchie und Macht Optionslast: gering
Niedrig	Koordination durch Selbstabstimmung und kommunikative Verständigung Optionslast: hoch	Koordination durch organisationsinterne Märkte und Geld Optionslast: mittel

Eine relativ geringe Optionslast ist ebenfalls dann zu erwarten, wenn die lebensweltliche Koordination mit großer Handlungsnormierung einhergeht. Dies ist zum Beispiel der Fall, wenn die Organisation nach dem Prinzip des Clans koordiniert wird (Deutschmann 1987; Ouchi 1980), eine starke Organisationskultur vorzufinden ist (Kieser/Kubicek 1992) und wenn das gemeinschaftliche Sozialkapital hoch ist (Pfaff et al. 2005). In der normierten, lebensweltlich koordinierten Arbeitswelt erzeugen die gemeinschaftlich verinnerlichten Werte und Normen Einigkeit und Einverständnis unter den Teilnehmern. Aus Sicht der Optionstheorie bedeutet das, dass der Optionsraum der Teilnehmer durch das gemeinsame Reservoir an Werten, Verhaltensmustern, Grundüberzeugungen, Symbolen und Denkweisen begrenzt wird. In clanförmigen Organisationen muss das Verhalten weniger explizit koordiniert werden. Implizite Koordinierung ist in diesen Gemeinschaften das Mittel der Wahl (Kieser/Kubicek 1992). Das hohe Sozialkapital dieser Organisationen reduziert den kollektiven Optionsraum, da man sich über die grundlegende Dinge implizit einig ist: es herrscht Einigkeit und Einverständnis vor.

Im mittleren Maße dürfte die Optionslast bei Teilnehmern organisationsinterner Märkten ausgeprägt sein. Der systemische Koordinationsmechanismus des Marktes kommt ohne große Handlungsnormierung aus, was die Zahl der Optionen erhöht und die Optionslast tendenziell steigen läßt. Doch die Komplexität wird im Falle des Marktes durch die Reduktion auf die Entscheidungsdeterminanten Preis und Qualität wiederum stark reduziert. Die sprichwörtliche „unsichtbare Hand" des Marktes entlastet die Akteure von der Betrachtung unnötiger Optionen. Eine starke Differenzierung des Angebots – wie sie in Märkten oft vorzufinden ist – kann jedoch wiederum sowohl bei den Produktplanern als auch bei den Kunden zu einer „Qual der Wahl"-Situation führen.

Am höchsten dürfte die Optionslast in Organisationen ausfallen, die über das Prinzip der Selbstabstimmung koordiniert werden. Die Koordination erfolgt hier durch erarbeitete Verständigung und nicht wie beim Prinzip des Clans durch bereits gegebenes Einverständnis. Bei der Selbstabstimmung wird das Einverständnis erst durch Gespräche unter den Beteiligten – z. B. in Form von Besprechungen und Sitzungen – mehr oder weniger mühsam hergestellt. Kollektive Entscheidungsgremien wie Tumorboards oder Techniken wie das Brainstorming vergrößern tendenziell die Optionsräume. Die Selbstabstimmung bringt ein Stück weit Demokratie in die Organisation, allerdings auch das Problem des Optionsstresses. Dies liegt daran, dass im Idealfall jeder Teilnehmer seine Sicht der Dinge und seine Problemlösungen einbringt. Dies vergrößert eher den Optionsraum als ihn zu verkleinern. Die Komplexität der modernen Probleme macht es oft notwendig, Vertreter jener Aspekte, die bei der Problemlösung mitbedacht werden müssen, einzubeziehen. In der Produktentwicklung werden z. B. die Entwickler, Marketingfachleute, Fertigungsexperten und Einkäufer zusammen an einen Tisch gebracht. In der Onkologie setzt sich immer mehr die Einrichtung von Tumorboards durch, in denen der Chirurg, der Onkologe, der Radiologe und der Pathologe sich eine Meinung über den kranken Patienten bilden und dann gemeinsam einen Therapieplan entwickeln. Die Betrachtung verschiedener Aspekte beim Treffen weitreichender Entscheidungen steigert die qualitative Optionslast. Die Selbstabstimmung in Gruppen hat jedoch auch Vorteile. Gruppen erbringen „Leistungen vom Typus des Bestimmens" (Hofstätter 1986: 73). Problemlösegruppen wie z. B. Tumorboards werden oft als entlastend empfunden, weil sie das Problem der Entscheidung unter Unsicherheit vermindern. Wenn alle in der Gruppe sich darauf einigen, dass in diesem Fall nur eine bestimmte Lösung (z. B. ein bestimmtes Therapieschema) in Frage kommt, wird eine Situation definiert. Gruppen vermögen somit „eine Lage definitorisch zu fixieren" (Hofstätter 1986: 73). Dies ist die Bestimmungsleistung der Gruppe. Diese Form der Gruppenleistung entlastet den Einzelnen und nimmt ihm einen Teil seiner Entscheidungsunsicherheit.

3   Zeitdruck und Optionsstress

Im Folgenden steht das Verhältnis zwischen Zeitdruck und Optionsstress im
Zentrum der Betrachtung. Zeitdruck entsteht, wenn eine Arbeit zu einem bestimmten Termin fertig gestellt werden muss und dieser Termin nur unter Auf-
bietung großer Kräfte gehalten werden kann. Das Verhältnis zwischen Optionen
und Zeitdruck ist vielfältig. Im Wesentlichen aber sind zwei Kausalpfade relevant (vgl. Abbildung 8):

1.   Optionslast erzeugt Zeitdruck
2.   Zeitdruck erzeugt Optionsstress

Abbildung 8:   Zusammenhang zwischen Optionslast, Zeitdruck und
                   Optionsstress

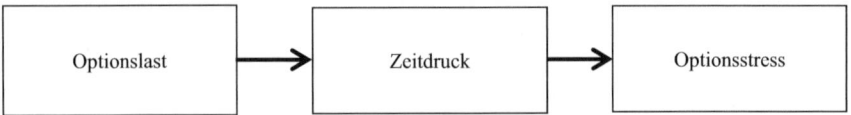

3.1   Optionslast erzeugt Zeitdruck

Moderne Industrie- und Dienstleistungsbetriebe stehen vor großen Herausforderungen. Sie müssen ihre komplexer werdenden Produkte zunehmend kundenspe-
zifischer herstellen, durch andere Produkte (Produktpalette) ergänzen, diese
Produkte in kürzerer Zeit entwickeln und die fertigen Produkte termingerecht
abliefern und dies alles bei hoher Produktqualität und zu günstigen Preisen. Die
wechselnden Kundenwünsche und die komplexe Umwelt führen dazu, dass
Prognosen über die Marktentwicklung schwierig werden. Dies zwingt die Unternehmen dazu, ihre „Reaktionsfähigkeit auf sich ergebende Änderungen aufzu-
bauen" (Nyhuis et al. 2004: 95). Das wiederum erhöht den Zeitdruck. Gleichzeitig nimmt jedoch die Wissensproduktion und die zu verarbeitende Wissensmen-
ge bei der Produktentwicklung und der Innovationsarbeit immens zu (Moldaschl
2007). Die tägliche Produktion von Wissen vergrößert den potentiellen Optionsraum bei der Innovationsarbeit beträchtlich. Damit öffnet sich die Schere zwischen der Optionslast einerseits und dem Zeitdruck andererseits: Einer großen
Menge an Optionen steht oft nicht genug Zeit zum Abarbeiten der Optionen
gegenüber.
     Je größer der Raum an Möglichkeiten ist, der bei einer Produktentwicklung
oder bei einer wissensbasierten Entscheidung (z. B. Therapieentscheidung) zu

betrachten ist, desto mehr verstärkt sich der Zeitdruck, wenn termingerecht gelie-
fert werden muss. Die Zahl der Optionen muss im Rahmen des Entscheidungs-
prozesses so systematisch kleingearbeitet werden, dass ein Optionstrichter entsteht. Dieses Phänomen kann man am Beispiel der Projektarbeit deutlich machen
(vgl. Tabelle 2). Projekte sind eine Form der Arbeit in Organisationen, die oft
parallel zur normalen Linienorganisation erfolgt, weil sie nicht in die Routinesi-
tuation der bürokratischen Organisation passt. Ein Projekt kann – wie Tabelle 2
zeigt – fünf Phasen aufweisen: Initialisierung, Definition, Planung, Durchführung und Abschluss (Bundesministerium des Innern 2008).

Tabelle 2: Projektmanagement-Phasen (Bundesministerium des Innern 2008:
10 f.)

Phasen	Ergebnis	Führungsent-scheidungen
1. **Initialisierung** Projektidee, Zuständigkeit klären, Vorklärungen, Ziele skizzieren, Konsensbeschaffung für Vorarbeiten	Projektskizze	Freigabe Phase 2 (Planungsauf-trag)
2. **Definition** (Grobplanung) Projektkernteam bilden, Ziele definieren, Projekt grob strukturie-ren, Meilensteine festlegen, Aufwände schätzen, Projektumfeld analysieren, Machbarkeit bewerten	Projekt-definition	Freigabe Phase 3 („grober" Projektauftrag)
3. **Planung** (Feinplanung) Projektstrukturplan erstellen, Ablauf- und Zeitplan erstellen, Personalressourcen planen, Projektorganisation festlegen, Kosten- und Finanzplan erstellen, Wirtschaftlichkeit prüfen, Risikoanalyse durchführen, Qualitätssicherung planen, vergaberechtliche Bedin-gungen klären, Projekthandbuch	Projektplanung	Freigabe Phase 4 (präzisierter Projektauftrag)
4. **Durchführung/Steuerung** Projektstart durchführen, Projektcontrolling, Berichtswesen steuern, Dokumentation pflegen	Produkt/ Leistung ggf. Teilergebnisse	Abnahme (Teilergebnisse, Gesamtergebnis)
5. **Abschluss** Abschlussbericht (inklusive Erfolgskontrolle) erstellen, Abschlusssitzung durchführen, Ressourcen zurückführen und Projektorganisation auflösen	Abschluss-bericht	Abnahme/ Entlastung, ggf. Entschei-dung über Folgemaßnah-men

Aus Sicht des Optionsstress-Ansatzes kann man diese Phasen wiederum in zwei
großen Phasen aufteilen: Festlegungsphase (Phase 1) und Durchführungsphase
(Phase 2). Phase 1 ist die unstrukturierte Phase und Phase 2 die strukturierte
Phase. Phase 1 besteht aus den Teilphasen Initialisierung, Definition und Planung und Phase 2 aus den Teilphasen Durchführung und Abschluss.

Optionsstress tritt hauptsächlich in der Festlegungsphase (Phase 1) auf. Der
Grund dafür ist, dass hier die Handlungsalternativen und Optionen generiert
werden (Aufspannen des Optionsraumes). Erfolgreiche Projektarbeit besteht
darin, erstens den Optionsraum zunächst so stark auszuweiten, dass sich genü-

gend innovative Lösungen finden lassen, zweitens diesen Optionsraum durch geschickte Entscheidungsfindung auf bewältigbare Optionen „einzudampfen" und diese dann drittens für die Durchführungsphase (Phase 2) bearbeitbar zu machen. Das Fenster der Optionsmöglichkeiten muss innerhalb eines Projektes zu einem bestimmten Zeitpunkt geschlossen werden, um eine konkrete Abarbeitung der Projektaufgaben zu ermöglichen. In der Teilphase der Initialisierung geht es um die Festlegung der Projektidee, um die Skizzierung von Zielen und um die Beschaffung von Konsens für die weiteren Vorarbeiten. In der Teilphase der Projektdefinition stehen die Definition von Zielen, die Festlegung von Meilensteinen und die Bildung des Projektkernteams im Zentrum. In der Teilphase der Projektplanung geht es um die Feinplanung der Ziele, der Projektstruktur, der Termine, der Ressourcen etc. Diese drei Teilphasen haben den Zweck, den Optionsraum, der sich aus den verschiedenen Entscheidungsdimensionen (z.B. Projektziele, Teammitglieder, Projektstrukturen) ergibt, durch Anwendung der Technik des Optionstrichters so zu reduzieren, dass das Projekt in die zweite Hauptphase überführt werden kann. Der Unterscheidungs-, Selektions- und Entscheidungsdruck ist in der ersten Hauptphase entsprechend hoch. Ein Beispiel hierfür ist der Vorgang des Konzipierens im Produktentwicklungsprozess. Die kreativen Phasen enden mit Festlegungen wie z. B. Festlegung der Anforderungsliste, der prinzipiellen Lösung, des vorläufigen Entwurfs, des endgültigen Entwurfs und der Produktdokumentation (Pahl et al. 2006). Der Prozess des Konzipierens und Entwerfens stellt sich als Optionstrichter dar, bei dem die sukzessiven Festlegungen den Möglichkeitsraum systematisch auf eine handhabbare Zahl an Optionen einengen. Geschieht dies mit Hilfe einer Gruppe oder eines Teams, dann hat die Gruppe eine Bestimmungsleistung erbracht.

Zeitdruck entsteht zum Beispiel dann, wenn sich im Rahmen einer Terminarbeit der Optionsraum stärker als geplant ausweitet. Ist der Optionsraum groß, müssen entsprechend viele Optionen unterschieden, bewertet und selektiert werden. Dies kostet Zeit. Hat man diese Zeit nicht, so müssen die vielen Optionen im Zeitraffer abgearbeitet werden. Die Zeit, die pro Selektionsvorgang verbleibt, wird kürzer. In diesem Fall können die Beteiligten versucht sein, Strategien zur raschen oder gar radikalen Reduktion des Optionsraums anzuwenden. Ein Beispiel hierfür ist die Strategie des radikalen Ausblendens von ganzen Optionszweigen. Diese Strategie kann zwar geeignet sein, das Zeitdruck- und Optionslast-Problem zu lösen, sie kann aber auch dazu führen, dass kreative und innovative Lösungen unbedacht mit ausgeblendet werden.

3.2 Zeitdruck erzeugt Optionsstress

Besonders in der Wissensarbeit kann Zeitdruck unter bestimmten Bedingungen Optionsstress erzeugen. Wenn viele Möglichkeiten bestehen und ein hohes Tempo bei der Entscheidungsfindung erwartet wird, kann aus der Optionsbelastung für viele Menschen ein Optionsstress werden. Der Optionsstress wird dabei umso stärker ausfallen, je weniger Abstriche man bei der Qualität der Entscheidungen (Optionswahl) machen will.

Oft stehen Wissensarbeiter wie Kreative, Wissenschaftler, Mediziner und Entwickler vor dem Problem, die gegebenen Optionen im Sinne des Optionstrichters intelligent verringern zu müssen. Gleichzeitig wissen sie, dass sie aufgrund der knappen Zeitvorgaben nicht so viel Zeit zur durchdachten Schließung des Optionsraums zur Verfügung haben. Wissensarbeiter, die für die Schließung des Optionsraumes mehr Zeit haben, stehen zwar vor derselben Optionslast, aber der Optionsstress ist geringer, da die zeitliche Ressourcenlage komfortabler ist. In der heutigen Arbeitswelt, in der Schnelligkeit ein wichtiges Ziel ist, bringt der schnelle Abschluss der Festlegungsphase (Phase 1) Wettbewerbsvorteile mit sich. Somit besteht in der Wirtschaft Zeitdruck dahingehend, den Optionsraum schnell zu schließen und sich früh auf ein erfolgversprechendes Vorgehen festzulegen. Damit steigt die Wahrscheinlichkeit von Optionsstress.

Mäßiger Zeitdruck kann die Kreativität erhöhen (Janis/Mann 1977), zu viel Zeitdruck jedoch kann dazu führen, dass man nicht mehr alle für eine optimale Lösung notwendigen Optionen generieren und durchspielen kann. So wird Zeitdruck in der Konstruktionslehre als ein Faktor angesehen, der die Ideen- und Optionsproduktion im Rahmen intuitiver Kreativitätsmethoden behindern kann (Pahl et al. 2006). Zeitdruck ist zudem ein Faktor, der die Entscheidungsqualität vermindern kann. Die Entscheidungsqualität kann man definieren als die Güte einer Entscheidung gemessen am Grad der Berücksichtigung zentraler Aspekte bei der Entscheidungsfindung (Entscheidungskriterien) und gemessen am Grad der Erfüllung der Produkt- oder Dienstleistungsanforderungen. Wissensarbeiter werden versucht sein, den durch den Zeitdruck verursachten Optionsstress durch Rückgriff auf Strategien der radikalen Schließung des Optionsraums (z. B. Rückgriff auf Vorurteile, Stereotypen, Routinen und traditionales Handeln) zu lösen. Dies wiederum birgt die Gefahr, dass die Entscheidungsqualität und damit die Qualität des Produkts oder der Dienstleistung suboptimal ausfallen, da unter Zeitdruck nicht alle nötigen Optionen vollständig durchgespielt und bewertet werden können.

3.3 Maßnahmen zur Reduktion von Optionsstress

Zur Reduktion des zeitdruckbedingten Optionsstresses stehen vor allem individuelle und soziale Bewältigungsstrategien zur Verfügung.

Zu den *Strategien der individuellen Optionsentlastung* zählen Maßnahmen,
die die Fähigkeit der Individuen zur Bewältigung der Optionslast stärken (vgl.
Abbildung 9, Pfeil a). Darunter fallen Techniken, die es dem Einzelnen erlauben,
seine Aufmerksamkeit zu fokussieren, irrelevante Optionsräume auf der Basis
von Erfahrungswissen intuitiv abzuschneiden, entlastende Stereotypen intelligent
anzuwenden und das eigene Verhalten zu habitualisieren. Hiervon sind Techniken zu unterscheiden, die die Fähigkeit zur Verarbeitung mehrerer Optionen
verbessern. In diesen Bereich fallen Techniken, die es erlauben, mehrere Optionen gegeneinander mittels Entscheidungshilfen abzuwägen (z. B. decision aids)
oder die Optionstoleranz zu erhöhen.

Abbildung 9:   Strategien der individuellen und sozialen Bewältigung von
Optionsstress

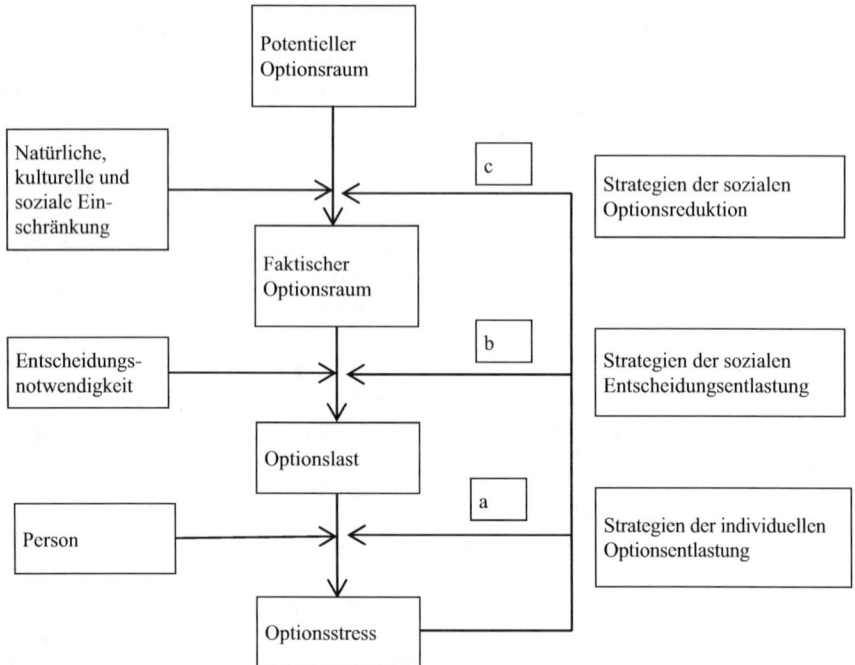

Bei den sozialen Strategien zur Verminderung der Optionslast und des Options-stresses lassen sich zwei Hauptstrategien unterscheiden. Der erste Strategietyp kann als *Strategie der sozialen Entscheidungsentlastung* bezeichnet werden. Diese setzt am Problem der Entscheidungsnotwendigkeit an. Hierbei geht es nicht darum, den faktischen Optionsraum zu vermindern, sondern darum, die Entscheidungsnotwendigkeit aufzuheben, so dass der Optionsraum nicht aktuali-siert bzw. aktiviert werden muss (vgl. Abbildung 9, Pfeil b). Beliebte Strategien in diesem Rahmen sind die Bürokratisierung und die Standardisierung. Wenn zum Beispiel eine bürokratische Organisation klar regelt, was zu tun ist, braucht keine Option aus einem Optionsraum selektiert werden. Dasselbe gilt für die Standardisierung. In standardisierten Prozessen gibt es kaum Optionen und wenn es Optionen gibt, ist die Auswahl zwischen den Optionen selbst wiederum stan-dardisiert. In beiden Fällen verringert sich der Unterscheidungs-, Selektions- und Entscheidungsdruck.

Der zweite Strategietyp kann als *Strategie der sozialen Optionsreduktion* bezeichnet werden (vgl. Abbildung 9, Pfeil c). Bei dieser Strategie geht es da-rum, den potentiellen Optionsraum so stark einzugrenzen, dass der daraus resul-tierende faktische Optionsraum auf eine Art und Weise bearbeitet werden kann, dass eine geringe Optionslast gegeben ist. Dies wird vor allem über die Schaf-fung von Institutionen bewerkstelligt. Institutionen sind kulturelle Verhaltens-muster. Sie stellen aus der Vielfalt der menschlichen Verhaltensweisen eine Auswahl dar, die von der Gesellschaft positiv sanktioniert wird und für alle Mit-glieder verbindlich ist. Zu den Institutionen zählen z. B. Eigentum, Ehe, Beruf, Staat, Behörde, Führung, Hierarchie und Betrieb. Diese Institutionen schützen den Menschen davor, zu viele Entscheidungen treffen zu müssen. Deinstitutiona-lisierungsprozesse sind aus dieser Perspektive kontraproduktiv, da sie den Opti-onsraum erweitern und nicht eingrenzen.

4 Zusammenfassung

In dieser Abhandlung wurde die These vertreten, dass ein bestimmter Teil der modernen Arbeit durch Optionsstress geprägt ist. Optionsstress ist gegeben, wenn eine Person in einer Situation, die sich durch viele oder komplexe Optio-nen auszeichnet, zur Einschätzung gelangt, dass diese Situation ihre Ressourcen beansprucht oder übersteigt und ihr Wohlbefinden gefährdet. In diesem Artikel wurde der Begriff von verwandten Begriffen abgegrenzt. Es wurde argumentiert, dass Optionsstress ein Grundproblem des Menschen darstellt, das durch die Mo-dernisierung der Gesellschaft an Bedeutung gewinnt. Es wurde weiter die These vertreten, dass unsere Arbeitswelt zweigeteilt ist. In der strukturierten Arbeits-welt werden standardisierte Aufgaben in strukturierter Form abgearbeitet, so dass Optionsmangel das vorherrschende Merkmal ist. Die unstrukturierte Arbeitswelt hingegen zeichnet sich durch geringe Standardisierung, geringe Formalisierung und wenig festes Wissen sowie vor allem durch große Optionsräume aus. In der unstrukturierten Arbeitswelt ist alles möglich, wenig ist festgelegt. Die Aufgabe der Wissensarbeiter in diesen Bereichen ist es, zunächst die Optionsräume zur Findung innovativer Lösungen auszuweiten und dann die ausgeweiteten Optionsräume durch Anwendung von Wissen und das Treffen von Entscheidungen intelligent und rasch zu schließen. Insofern sind Wissensarbeiter Strukturierungsarbeiter. Bildlich gesprochen schaffen sie feste Inseln der Struktur im „Meer der Optionen". Ist das Problem erst einmal strukturiert, kann es an die „Durch- und Ausführer" weitergegeben werden. Sie sind im strukturierten Teil der Arbeitswelt tätig. Dort ist es nötig, für die „Durch- und Ausführer" möglichst viel Spielraum zu schaffen, damit ihre Persönlichkeit und ihre Gesundheit nicht leidet. In der unstrukturierten Welt hingegen ist nicht zu wenig, sondern zu viel Spielraum das Problem. Wir konnten zeigen, dass die typischen Arbeiten in diesem Bereich, wie z. B. die Projektarbeit, aus einer unstrukturierten und einer strukturierten Phase bestehen. Optionsstress tritt hauptsächlich in der unstrukturierten Phase auf.

Zum Verhältnis zwischen Optionsstress und Zeitdruck wurden zwei Thesen aufgestellt: 1) Optionslast führt zu Zeitdruck; 2) Zeitdruck führt zu Optionsstress. Bei Terminarbeit führt eine Ausweitung des faktischen Optionsraums und damit der Optionslast zu einem erhöhten Zeitdruck. Es müssen dann mehr Optionen pro Zeiteinheit unterschieden, bewertet und ausgewählt werden. Zeitdruck wiederum kann die Wahrscheinlichkeit des Entstehens von Optionsstress erhöhen. Hat man aufgrund des Zeitdrucks zur Unterscheidung, Bewertung und Auswahl der Optionen weniger Zeit zur Verfügung, stellt sich Optionsstress ein. Zur Eindämmung des Optionsstresses stehen prinzipiell drei Gegenmaßnahmen zur Verfügung: 1) Individuelles Training der Fähigkeit zu Optionsstressreduktion und Mehroptionsfähigkeit, 2) Strategien der sozialen Entscheidungsentlastung und 3) Strategien der sozialen Optionsreduktion. Alle drei Maßnahmentypen sind geeignet, den Optionsstress zu reduzieren und in Grenzen zu halten. Es sollte aus gesundheitswissenschaftlicher Sicht generell das Ziel sein, in der Wissensarbeit durch geeignete Arbeits- und Koordinationsgestaltung einen Mittelweg zwischen Optionsmangel und Optionsvielfalt zu finden.

Literatur

Ackerman, C./Parsons, T. (1976): Der Begriff Sozialsystem als theoretisches Instrument. In: Talcott Parsons (Hrsg.): Zur Theorie sozialer Systeme, 69-84. Opladen: WestdeutscherVerlag

Badamgarav, E./Weingarten, S. R./Henning, J. M./Knight, K./Hasselblad, V./Gano, A. et al. (2003): Effectiveness of disease management programs in depression: a systematic review. American Journal of Psychiatry, 160, 2080-2090

Badura, B. (1981): Zur sozialepidemiologischen Bedeutung sozialer Bindung und Unterstützung. In: Badura, B. (Hrsg.): Soziale Unterstützung und chronische Krankheit: zum Stand sozialepidemiologischer Forschung,13-39. Frankfurt a. M.: Suhrkamp

Bechtle, G. /Lutz, B. (1989): Die Unbestimmtheit post-tayloristischer Rationalisierungsstrategie und die ungewisse Zukunft industrieller Arbeit – Überlegungen zur Begründung eines Forschungsprogramms. In: Düll, K./Burkhart, L. (Hrsg.): Technikentwicklung und Arbeitsteilung im internationalen Vergleich: Fünf Aufsätze zur Zukunft industrieller Arbeit, 9-91. Frankfurt a. M.: Campus

Beynon, H./Nichols, T. (2006): Patterns of work in the post-fordist era. Fordism and postfordism. Vol. 1. Cheltenham: Edward Elgar Publishing

Bullinger, H.-J./Cebulla, T./Hauß, I./Potinecke, T. (2001): Kooperative, virtuelle Produktentwicklung. Werkstattstechnik, 91, 63-67

Bundesministerium des Innern (2008): Praxisleitfaden: Projektmanagement für die öffentliche Verwaltung. Berlin: Bundesministerium des Innern

Burns, T./Stalker, G. M. (1961): The management of innovation. London: Tavistock Publications

Castel, P. (2009): What's behind a guideline? Authority, competition and collaboration in the french oncology sector. Social Studies of Science, 39,743-764

Coch, L./French, J. R. P. (1948): Overcoming resistance to change. Human Relations, 1, 512-532

Dahrendorf, R. (1979): Lebenschancen: Anläufe zur sozialen und politischen Theorie. Frankfurt a. M.: Suhrkamp

Deutschmann, C. (1987): Der „Betriebsclan": Der japanische Organisationstypus als Herausforderung an die soziologische Modernisierungstheorie. Soziale Welt, 2, 133-147

Drexel, I. (2010): Gesellschaftliche und politische Folgen von Akademisierung. In IG Metall-Vorstand (Hrsg.), Experten-Workshop I: Akademisierung von Betrieben – Facharbeiter/-innen ein Auslaufmodell?,47-55. Dortmund: IG Metall-Vorstand

Edmunds, A./Morris, A. (2000): The problem of information overload in business organisations: a review of the literature. International Journal of Information Management, 20, 17-28

Eppler, M. J./Mengis, J. (2004): The concept of information overload – A review of literature from organization science, accounting, marketing, MIS, and related disciplines. The Information Society: An International Journal, 20, 1-20

Esser, H. (1993): Soziologie : Allgemeine Grundlagen Frankfurt a. M.: Campus

142

Holger Pfaff

Franz, P. (1986): Der „Constrained Choice"-Ansatz als gemeinsamer Nenner individualistischer Ansätze in der Soziologie: Ein Vorschlag zur theoretischen Integration. Kölner Zeitschrift für Soziologie und Sozialpsychologie, 38, 32-54

Gross, P. (1994): Die Multioptionsgesellschaft. Frankfurt a. M.: Suhrkamp

Habermas, J. (1988): Theorie des kommunikativen Handelns. Band 2: Zur Kritik der funktionalistischen Vernunft. Frankfurt a. M.: Suhrkamp

Hofstätter, P. R. (1986): Gruppendynamik: Kritik der Massenpsychologie. Reinbek: Rowohlt.

Hsieh, Y.-M./Hsieh, A.-T. (2003): Does job standardization increase job burnout? International Journal of Manpower, 24, 590-614

Janis, I. L./Mann, L. (1977): Decision making: a psychological analysis of conflict, choice, and commitment. New York: Free Press

Karasek, R./Theorell, T. (1990): Healthy work: stress, productivity and the reconstruction of working life. New York: Basic Books

Karbach, U./Schubert, I./Hagemeister, J./Ernstmann, N./Pfaff, H./Höpp, H.-W. (2011): Ärztliches Leitlinienwissen und die Leitliniennähe hausärztlicher Therapien: Eine explorative Studie am Beispiel kardiovaskulärer Erkrankungen. Deutsches Ärzteblatt, 108, 61-69

Kern, H./Schumann, M. (1985): Das Ende der Arbeitsteilung?: Rationalisierung in der industriellen Produktion: Bestandsaufnahme, Trendbestimmung. München: Beck

Kieser, A./Kubicek, H. (1992): Organisation. (3 Aufl.). Berlin: de Gruyter

Kiss, G. (1990): Grundzüge und Entwicklung der Luhmannschen Systemtheorie. (2., neu bearbeitete Auflage.). Stuttgart: Enke

Luhmann, N. (1991): Soziologie als Theorie sozialer Systeme. In Luhmann, N.: Soziologische Aufklärung 1: Aufsätze zur Theorie sozialer Systeme (6. Aufl.),113-136. Opladen: Westdeutscher Verlag

Luhmann, N. (1993): Soziale Systeme: Grundriss einer allgemeinen Theorie. (4. Aufl.) Frankfurt a. M.: Suhrkamp

Luhmann, N. (2000): Vertrauen: Ein Mechanismus der Reduktion sozialer Komplexität. (4.Aufl.). Stuttgart: Lucius & Lucius

Luhmann, N. (2008): Rechtssoziologie. (4. Aufl.) Wiesbaden: Verlag für Sozialwissenschaften

Luhmann, N. (2005): Soziologische Aufklärung 3: Soziales System, Gesellschaft, Organisation. (4. Aufl.) Wiesbaden: Verlag für Sozialwissenschaften

McDonald, K. (2007): Disease management of chronic heart failure in the elderly: issues and options. Disease Management & Health Outcomes, 15, 333-339

Mintzberg, H./McHugh, A. (1985): Strategy formation in an adhocracy. Administrative Science Quarterly, 30, 160-197

Moldaschl, M. (2007): Innovationsarbeit. In Ludwig, J./Moldaschl, M./Schmauder, M./Schmierl, K. (Hrsg.): Arbeitsforschung und Innovationsfähigkeit in Deutschland, 135-146. München: Hampp

Münch, R. (1988): Theorie des Handelns: Zur Rekonstruktion der Beiträge von Talcott Parsons, Emile Durkheim und Max Weber. Frankfurt a. M.: Suhrkamp

Nachreiner, F. (2002): Über einige aktuelle Probleme der Erfassung, Messung und Beurteilung der psychischen Belastung und Beanspruchung:psychische Belastung – psychische Beanspruchung – Messverfahren – Gütekriterien. Zeitschrift für Arbeitswissenschaft, 56, 10-21

Nyhuis, P./Elscher, A./Kolakowski, M. (2004): Prozessmodell der Synergetischen Fabrikplanung: Ganzheitliche Integration von Prozess- und Raumsicht. Werkstattstechnik, 94, 95-99

O'Reilly, C. A. (1980): Individuals and information overload in organizations: Is more necessarily better? The Academy of Management Journal, 23, 684-696

Ouchi, W. G. (1980): Markets, bureaucracies, and clans. Administrative Science Quarterly, 25, 129-141

Pahl, G./Beitz, W./Feldhusen, J./Grote, K.-H. (2006): Konstruktionslehre: Grundlagen erfolgreicher Produktentwicklung; Methoden und Anwendung. (7. Aufl.). Berlin: Springer

Parsons, T. (1949): The strucutre of social action: a study in social theory with special reference to a group of recent European writers. Glancoe, Ill.: The Free Press

Parsons, T. (1951): The social system. New York: The Free Press of Glencoe

Parsons, T. (1975): Gesellschaften: evolutionäre und komparative Perspektiven. Frankfurt a. M.: Suhrkamp

Pfaff, H./Badura, B./Pühlhofer, F./Siewerts, D. (2005): Das Sozialkapital der Krankenhäuser – wie es gemessen und gestärkt werden kann. In: Badura, B./Schellschmidt, H./Vetter, C. (Hrsg.): Fehlzeiten-Report 2004: Gesundheitsmanagement in Krankenhäusern und Plegeeinrichtungen; Zahlen, Daten, Analysen aus allen Branchen der Wirtschaft,81-109. Berlin: Springer

Pfaff, H./Stieler-Lorenz, B./Jung, J./Nitzsche, A./Lautenbach, C. (2010): Optionsstress in der Wissensarbeit. Wirtschaftspsychologie, 12, 29-37

Sackett, D. L./Rosenberg, W. M./Gray, J. A./Haynes, R. B./Richardson, W. S. (1996): Evidence based medicine: What it is and what it isn't. British Medical Journal, 312, 71-72

Schimank, U. (1992): Erwartungssicherheit und Zielverfolgung: Sozialität zwischen Prisoner's Dilemma und Battle of the Sexes. Soziale Welt, 43, 182-200

Streubel, U./Hörmann, K. (2008): IT-Governance needs CMMI. IT-Governance, 2, 3-8.

Timmermans, S./Kolker, E. S. (2004): Evidence-based medicine and the reconfiguration of medical knowledge. Journal of Health and Social Behavior, 45, 177-193

Udris, I./Frese, M. (1999): Belastung und Beanspruchung. In: Hoyos, C. G./Frey, D. (Hrsg.): Arbeits- und Organisationspsychologie: Ein Lehrbuch, 429-445. Weinheim: Beltz

Ulich, E. (1998): Arbeitspsychologie. (4., überarb. u. erw. Aufl.) Zürich: Schäffer-Poeschel

Wagner, P. (2004): Modernity: one or many? In: Blau, J. R. (Hrsg.): The Blackwell companion to sociology, 30-43. Malden: Blackwell

Keine Zeit für gesunde Führung? Befunde und Perspektiven aus Forschung und Beratungspraxis

Ulrike Stilijanow und Petra Bock

Abstract

Welche Rolle spielen die Arbeitsbedingungen von Führungskräften für eine gesundheitsorientierte Mitarbeiterführung? Der Antwort auf diese Frage nähern sich die Autorinnen aus ihren jeweiligen Blickwinkeln. Es werden empirische Forschungsergebnisse zu gesundheitsförderlicher Führung und zur Arbeitssituation von Führungskräften aufgearbeitet. Fundiert durch die Praxisperspektive langjähriger Coaching- und Beratungstätigkeit wird darüber hinaus der betriebliche Umgang mit den Themen Gesundheit und Leistung beleuchtet. Es zeigt sich, dass Führungskräfte grundsätzlich vielfältige Möglichkeiten haben, die Gesundheit ihrer Mitarbeiter positiv zu beeinflussen. Im Führungsalltag werden diese Möglichkeiten aber noch zu selten ausgeschöpft. Die Arbeitssituation von Führungskräften bietet hier einen möglichen Erklärungsansatz: Durch hohen Zeit- und Leistungsdruck und ein Arbeitsumfeld, das Leistung fordert, ohne die gesundheitlichen Ressourcen zu berücksichtigen, ergeben sich einige Hindernisse für eine gesundheitsförderliche Führungskultur. Vor diesem Hintergrund werden weiterführende Forschungs- und Handlungsbedarfe diskutiert.

1 Ideal und Realität gesunder Führung

1.1 Stand der Forschung – was ist gesunde Führung?

Gesunde und motivierte Mitarbeiter sind von großer Bedeutung für den Erfolg und die Zukunftsfähigkeit eines Unternehmens. In diesem Zusammenhang ist in den letzten Jahren der Einfluss der Führungskräfte auf die Gesundheit der Mitarbeiter verstärkt in den Blick gerückt. Mittlerweile wird durch eine Reihe von Studien belegt, dass das Führungsverhalten im Zusammenhang mit dem psychischen Befinden, der Arbeitszufriedenheit, der Arbeitsfähigkeit, der körperlichen Gesundheit und dem Krankenstand der Mitarbeiter steht (Gregersen/Kuhnert/ Zimber/Nienhaus 2011).

Mitarbeiter, die sich von ihrer Führungskraft herumkommandiert und von „oben herab" behandelt fühlen (autokratischer Führungsstil) oder ihre Führungskraft als einzelgängerisch und allein den eigenen Interessen verpflichtet wahrnehmen (selbstzentrierte Führung), haben gesundheitliche Nachteile. Nyberg und Kollegen konnten zeigen, dass diese Führungsstile im Zusammenhang mit Befindensbeeinträchtigungen (Nyberg et al. 2011), sowie erhöhten Fehlzeiten und Präsentismus stehen (Nyberg/Westerlund/Magnusson/Hanson/Theorell 2008). Auch die erste deutsche Überblicksarbeit zum Thema Führung und Gesundheit kommt zu dem Schluss, dass bestimmte Merkmale des Vorgesetztenverhaltens, wie z. B. Ungeduld, Druckausübung oder unzureichendes Konfliktmanagement, sich negativ auf die Arbeitszufriedenheit und den allgemeinen Gesundheitszustand auswirken und zu einer Erhöhung von Fehlzeiten und Fluktuationsabsichten führen (Gregersen et al. 2011).

In der Mitarbeiterführung liegt aber auch beachtliches gesundheitsförderliches Potential. Eine Metaanalyse von Kuoppala, Lamminpää, Liira und Vainio (2008) bestätigt beispielsweise den Zusammenhang von guter Führung (good leadership) und verringerten Werten für Erschöpfung, Angst und Depression sowie geringerer Häufigkeit „harter" Indikatoren wie Krankheitstagen und Frühberentungen. Unter guter Führung wurden dabei verschiedene Führungskonzepte wie z. B. unterstützende Führung oder transformationale Führung zusammengefasst. Transformationale Führung ist in der Forschung zu Führung und Gesundheit ein häufig untersuchtes Konzept und beinhaltet unter anderem inspirierendes und motivierendes Führungsverhalten, die gezielte Entwicklung von individuellen Stärken und eine (charismatische) Vorbildfunktion. Neben Führungsstilen, die im Prinzip prototypische Kombinationen verschiedenster Führungsverhaltensweisen sind, stellen Gregersen et al. (2011) als empirisch bestätigte führungsbezogene Ressourcen mit gesundheitsförderlichen Effekten insbesondere soziale Unterstützung, Gewährung von Mitbestimmungs- und Beteiligungsmöglichkeiten sowie Anerkennung und Wertschätzung heraus.

Um für die Praxis den Stand der Forschung besser nutzbar zu machen, ist es hilfreich, aus den vielfältigen Forschungsergebnissen eine Systematik gesunder Führungsmerkmale zu entwickeln. Ein guter Ausgangspunkt für eine solche Systematik bietet das theoretisch hergeleitete Konzept gesundheitsförderlicher Führung (Wilde/Hinrichs/Bahamondes-Pavez/Schüpbach 2009) mit den drei Komponenten: 1) gesundheitsförderliche Interaktion mit den Mitarbeitern, 2) gesundheitsförderliche Gestaltung von Arbeitsbedingungen und 3) Unterstützung und Realisierung betrieblicher Gesundheitsförderung. Diese drei Komponenten werden im Folgenden beispielhaft mit empirischen Befunden unterlegt und durch einen vierten Aspekt zur Systematik gesunder Führungsmerkmale erweitert.

1) Prümper und Becker (2011) können zeigen, dass sich Freundlichkeit und Respektierung der Beschäftigten durch den Vorgesetzten positiv auf die Arbeitsfähigkeit der Mitarbeiter auswirken. In der bereits zitierten Überblicksarbeit von Gregersen et al. (2011) werden eine ganze Reihe von Studien vorgesellt, die Zusammenhänge zwischen sozialer Unterstützung des Vorgesetzten und ver-

schiedenen Gesundheits- und Zufriedenheitsindikatoren der Mitarbeiter bestätigen. Van Dierendonck, Haynes, Borrill und Stride (2004) unterstreichen in ihrer Längsschnittuntersuchung aber auch, dass Führungskräfte die Mitarbeiter nicht einseitig beeinflussen, sondern vielmehr mit diesen in Wechselwirkung treten. Ein Merkmal gesunder Führung besteht also in dem Beitrag der Führungskraft zur *positiven Beziehungsgestaltung* zu den Mitarbeitern.

2) Führungskräfte beeinflussen die Gesundheit ihrer Mitarbeiter nicht nur auf direktem Weg der Interaktion und Beziehungsgestaltung – auch Arbeitsbedingungen, die in starkem Maße von den Führungskräften mitgestaltet werden, spielen eine wichtige Rolle. Untersuchungen zeigen, dass der Zusammenhang zwischen dem Führungsverhalten und der Mitarbeitergesundheit zum Teil durch Charakteristika der Arbeitsaufgabe vermittelt wird, z. B. durch die wahrgenommene Bedeutsamkeit der Arbeit (Arnold et al. 2007; Nielsen et al. 2008) sowie Rollenklarheit und Entwicklungsmöglichkeiten (Nielsen et al. 2008). Besonders günstig ist es, wenn Führungskräfte ihren Mitarbeitern Unterstützung und Entwicklungsmöglichkeiten bieten – z. B. durch Anerkennung und Feedback, Mitbestimmungsmöglichkeiten und Handlungsspielräume – ohne jedoch die Mitarbeiter dabei zu überfordern. Eine solche unterstützungs- und entwicklungsorientierte Führung wirkt sich positiv auf die Gesundheit der Mitarbeiter und deren Potentialentwicklung aus (Vincent 2011). Daraus lässt sich als empirisch bestätigtes Merkmal gesunder Führung die *gesundheitsförderliche Gestaltung der Arbeitsbedingungen* ableiten.

3) Ein anderer interessanter Aspekt wurde von einer schwedischen Studie beleuchtet. Die Forscher stellten fest, dass das Engagement der Führungskräfte für das Thema Mitarbeitergesundheit einen großen Einfluss auf die Effektivität von Maßnahmen zur betrieblichen Gesundheitsförderung (BGF) hat. Es zeigte sich auch, dass durchgeführte BGF-Maßnahmen nur dann zu einer Verringerung der Krankheitstage führten, wenn die Führungskräfte anerkannten, dass die Ursachen für die Gesundheitsprobleme der Mitarbeiter nicht allein dem Mitarbeiter selbst zuzuschreiben sind, sondern auch in den Arbeitsbedingungen oder gesellschaftlichen Bedingungen liegen (Dellve/Skagert/Vilhelmsson 2007). Die Unterstützung von BGF-Maßnahmen geht über die Gestaltung der Beziehung und der Arbeitsbedingungen hinaus und kann als *Beitrag zur betrieblichen Gesundheitsförderung* bezeichnet werden.

4) Ein zusätzlicher Aspekt erweist sich ebenfalls als wichtig – nämlich der Umgang der Führungskräfte mit der eigenen Gesundheit. Franke und Felfe (2011) konnten die Bedeutsamkeit der Vorbildfunktion von Führungskräften empirisch belegen. Vorgesetzte, die sich um ihre eigene Gesundheit kümmern und Überlastungen in der Arbeit aktiv entgegenwirken, neigen auch eher dazu, auf die Gesundheit der Mitarbeiter zu achten. Dies wiederum beeinflusst

148 Ulrike Stilijanow und Petra Bock

das gesundheitsförderliche Verhalten der Mitarbeiter positiv. Das Merkmal der *Vorbildfunktion* wird daher in der Systematik ergänzt (siehe Tabelle 1).

Tabelle 1: Empirisch bestätigte Merkmale gesunder Führung

Merkmal	Beispiele
Vorbildfunktion der Führungskraft in Bezug auf Gesundheit	Interesse an der eigenen Gesundheit, Wahrnehmung von gesundheitlichen Belastungen (eigene und die der Mitarbeiter), Vorbeugung vor Überlastung
Positive Beziehungsgestaltung zu den Mitarbeitern	Interesse am Wohlbefinden der Mitarbeiter, Offenheit, Respekt und Wertschätzung im Umgang mit den Mitarbeitern
Gesundheitsförderliche Gestaltung der Arbeitsbedingungen	Konstruktives Feedback, Partizipations-, Lern- und Entwicklungsmöglichkeiten, Tätigkeitsspielräume, realistische und flexible Zielsetzung
Beitrag zur betrieblichen Gesundheitsförderung	Aktive Unterstützung der Entwicklung und Umsetzung von Maßnahmen zur betrieblichen Gesundheitsförderung

In dieser Darstellung wird der Schwerpunkt auf gesundheitsrelevante Aspekte von Führung gelegt. Es soll an dieser Stelle aber auch erwähnt werden, dass eine negative Beeinflussung der Gesundheit, Zufriedenheit und Arbeitsfähigkeit von Mitarbeitern durch das Führungsverhalten auch bedeutsame wirtschaftliche und volkswirtschaftliche Implikationen hat (z. B. Kosten durch Motivations- und Produktivitätsverluste, Fehlzeiten oder Gesundheitsbehandlungen). Es gibt auch empirische Belege dafür, dass Gesundheit und Produktivität sich keineswegs gegenseitig ausschließen, sondern im Gegenteil durch eine geeignete Führungskultur gleichermaßen positiv beeinflusst werden können (z. B. Netta 2011). Gesunde Führung sollte daher als gesundheits-, entwicklungs- und produktivitätsförderliche Führung aufgefasst werden. Zusammenfassend ist zu erwarten, dass es sich positiv auf die Gesundheit und Produktivität von Mitarbeitern auswirkt, wenn Führungskräfte auf ihre eigene Gesundheit achten, sich für eine positive Beziehungsgestaltung mit ihren Mitarbeitern engagieren, die Arbeitsbedingungen für die einzelnen Mitarbeiter gesundheits- und entwicklungsförderlich gestalten und sich darüber hinaus für die betriebliche Gesundheitsförderung einsetzen.

1.2 Praxisperspektive: Leadership als neue Anforderung in Unternehmen

In den vergangenen Jahren ist in der Praxis vieler Unternehmen der Fokus auf die sogenannten weichen Aspekte von Führung stärker geworden. Die Diskussion um den Aspekt von Leadership im Führungsalltag und zahlreiche daraufhin aufgesetzte Coaching- und Trainingsprogramme für Führungskräfte zeigen, dass gerade in größeren Unternehmen die Aufmerksamkeit für das Thema steigt. Bisher standen in der Förderung von Führungskräften Managementtätigkeiten, also das Planen, Führen, Delegieren und Nachhalten von Prozessen im Fokus. Nun sollen Führungskräfte charismatisch führen. Sie sollen Vorbildrollen einnehmen und neben Respekt und Anerkennung auch Leitbilder und motivierende Visionen mitgeben. Es reicht nicht mehr aus, in puncto Engagement, Arbeitsqualität oder Kommunikation vorbildlich zu sein. Es gilt, eine rundum vorbildliche Persönlichkeit zu sein – und das nicht nur auf Vorstandsebene, sondern auf allen Hierarchieebenen. Qualitäten, die bisher für Spitzenführungskräfte großer Unternehmen zum Entwicklungsprogramm gehörten, werden nach und nach zur Standardanforderung.

In der Praxis wird dieses neue Idealbild häufig als Zusatzbelastung erlebt. Wurden Führungskräfte bisher vor allem aufgrund „harter" Faktoren – der Expertise, der Arbeitsergebnisse und der Management-Fähigkeiten – befördert, sollen sie nun auch noch exzellent kommunizieren und gesundheitsorientiert führen. Ein Vorbild an Motivation, Wissen, Loyalität, Arbeitstechnik, Engagement, Kommunikation und gleichzeitig in der Lebensführung zu sein, ist für viele „zu viel des Guten". Ein häufig gehörter Satz in Coachings ist: „Was denn noch alles? Muss ich jetzt der perfekte Mensch sein?" Dabei ist Gesundheit und Leistungsfähigkeit als Thema für Führungskräfte zumindest in Konzernen nicht neu. War es in den frühen 70er Jahren noch üblich, in Meetings hochprozentigen Alkohol zu trinken und zu rauchen, setzte bereits vor 30 Jahren zumindest in den Top-Etagen der Gesundheitstrend ein. Das Idealbild des Managers war: schlank, sportlich, fit, nie krank. Top-Manager wurden jährlich und werden zum Teil bis heute in Privatkliniken auf Unternehmenskosten gesundheitlich durchgecheckt. Dabei ging es nicht so sehr um eine Vorbildfunktion gegenüber den eigenen Mitarbeitern, sondern um ein ausgeprägtes Hochleistungsethos unter Top-Führungskräften, das sich stark am Leistungssport und dem Fitnessideal der 80er Jahre orientierte.

Diszipliniert und hart gegen sich selbst zu sein und gleichzeitig Hervorragendes zu leisten – das war, auf den wesentlichen Kern gebracht, die Haltung, die Managern beigebracht wurde. Unternehmensorganisation und Führung sind bis heute im Grunde stark an ihren Ursprüngen aus dem Militär orientiert. Wie der französische Philosoph und Managementtheoretiker Francois Julien (1999) bemerkt, ist die westliche militärische Denktradition im Wirtschaftsleben zum Teil immer noch an den Idealen des „Heldentums" orientiert. Belohnt wird, wer sich über seine Grenzen hinweg engagiert und notfalls sogar opfert. Ein echter Held ist jemand, der Übermenschliches zu leisten vermag, der ein Engagement zeigt, das auch die eigenen Belastungsgrenzen übersteigt.

Ebenfalls aus dieser westlich-militärischen Denktradition stammt die Überzeugung, dass Menschen „Ressourcen" sind und Ressourcen im Notfall „verbraucht" werden können. Gepaart mit der Annahme, dass großer Erfolg ebenso große Opfer verlangt – ebenfalls tief verwurzelt in allen westlichen Kulturen – entsteht in sehr vielen Unternehmen und bei ihren Akteuren im Management eine mentale Parallelwelt, in der gesundheitsorientierte Überlegungen einen schweren Stand haben. Wer der Meinung ist, dass Erfolg persönliche Opfer verlangt und auch die Schädigung der eigenen Gesundheit und der von Mitarbeitern billigend in Kauf nimmt, gerät in die Spirale aus Druck, Überforderung und Demotivation, die heute viele Unternehmen vor große Probleme stellt. Der Leadership-Gedanke gibt deshalb nur dann zukunftsweisende Impulse, wenn er sich von seinen militärischen Traditionen löst.

Das, was wir heute unter gesundheitsförderlichem Führen und modernem Leadership verstehen, verlangt völlig andere Qualitäten und kommt in der Praxis einem Traditionsbruch gleich. Wurden bisher Persönlichkeiten mit starkem Durchsetzungswillen und einer gewissen „gesunden" Ich-Bezogenheit gefördert, erlebt man, dass genau diese Eigenschaften nicht zu den neuen Werten von gesunder Führung passen. Sie sind zum Teil sogar gegenläufig und führen bei Führungskräften, die weiterhin stark zahlenorientierte Leistungsmerkmale zu erfüllen haben, zu ausgeprägten Ambivalenzen. Zeitgemäße Führung braucht heute Menschen, die in der Lage sind, gleichzeitig auf zwei anspruchsvolle Fähigkeiten situativ zurückzugreifen: auf der einen Seite weiterhin ein großes Maß an Expertise, Fokus und Entschiedenheit im Management-Bereich zu zeigen und gleichzeitig im Führungsalltag den Blick zu weiten, Menschen wahrzunehmen und die Zeit zu investieren, mit den Mitarbeitern tragfähige professionelle Beziehungen zu etablieren und zu pflegen. Dass diese heute häufig als Überforderung wahrgenommene Flexibilität unerlässlich ist, steht außer Frage. Gerade im durch die demografische Entwicklung zunehmenden so genannten „war for talents" werden die früher als „weich" bezeichneten Faktoren der zwischenmenschlichen Beziehungsqualitäten am Arbeitsplatz zu den harten Faktoren im Wettbewerb um Talente. Die zunehmende Zahl von 360-Grad-Feedbacks für Führungskräfte zeigt, dass die Entwicklung sozialer Kompetenzen deutlich an wahrgenommener Relevanz gewonnen hat. Doch solange sie losgelöst von integrierten Förderkonzepten und quer zur Unternehmenskultur vieler Unternehmen stehen, werden diese Bewertungen weicher Faktoren im Alltag von Führungskräften als zusätzliche Belastung wahrgenommen. Der Aufbau respektvoller professioneller Arbeitsbeziehungen fordert Aufmerksamkeit und Zeit. Und genau da fehlen im Alltag Ressourcen.

1.3 Wie verbreitet sind Merkmale gesunder Führung?

Aus den empirischen Befunden lässt sich schon Einiges darüber ableiten, wie eine gute und gesunde Führung aussehen könnte. Führungskräfte sollten auf ihre eigene Gesundheit achten und Überlastungen vermeiden. Sie sollen ihren Mitarbeitern respektvoll und wertschätzend begegnen, ihnen Handlungsspielräume und Mitbestimmungsmöglichkeiten einräumen, klare und realistische Ziele erarbeiten und die Entwicklung der Mitarbeiter fördern, ohne zu überfordern. Aber wie ist die Führungsqualität in der betrieblichen Praxis tatsächlich einzuschätzen? In Mitarbeiterbefragungen zeigt sich eine große Unzufriedenheit mit dem Vorgesetztenverhalten: Viele Mitarbeiter fühlen sich durch das Verhalten ihrer Vorgesetzten beeinträchtigt. Laut BKK Gesundheitsreport 2008 (Joussen 2008) gaben 34 % der Befragten an, von deutlichen psychischen Fehlbeanspruchungen durch das Verhalten ihres Vorgesetzten betroffen zu sein. Von allen erhobenen Ursachen machte dies den größten Anteil aus, gefolgt von psychischen Fehlbeanspruchungen durch die Arbeitstätigkeit an sich (24 %) und durch fehlende Gestaltungsmöglichkeiten (22 %).

Der EU-Vergleich zeigt, dass Führungskräfte in Deutschland als weniger unterstützend wahrgenommen werden, als in anderen EU-Ländern. In der 2010 durchgeführten Europäischen Erhebung über die Arbeitsbedingungen (European Working Conditions Survey – EWCS) gaben 31% der Deutschen Beschäftigten an, selten oder nie Hilfe und Unterstützung von ihrem Vorgesetzten zu erfahren. In keinem anderen EU-Land wurde unzureichende Unterstützung so häufig bemängelt (EU27-Durchschnitt: 19%). Dies deutet auf eine hohe Sensibilisierung für das Thema und einen hohen Handlungsbedarf in diesem Bereich hin.

In der Gallup Studie zum Engagement Index Deutschland 2010 (Nink 2011) wird deutlich, dass nur ein kleiner Teil der befragten Mitarbeiter gesundheitsförderliche Führungsmerkmale berichtet. So gab beispielsweise nur jeder fünfte Befragte an, für gute Arbeit Lob und Anerkennung von der Führungskraft zu bekommen. Auch regelmäßiges Feedback über Fortschritte bei der Arbeit erhielten nur 22 % der Befragten. Lediglich ein Viertel der Mitarbeiter fühlte sich bei der Arbeit mit ihrer Meinung und ihren Ansichten einbezogen. Ähnlich stellt es sich für das Interesse am Mitarbeiter und die Förderung von Potentialentfaltung und Weiterentwicklung dar (siehe Tabelle 2).

Tabelle 2:   Schwachstellen im Führungsverhalten 2010. Anteil der Befragten,
die das jeweilige Merkmal als erfüllt ansehen, in Prozent. Aus
Gallup Engagement Deutschland 2010 (repräsentative
Arbeitnehmer/innen-Befragung, n = 1920)

Führungsmerkmal	erfüllt
Für gute Arbeit wird Lob und Anerkennung ausgesprochen.	19 %
Ich bekomme regelmäßiges Feedback über persönliche Fortschritte bei der Arbeit.	22 %
Ich fühle mich bei der Arbeit mit einbezogen und nach meiner Meinung und meinen Ansichten gefragt.	25 %
Mein Vorgesetzter oder eine andere Person bei der Arbeit interessiert sich für mich als Mensch.	31 %
Mein Vorgesetzter hat mit mir ein gehaltvolles Gespräch über meine Stärken geführt.	14 %
Mein Vorgesetzter fördert mich bei meiner Entwicklung.	19 %

In einer Längsschnittuntersuchung von Auer-Rizzi, Reber und Szabo (2005)
finden sich interessante Befunde dazu, dass Führungsentscheidungen, die die
Mitarbeiter einbeziehen, in Deutschland und Österreich in den letzten Jahren
zurückgegangen sind. Zugrunde gelegt wurde das normative Führungsmodell
von Vroom und Yetton, das mit Hilfe von Entscheidungsregeln zu bestimmten
Führungssituationen passende Führungsstrategien vorschlägt. Dabei geht es vor
allem um den Grad an Mitarbeiterpartizipation bei Entscheidungsprozessen, der
für die vorliegende Situation den größten Erfolg der Führungsentscheidung ver-
spricht. Eine stärkere Einbeziehung der Mitarbeiter schlägt das Modell beispielsweise dann vor, wenn Vorgesetzte noch nicht über genügend Informationen verfügen, um eine qualitativ gute Entscheidung allein treffen zu können,
oder wenn die Akzeptanz der Entscheidung durch die Mitarbeiter bei Alleinent-
scheidung nicht gegeben wäre. Auer-Rizzi und Kollegen stellten in ihrer Untersuchung fest, dass Führungsentscheidungen in Bezug auf das Modell in der Zeit
von 1985 bis 2000 verhältnismäßig stabil geblieben waren. Für den Zeitraum
zwischen 2000 und 2005 zeigte sich allerdings eine Tendenz zu mehr zeiteffizi-
enten Strategien und autokratischen Führungsentscheidungen auf Kosten
partizipativer und lernförderlicher Strategien.

Auch Interaktionen mit der Führungskraft, die von Mitarbeitern als negativ
bewertet werden, sind bedeutsam. In einer Tagebuchstudie schätzten Mitarbeiter
die Qualität von alltäglichen Gesprächssituationen mit dem Vorgesetzten ein.
Dabei wurden 20 % der protokollierten Gespräche als selbstwertbedrohlich erlebt (Eilles-Matthiessen/Zapf 2000). Selbstwertverletzendes Vorgesetztenverhal-

ten, wie z. B. Ignorieren oder öffentliches Kritisieren der Mitarbeiter, ging einher mit starken negativen Emotionen und führte zu einer starken Beschäftigung der Mitarbeiter mit der Gesprächssituation – insbesondere durch Grübeln, gedankliche Abwertung des Vorgesetzten und Gespräche mit Kollegen über das Erlebte.

Das wirft die Frage auf, warum Führungskräfte die gesundheitsförderlichen Einflussmöglichkeiten auf die Mitarbeiter nur wenig ausschöpfen und im konkreten Fall nicht selten auf Verhaltensweisen zurückgreifen, die potentiell negative Folgen für die Gesundheit und Produktivität der Mitarbeiter haben.

Schilling (2009) näherte sich der Frage an, indem er Führungskräfte zu den Gründen für „negatives" Führungsverhalten befragte (z. B. restriktive Führung). Zum überwiegenden Teil wurden die Gründe in Aspekten der Arbeitsbedingungen gesehen, u. a. der zu bewältigenden Arbeitsmenge, mangelnden Ressourcen, Druck vom eigenen Vorgesetzten, aber auch Merkmalen der eigenen Mitarbeiter. Nur zu einem geringen Teil wurden die Ursachen in persönlichen Merkmalen der Führungskräfte, wie z. B. Fähigkeiten, Wissen und Erfahrung gesehen. Das Ergebnis ist insofern interessant, als Interventionsmaßnahmen für Führungskräfte zumeist allein auf die persönlichen Merkmale und Kompetenzen abzielen (Verhaltensprävention) und eben nicht auf die Gestaltung der Arbeitsbedingungen (Verhältnisprävention).

Wilde et al. (2009) fragten Führungskräfte nach den Bedingungsfaktoren für gesundheitsförderliche Führung. Es zeigte sich, dass sowohl Merkmale der Organisation als auch persönliche Merkmale der Führungskräfte bedeutsam sind. Die Intention der Manager, gesundheitsförderlich zu führen, ist auf der persönlichen Seite eine wichtige Voraussetzung dafür, dass entsprechende Verhaltensweisen gezeigt werden. Ebenso wichtig sind die betrieblichen Möglichkeiten gesundheitsförderlich zu führen. Es ist also unerlässlich, beim Thema Führung und Gesundheit auch die Arbeitsbedingungen und das Arbeitsumfeld der Führungskräfte genauer in den Blick zu nehmen.

2 Die Arbeitssituation von Führungskräften – ein Hindernis für gesunde Führung?

2.1 Freiwillig arbeiten unter Druck? Belastungen und Ressourcen von Führungskräften

Unternehmen erwarten von ihren Führungskräften, dass sie in hohem Maße leistungsbereit und leistungsfähig sind. Dementsprechend ist die Tätigkeit von Führungskräften auch mit hohen Anforderungen verbunden. In einer Untersuchung von Stoffer (2006) sahen die befragten Führungskräfte insbesondere starken Termindruck, große Arbeitsmenge, häufige Unterbrechungen und Hektik, aber auch hohen Kostendruck und hohe Leistungserwartungen für sich als problematisch an. Bei Wilde und Bahamondes-Pavez et al. (2009) nahmen die Führungskräfte Zeitdruck und Arbeitsunterbrechungen am häufigsten als Stressoren wahr, gefolgt von emotionalen und kognitiven Widersprüchen. In einer anderen Untersuchung sollten Führungskräfte nicht nur den Ist-Stand ihrer Belastungen reflektieren, sondern auch retrospektiv deren Entwicklung bewerten. Die Führungskräfte schätzten ein, dass Arbeitsmenge, Informationsüberflutung, Anfragen per E-Mail/Telefon und Zeitdruck über die vergangenen 5 Jahre zugenommen hatten (Alpers 2008).

Der Zeit- und Leistungsdruck scheint häufig schon durch die Vereinbarung unrealistischer Leistungsziele vorprogrammiert zu sein: In der Befragung von Wilde und Bahamondes-Pavez et al. (2009) gaben ca. 40 % der Führungskräfte an, dass oft von Beginn an nicht genügend Ressourcen (z. B. personell) zur Verfügung stehen, um die vereinbarten Ziele zu erreichen. Zwei Drittel gaben an, dass häufig etwas nicht Eingeplantes die Zielerreichung erschwert, und dass es dann nicht oder nur selten möglich ist, die Ziele oder die Ressourcen anzupassen.

Untersuchungen zu den Arbeitsbedingungen von Führungskräften zeigen aber auch, dass die Führungsposition in der Regel viele Ressourcen bietet, wie z. B. hohe Tätigkeitsspielräume, Autonomie und Selbstbestimmtheit (Sachs 2006; Alpers 2008; Wilde/Bahamondes-Pavez 2009), abwechslungsreiche Arbeitsinhalte (Büssing/Glaser 2001; Alpers 2008) und soziale Unterstützung, vor allem durch die Mitarbeiter (Alpers 2008; Wilde/Bahamondes-Pavez 2009). Zudem verfügen die meisten Führungskräfte auch über leistungsförderliche Ressourcen und Coping-Strategien: Etwa zwei Drittel der Führungskräfte haben eine ausgeprägte generalisierte Kompetenzerwartung, drei Viertel sehen schwierige Situationen als Herausforderungen und weisen eine starke Zielbindung auf. Ebenso viele Führungskräfte haben eine hohe Ausprägung von aktivem (an Problemlösungen orientiertem) Coping (Stoffer 2006). Demnach sind Führungskräfte also in den meisten Fällen willens und aufgrund ihrer Ressourcen auch in der Lage, hohe Anforderungen zu bewältigen.

Bemerkenswert ist allerdings, dass es allgemein gar nicht eindeutig zu bestimmen ist, was für Führungskräfte eine Ressource darstellt und was als Belastung oder Stressor wirkt. Widmer, Semmer, Kälin, Jacobshagen und Meier (2012) stellen beispielsweise Zeitdruck als einen typischen Challenge Stressor heraus. Challenge Stressors („Herausforderungsstressoren") sind in ihrer Wirkung ambivalent – sie wirken zum einen durch ihre Beanspruchungswirkung negativ auf das Wohlbefinden. Andererseits hat die Bewältigung der Herausforderungen auch positive Auswirkungen auf das berufliche Selbstwertgefühl und ist verbunden mit vielfältigen Belohnungen – wie Erfolgserlebnissen, Bestätigung der eigenen Kompetenzen und Anerkennung. Dabei können in der Selbstwahrnehmung der Betroffenen die positiven Einflüsse auf das berufliche Selbst-

wertgefühl die negativen Belastungsfolgen überwiegen, besonders wenn Über-
lastungsanzeichen (noch) nicht so deutlich sind.

> „...this paradoxical effect on well-being may explain why people often do not re-
> duce stressors even if they could. People with high amounts of autonomy (e.g. en-
> trepreneurs, politicians, Scientists) often take on so many projects and duties that
> they become overburdened. It seems that the confirmation of the self associated with
> these challenge stressors induces people to disregard or accept the strain-related con-
> sequences of overburdening themselves" (Widmer et al. 2012).

Die ambivalente Wirkung von Challenge Stressors kann also insbesondere bei
Menschen mit hoher Autonomie – zu denen Führungskräfte zählen – zu einer
übermäßigen Verausgabungsneigung und der Ausblendung längerfristiger Beanspruchungsfolgen führen. Die als positiv angenommene betriebliche Ressource Autonomiespielraum und die persönliche Ressource der Herausforderungsorientierung können diese Dynamik verstärken und damit zur weiteren Erhöhung
von Zeit- und Leistungsdruck beitragen.

2.2 Praxisperspektive: Leistung auf Kosten der gesundheitlichen Ressourcen ist noch immer Leitbild in vielen Unternehmen

Führungskräfte sind in der Regel Persönlichkeiten, die sich für ihre beruflichen
Aufgaben interessieren, erfolgsorientiert an sie herangehen und auch wegen
dieser ausgeprägten Erfolgsorientierung in Führungspositionen aufgestiegen
sind. Zur Erfolgsorientierung gehört, auf Arbeitsaufgaben nicht zu warten, sondern sie auch selbstständig zu initiieren. Dieses „proaktive" Arbeiten gehört zu
den anerkannten positiven Eigenschaften förderungswürdiger Mitarbeiter. Nur
wer es neben seiner Tagesarbeit schafft, auch zu anderen Projekten „ja" zu sagen
und über renommierte Projekte die sogenannte „visibility", also Sichtbarkeit,
auch für höhere Entscheidungsebenen im Unternehmen zu erreichen, hat gute
Chancen auf weitere Karriereschritte. Die Kultur des Ja-Sagens zu neuen Anforderungen und die Überzeugung, durch quantitativ wie qualitativ beeindruckende
und schnell erledigte Arbeit positiv aufzufallen, führt bei vielen Führungskräften
zu einem sehr hohen Arbeitspensum bei gleichzeitig schwindenden freien Zeit-
ressourcen. Je mehr Menschen zu führen sind, desto mehr verstärken sich die
Probleme, weil zur operationalen Arbeit noch die Führungsaufgaben und zahlreiche Meetings kommen. Genau diese Meetings und Gespräche werden als
häufig enervierende Zusatzbelastung wahrgenommen. „Wären die Meetings und
vielen Gespräche nicht, würde ich in Ruhe zu meiner Arbeit kommen", ist häufig
von Führungskräften zu hören.

Je weiter eine Führungskraft in der Hierarchie aufsteigt, desto stärker ist in der Regel ihre Fähigkeit ausgeprägt, nicht nur die fachlichen, sondern auch die menschlichen Erfolgsfaktoren in einem Unternehmen zu kennen und zu bedienen. Im Jargon nennt man das „politisches Gespür". Dazu gehört die Fähigkeit, die Unternehmenskultur, die viel stärker unterschwellig wirkt, als offiziell kommuniziert wird, zu erkennen und ihr gemäß zu agieren. Zu diesem Gespür für eine Unternehmenskultur gehört die Fähigkeit, das Arbeits- und Kommunikationstempo des Unternehmens zu reproduzieren. In sogenannten Onboarding-Prozessen, der Einarbeitungszeit in ein neues Unternehmen oder eine neue Abteilung, erkennen Führungskräfte in der Regel innerhalb kürzester Zeit „wo der Hase langläuft", also welches Tempo und welche Leistungsintensität gelebt und erwartet wird. Wer dieses Tempo-Klima setzt, ist meist nicht transparent, es scheint sich um gruppendynamische Prozesse zu handeln, die sich im Laufe der Zeit verstetigen und sich dann nach und nach in Leitbildern und Images des Unternehmens widerspiegeln. Dabei ist es wiederum abhängig von der Branche, in der eine Führungskraft arbeitet, häufig verpönt, in Abteilungen zu geraten, in denen die sogenannte „ruhige Kugel geschoben wird". Ein verringertes Tempo wird häufig mit mangelnder Erfolgsorientierung und Statuseinbußen gleichgesetzt. Ein hohes Arbeitstempo scheint damit integraler Bestandteil der Wichtigkeit und Anziehungskraft für erfolgsorientierte Menschen zu sein. Entsprechend wird der Wunsch nach reduziertem Tempo, weniger oder besser verteilten Projekten – allen Diskussionen um Burnout zum Trotz – als Zeichen von Schwäche oder Überforderung wahrgenommen. Zum Erfolg gehört im Selbstbild vieler Hochleister, wie oben besprochen, überdurchschnittlich schnell und belastbar sein zu können. Dies entspricht wiederum einem Gesundheitsbild, nach dem Gesundheit allein dazu da ist, die Leistungsfähigkeit zu garantieren. Ihre „Anwesenheit" wird als Normalzustand, ihre Abwesenheit als Schwäche und Überforderung gesehen, die häufig Scham und Selbstzweifel auslösen. „Ich packe das nicht", „ich bin nicht mehr jung genug" oder „das geht mir alles zu schnell, die Jüngeren überholen mich", sind für Führungskräfte in den späten 40er und 50er Jahren häufig geäußerte Sorgen. Hinzu kommen selbst initiierte Katastrophen- und Druckszenarien: „Wenn ich das nicht schaffe, ist es aus", „wenn ich hier nicht perfekte Leistung zeige, verliere ich mein Gesicht". Die Entfremdung zwischen Eigenwahrnehmung und antizipierten Fremderwartungen zeigen sich manchmal auch sprachlich. Führungskräfte sprechen dann häufig in „man"-Konstruktionen: „Man muss auch mal die Zähne zusammenbeißen und sich da durchkämpfen" oder sie sprechen in der zweiten Person mit sich selbst: „Das hättest Du viel besser machen müssen". Denkmuster und innere Dialoge dieser Art sorgen für ein Klima von Druck und Ängsten.

Auch wenn in der öffentlichen Diskussion in vielen Bereichen ein Umdenken einsetzt, ist die in Coachings geäußerte Innenwelt und die tatsächliche Arbeitskultur in Unternehmen in der Regel noch im alten Muster der unbedingten Leistungsorientierung verhaftet. Wer nicht mithält, gilt als überfordert, überlastet und nicht selten als „unprofessionell", weil „schlecht organisiert". Wer wegen gesundheitlicher Probleme oder drohender Überlastung in ein Coaching „geschickt" wird, gilt deshalb in der Regel als Problemfall, der beobachtet und besonders unterstützt werden soll. Führungskräfte, die wegen anderer Themen Coaching nutzen, achten darauf, dass nicht der Eindruck entsteht, sie würden die Beratung auf Grund von Überforderung in Anspruch nehmen.

Die täglich gelebte Mikrokultur in sehr vielen, auch sehr renommierten Unternehmen ist noch auf dauerhafte Präsenz und hohe Belastbarkeit als Erfolgskriterium ausgerichtet. Manchmal wirken betriebliche und von den Tarifpartnern überwachte Vorgaben disziplinierend und sorgen z. B. dafür, dass Büropräsenzen nach 19.00 Uhr nicht mehr akzeptiert werden, doch Führungskräfte, die deshalb früher gehen, nehmen die Arbeit häufig mit nach Hause.

Insgesamt fällt auf, dass Führungskräfte in Coachings in der Regel nicht oder nur sehr zurückhaltend über zu großen Zeit- und Leistungsdruck klagen. Es mag mit dem oben beschriebenen „Loser-Image" zusammenhängen, dass dieses Thema anders „verpackt" wird. Viel häufiger wird Frustration über Ineffizienzen geäußert oder dass Konflikte und Kommunikation mit Menschen zu kompliziert seien und zu viel Kraft kosten. Ein Bereichsleiter mit 20 Direct Reports (direkt an ihn berichtende Führungskräfte) äußerte im Beratungsgespräch, „alles wäre so einfach, wenn da die Menschen und ihre Eigenheiten nicht wären und einfach alle ihren Job machen würden". Der Wunsch, dass andere „einfach funktionieren" sollten, korrespondiert mit der eigenen Bereitschaft, einfach zu funktionieren, und wirft die Frage auf, wie stark Führungskräfte bis heute in einer Parallelwelt ihres Denkens und ihrer Überzeugungen noch in hierarchischen, leistungszentrierten, aus militärischen Traditionen gespeisten Denkmustern verhaftet sind, die sie bei Tageslicht betrachtet so keinesfalls mehr vertreten würden. Das innere Erleben und die nach außen kommunizierte Führungskultur weisen hier häufig anachronistische Tendenzen auf. Für den Coach oder Managementberater entsteht so der Eindruck von mehreren Parallelwelten im Alltag von Führungskräften: Einer häufig bereits fortschritt-lich-menschenorientiert propagierten Kultur, einer tatsächlich gelebten Hochleisterkultur und einer Innenwelt, in der es auf „Funktionieren" ankommt. Es scheint, als ob diese Parallelwelten in den letzten Jahren immer mehr auseinandergeklafft sind und deshalb ein verstärktes Unwohlsein und höhere Sensibilität bei den Beteiligten auslösen. Und genau in diese Spannungsfelder kommt heute eine neue Anforderung nach besonderen Leadership-Qualitäten, die von Führungskräften als besonders starke Quelle von Ineffizienzen und damit Zeitdruck gesehen werden.

2.3   Wie passen die Anforderungen an gesunde Führung zu den Arbeitsbedingungen von Führungskräften?

Die Haufe Führungskräftestudie zu den Auswirkungen der Wirtschaftskrise (2009) zeigt, dass in Betrieben, die in mittlerem oder starkem Maße von der Wirtschaftskrise betroffen waren, Aspekte der Mitarbeiterführung zugunsten der Vielzahl an operativen Aufgaben deutlich zurückgefahren wurden. Insbesondere ausgleichende Aktivitäten, wie z. B. das „Feiern" von Erfolgen, hatten stark abgenommen. Das illustriert, dass erhöhter Arbeitsdruck gesundheitsrelevantes Führungsverhalten erschwert. Die Frage, wie sich die Arbeitsbedingungen von Führungskräften generell auf das Führungsverhalten auswirken, ist bisher noch zu wenig erforscht, um schon gesicherte Erkenntnisse abzuleiten. Es lässt sich aber aus der Zusammenschau der Anforderungen an gesunde Führung und der beschriebenen Arbeitssituation von Führungskräften erschließen, dass es dort Passungsprobleme gibt.

Der Arbeitsalltag von Führungskräften ist geprägt von hohem Zeitdruck und häufigen Arbeitsunterbrechungen. Führungskräfte haben zwar auch viele Ressourcen, um hohe Leistungsanforderungen zu bewältigen, wie z. B. hohe Autonomiespielräume oder eine ausgeprägte Herausforderungsorientierung. Diese können aber auch zu einer erhöhten Verausgabungsneigung der Führungskräfte beitragen und letztlich den Druck weiter ankurbeln. Zeit ist für Führungskräfte also ein knappes Gut. Dem steht gegenüber, dass viele Merkmale gesunder Führung Zeit und Aufmerksamkeit von den Führungskräften erfordern, wie z. B. ein gutes Feedbackgespräch, die individuelle Förderung der Stärken von Mitarbeitern, die Übertragung von Verantwortung und Autonomiespielräumen und übergreifend der Aufbau einer vertrauensvollen Arbeitsbeziehung. Gesunde Führung umfasst auch eine Reihe von Kenntnissen und Fähigkeiten, die bisher von Führungskräften noch nicht in diesem Maße gefordert waren und daher zum Teil neu gelernt werden müssen. Dabei handelt es sich zum Beispiel um Gesundheits- und Kommunikationskompetenzen oder Fähigkeiten der gesundheitsförderlichen Gestaltung von Arbeitsbedingungen. Für diesen Prozess des Lernens und „Ausprobierens" wird ebenfalls Zeit benötigt. Es ist also nachvollziehbar, dass die – durchaus berechtigte – Forderung nach gesunder Führung bei vielen Führungskräften zunächst als eine weitere Belastung des ohnehin knappen Zeitbudgets angesehen wird.

Vielleicht sogar noch wichtiger als der Zeitfaktor ist der Umgang mit dem Thema Leistung in Unternehmen. Ein unternehmenskulturelles Umfeld, in dem es von Führungskräften als normal vorausgesetzt wird, dass sie permanent an oder über ihre Leistungsgrenzen gehen, macht es Führungskräften schwerer, ein Vorbild in Bezug auf die eigene Gesundheitsfürsorge zu sein und auch die Gesundheit der Mitarbeiter im Blick zu haben. Hinzu kommt, dass Führungskräfte in erster Linie nach „harten" Leistungskriterien beurteilt werden und wenige Anreize haben, ihre Energien in weiche Faktoren, wie gesunde Führung, zu investieren. Aus der *Praxisperspektive* lässt sich beobachten, dass Führungskräfte häufig mit schwierig aufzulösenden Widersprüchen konfrontiert werden – einerseits wird in immer mehr Unternehmen Wert auf gesunde Führung gelegt – andererseits sprechen die gelebten Kulturen häufig noch eine ganz andere Sprache und fordern vor allem hohe Leistungs- und Verausgabungsbereitschaft. Auf der einen Seite haben Führungskräfte Freude an hohem Tempo, an der beruflichen Tätigkeit generell und an der wahrgenommenen Bedeutung durch Arbeitsfülle und den Statusgewinn durch Zeitmangel. Auf der anderen Seite entstehen häufig genau dadurch viele menschlich bedingte Reibungsverluste, die sich vor allem in Kommunikationsproblemen nach „unten", „Schaukämpfen" und „Machtspielen" unter Kollegen zeigen.

Hinzu kommt, dass viele Führungskräfte unter Stress in alte „Erfolgsrezepte" verfallen. Es werden nicht nur „von ganz oben" menschliche Aktivitäten gestrichen. Es wird auch anders, nämlich eher kontraproduktiv kommuniziert. Dazu gehören Strategien wie Nicht-Kommunikation, Rückzug, Druck, ruppige Gesprächsführung, übermäßiges Bewerten und Kritisieren sowie das Ausmalen von negativen Szenarien. Kurz: Viele Führungskräfte üben unter Stress Druck aus und gefährden damit die Gesundheit ihrer Mitarbeiter. Eine in anderer Hinsicht problematische Weise des Umgangs mit Stress, die in der Praxis häufig zu beobachten ist, zeigt sich, wenn Führungskräfte immer weniger delegieren, immer weniger kommunizieren und bei Minderleistungen von Mitarbeitern entweder in überfürsorgliches Verständnis und Konfliktvermeidung oder Rückzug wechseln. All diese Notstrategien lassen das Stress-Rad bei den Beteiligten schneller drehen. Denn diese Form der „Behandlung" wird wiederum als Stressfaktor und starker De-Motivator erlebt.

Zu den Management-Belastungen kommen auch die subjektiv noch schwerer empfundenen menschlichen, d. h. emotionalen und kommunikativen Belastungen. Der Umgang mit Unsicherheit, mit Zweifeln und Fragen passt nicht in das Schema der eigenen Erfolgsorientierung, die, wie oben erwähnt, auf das freudige Annehmen neuer Herausforderungen ausgerichtet ist. Führungskräfte äußern häufig Unverständnis darüber, dass Mitarbeiter nicht einfach „mitmachen". „Warum machen die nicht einfach?", ist eine Frage, die sich viele Führungskräfte in Gesprächen entnervt stellen, wenn sie mit zwischenmenschlichen Reibungsverlusten konfrontiert sind. Dass, wie empirisch zu beobachten ist, genau in schwierigen Phasen deshalb die menschenorientierten Aktivitäten und Fördermaßnahmen (Feiern, Weiterbildungen, Ausflüge, Zeiten für ausführliche Gespräche) gestrichen werden, gewinnt vor diesem Hintergrund eine andere Konnotation: Gerade dann, wenn es wichtig wäre, sich den kommunikativen und zwischenmenschlichen Herausforderungen zu stellen, werden diese Aufgaben häufig vernachlässigt. Die fehlende Kommunikation untergräbt das Vertrauen und das Sicherheitsempfinden von Mitarbeitern genau in dem Moment, in dem sie am wichtigsten wäre. Eine paradoxe Situation mit drastischen Auswirkungen auf den Unternehmenserfolg.

Unter diesen Voraussetzungen ist es von Führungskräften nicht ohne weiteres zu erwarten, dass sie die gesundheitsförderlichen Qualitäten ihrer Führung maßgeblich verbessern.

3   Diskussion und Ausblick

Was kann man also tun, um gesunde Führung besser in den betrieblichen Alltag zu integrieren? Aus Sicht der Autorinnen ist hier ein Umdenken auf verschiedenen Ebenen nötig. Was brauchen Menschen, um optimal arbeiten und langfristig gesund bleiben zu können? Wie müssen Führungskräfte mit sich selbst umgehen, um auch hinsichtlich des eigenen Alterungsprozesses weiterhin gerne und gut zu arbeiten? Die zentrale Frage ist also, wie sich künftig nachhaltig menschen-, gesundheits- und realitätsgerecht hervorragende Leistungen erzielen lassen. Führungskräfte brauchen dafür eher die Qualitäten eines guten Gärtners, der für optimale Wachstums- und Entwicklungsbedingungen sorgt, als die eines Generals, der Befehle erteilt und zur Zielerreichung auch Verluste in Kauf nimmt. Wissen und Fähigkeiten zu diesen Themen halten wir für die Qualifizierung von Führungskräften auch vor dem Hintergrund des demografischen Wandels für dringend geboten. Geht die Leadership-Diskussion in diese Richtung und nicht in ein erneutes Reproduzieren eines überholten hierarchischen Hochleistungsethos, dann kann sie der Nährboden für positive Entwicklungen sein.

Weiterführender Forschungsbedarf
Viele Studien haben sich mit der Frage beschäftigt, auf welche Weise das Führungsverhalten die Gesundheit und das Befinden von Mitarbeitern beeinflussen kann. Trotz einer ganzen Reihe von Erkenntnissen zu gesundheitsförderlicher Führung, erscheint der Transfer in die Praxis nicht ohne weiteres möglich zu sein. Daher wäre es wichtig, neben der Forschung zu Wirkungszusammenhängen zwischen Führung und Gesundheit, auch verstärkt wissenschaftliche Impulse für die Umsetzung dieser Erkenntnisse in der betrieblichen Praxis anzubieten. Es besteht vor allem ein hoher Erkenntnisbedarf in Bezug auf fördernde und hinderliche Faktoren für gesunde Führung. Die dargestellten Befunde und Praxiserfahrungen bieten bereits Anhaltspunkte dafür, dass eine hohe Arbeitsbelastung und eine fehlende Passung gesunder Führungsmerkmale zu den betrieblichen Normen und Wertvorstellungen, bedeutsame Hindernisse für gesundes Führen darstellen können. Weiterführende systematische Untersuchungen zu der Frage,

welche Bedingungen produktivitäts- und gesundheitsförderliches Führungsverhalten fördern, sind für die Weiterentwicklung des Themenfeldes Führung und Gesundheit von großer Bedeutung.

Ein weiteres zu stärkendes Forschungsfeld ist die Entwicklung von wissenschaftlich fundierten Trainings- und Interventionskonzepten zur Verbesserung der Führungsqualität. Solche Interventionsmaßnahmen sollten nicht nur isoliert die Führungskräfte ansprechen, sondern auch deren konkreten Arbeitskontext einbeziehen. Ein Beispiel für einen vielversprechenden Ansatz ist das europäische Projekt zu wertschätzender und nachhaltig gesundheitsförderlicher Führung (RE-SU-LEAD Projekt 2010-2013). Das von der Bundesanstalt für Arbeitsschutz und Arbeitsmedizin geförderte Forschungsprojekt kombiniert eine Längsschnittstudie zur Wirkung von Führung auf das Wohlbefinden und die psychische Gesundheit von Mitarbeitern mit einer Interventionsstudie. Die Intervention wird im realen Arbeitsumfeld der Führungskräfte durchgeführt (on-the-job) und bezieht auch deren Mitarbeiter ein, um eine positive Gestaltung der Arbeitsbeziehung zu befördern.

Nicht zuletzt wäre es erforderlich, weitere Erkenntnisse zu den Zusammenhängen zwischen gesunder Führung und dem Unternehmenserfolg bzw. der Performance von Mitarbeitern (z. B. im Hinblick auf Produktivität, Engagement oder Innovation) zu gewinnen. Der wissenschaftliche Diskurs zu Führung und Gesundheit würde so stärker von betriebswirtschaftlich denkenden Praktikern wahrgenommen und aufgegriffen werden, denn durch Führungsmerkmale, die sowohl Gesundheit als auch Produktivität steigern, eröffnen sich neue und nachhaltige Möglichkeiten der Produktivitätssteigerung.

Handlungsbedarf auf betrieblicher Ebene
Betrachten wir die Herausforderungen, die aus gesundheitsorientierter Führung erwachsen, wird deutlich, dass sich daraus vielfältige Handlungsanforderungen auf der betrieblichen Ebene ergeben. Führungskräfte sind mit einem inneren Change-Prozess konfrontiert, wenn sie neu über Leistung und Gesundheit bei sich und anderen nachdenken. Es ist daher wichtig anzuerkennen, dass Führungskräfte für solche Veränderungen eine gute betriebliche Unterstützung brauchen. Beispielsweise können gezielte Coaching-Prozesse Führungskräften helfen, ein neues Selbst- und Leistungsverständnis zu entwickeln. Wichtig ist die Förderung einer höheren Achtsamkeit für Beanspruchungszustände und einer wachen Wahrnehmung und Veränderung von Überzeugungen und Denkmustern, die zur Selbst- und Fremdüberforderung führen. Die Entwicklung dieser Fähigkeiten wird damit zu einem strategischen Ziel zeitgemäßer Personalentwicklung. Trainings, die Sensibilität für gesundheitsorientierte Führung schaffen und entsprechende Fähigkeiten vermitteln, können ebenfalls einen hohen Nutzen brin-

gen. Das alles wird auf betrieblicher Ebene vor allem dann nachhaltige Wirkung entfalten, wenn die Unternehmenskultur Menschen dabei unterstützt, sich zu entwickeln, zu wachsen und zu lernen. Das bedeutet, gerade auch in der ersten Phase eines solchen Change-Prozesses, die Fehlertoleranz zu steigern und Zeitbudgets neu zu planen. Weiter kann das zu einer tiefgreifenden Transformation von Unternehmen führen, indem Effizienz ressourcenorientiert gedacht wird.

Auch im Recruiting und bei der Entwicklung von Talenten könnte es hilfreich sein, einen neuen Blick zu wagen: Führungskräfte, die proaktiv sind und dabei menschliche Belastungsgrenzen aus den Augen verlieren, könnten in Zukunft mehr Schaden anrichten, als sie einem Unternehmen nutzen. Leistung um jeden Preis und eine Ja-Sager-Haltung zu allen Belastungen sollten nicht mehr als Qualitätsmerkmal, sondern als Risikofaktor bei einer Führungskraft gesehen werden. Unterstützt wird hier ein Umlernen, das Erfolgsorientierung neu definiert. Leadership im 21. Jahrhundert braucht keine neuen, sich selbst und andere verbrennenden Helden, sondern „balancierte" Erwachsene mit einer hohen Eigen- und Fremdwahrnehmungskompetenz, starker kommunikativer Flexibilität und der Fähigkeit, eigene und fremde Überlastungstendenzen zu erkennen und ihnen entgegenzuwirken. Neben fachlicher Kompetenz und Managementfähigkeiten erscheinen uns Achtsamkeit, auf sich selbst und andere bezogen, sowie Kommunikations- und Gesundheitskompetenz als Schlüsselqualifikationen gesundheitsorientierter Führung.

Schließlich sollten Innovationen in der Organisationsentwicklung vor allem in Bezug auf ein an den menschlichen Ressourcen und ihrer Gesundheit ausgerichtetes Projektcontrolling Erleichterungen schaffen. Statt immer höhere Leistungsziele zu setzen, sollten Unternehmen Wachstumsbedingungen schaffen, unter denen Führungskräfte und Mitarbeiter ihre fachlichen und menschlichen Qualitäten so entfalten und weiterentwickeln können, dass sie hervorragende Leistungen erbringen können und dabei gleichzeitig ihre Gesundheit erhalten. Controlling in einem gesundheitsorientierten Rahmen bedeutet daher auch, die herkömmlichen finanziellen und kapazitätsorientierten Parameter um menschliche Belastungsgrößen zu erweitern. Wie viele Projekte können von der vorhandenen Belegschaft vor dem Hintergrund der Wertschätzung und des Erhalts ihrer Gesundheit tatsächlich angenommen werden? Was sind realistische Zeit-Budgets, die den Erhalt und vielleicht sogar das Wachstum des gesundheitlichen Vermögens der Mitarbeiter als erfolgsrelevante Größe im Auge behalten? Um die Qualität der Leistungen und Produkte und die Wettbewerbsfähigkeit im internationalen Vergleich zu erhalten, sind hier Innovationssprünge vonnöten. Denn Leistungen können in den westlichen, alternden Gesellschaften immer weniger auf Kosten der Ressource Mensch erbracht werden. Der Mitarbeiter und seine Gesundheit als Grundvoraussetzung für Leistungsfähigkeit wird zu einem entscheidenden Faktor aller Effizienzüberlegungen werden müssen.

Literatur

Alpers, G. (2008): Führungskräfte und ihre Gesundheit – eine empirische Untersuchung. In: GfA (Hrsg.): Produkt- und Produktions-Ergonomie – Aufgabe für Entwickler und Planer, 525-528. Dortmund: GfA-Press

Arnold, K. A./Turner, N./Barling, J./Kelloway, E. K./McKee, M. C. (2007): Transformational Leadership and Psychological Well-Being: The Mediating Role of Meaningful Work. Journal of Occupational Health Psychology, 12(3), 193-203

Auer-Rizzi, W./Reber, G./Szabo, E. (2005): Governance-Strukturen und Führungsverhalten: Symptome von Entsolidarisierung in Deutschland und Österreich. Industrielle Beziehungen, 12(3), 231-251

Büssing, A./Glaser, J. (2001): Bedingungen und Folgen von Managerial Stress. Ein Vergleich zwischen Branchen, Führungsebenen und Ländern. In: Gesellschaft für Arbeitswissenschaft (Hrsg.): Arbeitsgestaltung, Flexibilisierung, Kompetenzentwicklung. 47. Kongress der Gesellschaft für Arbeitswissenschaft, (277-282). Dortmund: GfA Press

Dellve, L./Skagert, K./Vilhelmsson, R. (2007): Leadership in workplace health promotion projects: 1- and 2-year effects on long-term work attendance. European Journal of Public Health, 17(5), 471-476

van Dierendonck, D./Haynes, C./Borrill, C./Stride, C. (2004): Leadership Behavior and Subordinate Well-Being. Journal of Occupational Health Psychology, 9(2), 165-175

Eilles-Matthiessen, C./Zapf, D. (2000): Führungskultur verträgt kein sozial inkompetentes Vorgesetztenverhalten. Personalführung, 33 (12), 34-41

Eurofound (2011). Europäische Erhebung über die Arbeitsbedingungen – Darstellung der Ergebnisse. [Onlinetool]. Zugriffsdatum: 01.08.2012. Verfügbar unter: http://www.eurofound.europa.eu/surveys/smt/ewcs/results_de.htm.

Franke, F./Felfe, J. (2011): Diagnose gesundheitsförderlicher Führung – Das Instrument „Health-oriented leadership". In: Badura, B./Ducki, A./Schröder, H./Klose, J./Macco, K. (Hrsg.): Fehlzeiten-Report 2011: Führung und Gesundheit. Zahlen, Daten, Analysen aus allen Branchen der Wirtschaft, 4-13. Berlin: Springer

Gregersen, S./Kuhnert, S./Zimber, A./Nienhaus, A. (2011): Führungsverhalten und Gesundheit – Zum Stand der Forschung. Das Gesundheitswesen, 73, 3-12

Haufe Akademie (2009): Führungskräftestudie 2009. Freiburg

Joussen, R. (2008): Psychische Fehlbeanspruchungen am Arbeitsplatz. In: BKK Bundesverband (Hrsg.): BKK Gesundheitsreport 2008. Seelische Krankheiten prägen das Krankheitsgeschehen, 82-87

Julien, K. (1999): Über die Wirksamkeit. Berlin: Merve

Kuoppala, J./Lamminpää, A./Liira, J./Vainio, H. (2008): Leadership, job well-being, and health effects – a systematic review and a meta-analysis. Journal of Occupational and Environmental Medicine / American College of Occupational and Environmental Medicine, 50(8), 904-915

Netta, F. (2011): Synchronwirkung der Führungskultur auf Gesundheit und Betriebsergebnis. In: Badura, B./Ducki, A./Schröder, H./Klose, J./Macco, K. (Hrsg.): Fehlzeiten-Report 2011. Führung und Gesundheit. Zahlen, Daten, Analysen aus allen Branchen der Wirtschaft, 179-109. Berlin: Springer

Nielsen, K./Randall, R./Yarker, J./Brenner, S. (2008): The effects of transformational leadership on followers' perceived work characteristics and psychological well-being: A longitudinal study. Work & Stress, 22(1), 16

Nink, M. (2011): Engagement Index Deutschland 2010: Pressegespräch. Berlin: Gallup GmbH

Nyberg, A./Westerlund, H./Magnusson Hanson, L. L./Theorell, T. (2008): Managerial leadership is associated with self-reported sickness absence and sickness presenteeism among Swedish men and women. Scandinavian Journal of Public Health, 36(8), 803-811

Nyberg, A./Holmberg, I./Bernin, P./Alderling, M./Åkerblom, S./Widerszal-Bazyl, M./Magrin, M. E. u. a. (2011): Destructive managerial leadership and psychological well-being among employees in Swedish, Polish, and Italian hotels. Work, 39(3), 267-281

Prümper, J./Becker, M. (2011): Freundliches und respektvolles Führungsverhalten und die Arbeitsfähigkeit von Beschäftigten. In: Badura, B./Ducki, A./Schröder, H./Klose, J./Macco, K. (Hrsg.): Fehlzeiten-Report 2011: Führung und Gesundheit. Zahlen, Daten, Analysen aus allen Branchen der Wirtschaft, 37-47. Berlin: Springer

RE-SU-LEAD (2010-2013): Wertschätzende und nachhaltige gesundheitsförderliche Führung. Projektwebsite: http://www.uta.fi/projektit/resulead/deutsch/index.html

Sachs, I. (2006): Gesundheit von Managern – Gesundheitssituation und Gesundheitsverhalten von Führungskräften in der Deutschen Wirtschaft. In: Forschung im Gesundheitsmanagement, Band I: Beiträge zur betrieblichen Gesundheitsförderung, ambulanten Rehabilitation und Gesundheit von Managern, 7-90. Hochschule Neubrandenburg

Schilling, J. (2009): From Ineffectiveness to Destruction: A Qualitative Study on the Meaning of Negative Leadership. Leadership, 5 (1), 102-128

Stoffer, E. (2006): Die psychische Belastung leitender Führungskräfte. Studien zur Stressforschung (Bd. 22). Hamburg: Verlag Dr. Kovač

Vincent, S. (2011): Gesundheits- und entwicklungsförderliches Führungsverhalten: ein Analyseinstrument. In: Badura, B./Ducki, A./Schröder, H./Klose, J./Macco, K. (Hrsg.): Fehlzeiten-Report 2011: Führung und Gesundheit. Zahlen, Daten, Analysen aus allen Branchen der Wirtschaft, 49-60. Berlin: Springer

Widmer, P. S./Semmer, N. K./Kälin, W./Jacobshagen, N./Meier, L. L. (2012): The ambivalence of challenge stressors: Time pressure associated with both negative and positive well-being. Journal of Vocational Behavior, 422-433

Wilde, B./Bahamondes-Pavez, C./Hinrichs, S./Schüpbach, H. (2009): Gesundheit und Arbeitsbedingungen von Führungskräften auf der unteren und mittleren Hierarchieebene – Konsequenzen neuer Steuerungsformen. In: GfA (Hrsg.): Arbeit, Beschäftigungsfähigkeit und Produktivität im 21. Jahrhundert. 55. Frühjahrskongress der Gesellschaft für Arbeitswissenschaft, 351-354. Dortmund: GfA-Press

Wilde, B./Hinrichs, S./Bahamondes-Pavez, C./Schüpbach, H. (2009): Führungskräfte und ihre Verantwortung für die Gesundheit ihrer Mitarbeiter – Eine empirische Untersuchung zu den Bedingungsfaktoren gesundheitsförderlichen Führens. Wirtschaftspsychologie, 2, 74-89

Psychische Belastungen in der IT-Projektarbeit – betriebliche Ansatzpunkte der Gestaltung und ihre Grenzen

Anja Gerlmaier und Erich Latniak

Abstract

Im Bereich der wissensintensiven Dienstleistungen gewinnt Projektarbeit als hochgradig flexible Form der Arbeit ständig an Bedeutung. Gerade in diesem Arbeitsbereich ist allerdings seit einiger Zeit eine zunehmende Zahl psychisch Erschöpfter zu beobachten. Im folgenden Beitrag werden ausgewählte Ergebnisse von Belastungs- und Ressourcenanalysen mit 331 IT-Spezialisten dargestellt. Danach weisen im Untersuchungssample 20-40 % der Befragten Anzeichen von psychischer Erschöpfung auf. Als zentrale Bedingungsfaktoren können neben Zeitdruck, Arbeitsunterbrechungen und ungeplantem Zusatzaufwand auch widersprüchliche Arbeitsanforderungen, sozio-emotionale Belastungen, Synchronisationserschwernisse zwischen Erwerbsarbeits- und Familienrolle sowie Aneignungsbehinderungen identifiziert werden, deren Ursachen vor allem in dilemmatischen Arbeitssituationen liegen. Als beanspruchungsmindernde Ressourcen, die einen günstigen Einfluss auf die Bewältigungsmöglichkeiten haben, konnten die erlebte Qualität der Führung, der individuelle Gestaltungsspielraum und die arbeitsimmanenten Erholungsmöglichkeiten ermittelt werden. Tätigkeitsspezifische und kontextsensible Ansätze einer gesundheitsgerechten Gestaltung von IT-Arbeit werden auf Basis dieser Ergebnisse abgeleitet und Umsetzungsbeispiele benannt.

1 Problemsituation

In einem ressourcenarmen Land wie Deutschland zählt Wissen zweifellos zu den bedeutungsvollsten Treiberfaktoren für mehr Beschäftigung und Wachstum. Prognosen zufolge werden bis 2015 in Europa mehr als 13 Millionen neue Jobs in den wissens- und dienstleistungsintensiven Sektoren der Wirtschaft erwartet. Wissensarbeit umfasst dabei ein breites Spektrum geistig-schöpferischer Tätigkeiten, die vor allem durch hohe Problemlöse- und Kreativitätsanteile gekennzeichnet sind. In zunehmendem Maße finden diese Tätigkeiten heute in Form von Projektarbeit statt. Die IT-Wirtschaft gilt dabei als Vorreiterbranche für diese Form der Wissensarbeit; sie wird dort bereits seit Längerem flächende-ckend genutzt. Im Vergleich zu eher arbeitsteiligen Arbeitsformen unterscheidet sich die Arbeit in Projektgruppen in vielerlei Hinsicht: Sie ist gekennzeichnet durch immer neue, nicht routinemäßige und komplizierte Arbeitsaufgaben; die Projektgruppen kooperieren zeitlich befristet; häufig setzen sie sich aus Experten zusammen, die teilweise aus Beratungs- oder Kundenunternehmen oder aus anderen Unternehmenseinheiten stammen.

Aus arbeitswissenschaftlicher Sicht dominierte lange Zeit die Auffassung, bei Projektarbeit handele es sich uneingeschränkt um gute Arbeit. Kooperations-möglichkeiten im Team, hohe geistige Anforderungen und erweiterte Freiheits-grade in der Problemlösung und in der Ausführung der Aufgaben, so wurde angenommen, stellten ausreichend gesundheitliche Potentiale für die Beschäftig-ten dar, um die Arbeit in Projekten gut bewältigen und ihre Kompetenzen konti-nuierlich weiterentwickeln zu können. Wenig verwunderlich ist es deshalb, dass Projektarbeit lange Zeit für den Arbeits- und Gesundheitsschutz eine „Terra incognita" (Gerlmaier 2005) darstellte.

Weitgehend unberücksichtigt von dieser Einschätzung blieb jedoch, dass die tief greifenden Veränderungen in der Arbeitswelt, etwa durch eine zuneh-mende Internationalisierung und Finanzialisierung, auch die Rahmenbedingun-gen von Wissensarbeit gravierend beeinflussen. So sehen sich IT-Beschäftigte, die lange Zeit aufgrund guter Verdienstmöglichkeiten und sicherer Beschäfti-gungsverhältnisse zu den privilegierten Beschäftigtengruppen zählten, heute mit einer Vielzahl widriger Arbeitsbedingungen konfrontiert. Dazu zählen u. a.:

- Arbeitsplatzunsicherheiten und ein zunehmender Leistungsdruck durch Arbeitsplatzabbau und Standortschließungen insbesondere in großen IT-Konzernen (Boes et al. 2011, 2008),
- Orientierungs- und Kommunikationsprobleme sowie Planungsunsicherhei-ten infolge häufiger Übernahmen, Reorganisationen und Strategiewechsel in den Unternehmen (u. a. Ahlers/Trautwein-Kalms 2002),
- der Einsatz neuer Steuerungssysteme und -strategien, die den individuellen Ergebnisdruck erhöhen, z. B. durch die Messung fakturierter Stunden beim Kunden und die Kopplung des variablen Entgeltanteils daran (vgl. dazu all-gemein Ahlers 2011; Lehndorff/Voss-Dahm 2008),
- neue Standardisierungskonzepte zur Kostensenkung u. a. in der Software-Entwicklung, die zu ungeplantem Mehraufwand und einer Einengung indi-vidueller Handlungsspielräume führen (Boes/Trinks 2006).

Dies wirft die Frage auf, wie Tätigkeiten im IT-Bereich gestaltet und organisiert sein sollten, damit sie trotz steigender Flexibilitäts- und Leistungsanforderungen nicht zu psychischem Stress, Burnout oder gesundheitlichen Beschwerden führen und die Leistungsfähigkeit nachhaltig beeinträchtigen.

Im folgenden Beitrag werden zunächst Konzepte zur Entstehung von Stress und Burnout in der Wissensarbeit vorgestellt. Dem schließen sich Ergebnisse zur Burnout-Situation und den besonderen Belastungs- und Ressourcenkonstellationen von IT-Beschäftigten an. Abschließend werden auf Basis der in der IT-Arbeit identifizierten gesundheitsförderlichen Ressourcen entsprechende praktisch erprobte Konzepte und Gestaltungsansätze zur Burnout-Prävention vorgestellt.

2   Gesundheit bei Wissensarbeit – Erklärungsmodelle

Zur Gestaltung gesundheitsgerechter Arbeitssysteme existieren eine Reihe arbeitswissenschaftlicher Konzepte, die ihre Wurzeln in unterschiedlichen theoretischen Erklärungsmodellen haben. In der internationalen Forschung dominieren dabei vor allem das Anforderungs-Kontroll-Modell von Karasek und Theorell (1990) sowie das Effort-Reward-Imbalance-Modell von Siegrist (1996).

Das Anforderungs-Kontroll-Modell betrachtet vor allem zwei Faktoren als relevant für die Verminderung von Arbeitsfähigkeit infolge dauerhafter psychischer Beanspruchung, nämlich die Arbeitsintensität (Zeitdruck, mental anspruchsvolle Aufgaben) und die Kontrolle über den Arbeitsvollzug (Beteiligung an Entscheidungen, selbstständige Planung). Eine erhöhte Arbeitsintensität führt dem Modell zufolge zu geringeren gesundheitlichen Beeinträchtigungen, wenn eine Person über erweiterte Handlungsspielräume bei der Arbeit verfügt. Daraus würde für eine gesundheitsgerechte Gestaltung von Projektarbeit folgen, die Arbeitsgestaltung auf eine weitere Erhöhung von Handlungsspielräumen und Partizipationsmöglichkeiten zu fokussieren. Allerdings zeigt inzwischen eine Reihe von Untersuchungen, dass gerade im Bereich der Wissensarbeit große Handlungsspielräume mit hohem Beanspruchungserleben einhergehen (Hellert/ Sichert-Hellert/Sträde 2009; Gerlmaier/Kastner 2003; Hien 2008).

Im Mittelpunkt des Effort-Reward-Imbalance-Modells (ERI) steht der Zusammenhang von Stress bzw. gesundheitlichen Beeinträchtigungen als Folge eines Ungleichgewichts zwischen Anforderungen und Belohnungen (z. B. Lohn, Anerkennung, Arbeitsplatzsicherheit). Gesundheitliche Beeinträchtigungen entstehen dem Modell zufolge dann, wenn Arbeitende erleben, dass sie trotz hoher Anstrengung wenig Belohnung für ihre Arbeitsleistung erfahren. Die resultierende „Gratifikationskrise" gilt als zentrales, empirisch gut gesichertes Moment für stressassoziierte Erkrankungen und Frühberentungen (Kuper/Singh-Manoux/ Siegrist/Marmot 2002). Als Präventionsansätze werden u. a. der Ausbau kompensierender Lohndifferenziale und Bonussysteme sowie qualifikationsgerechte Aufstiegsmöglichkeiten genannt. Im ERI-Modell werden gering Qualifizierte

und Ältere als Risikogruppen für stressbedingte Einschränkungen der Arbeitsfä-
higkeit identifiziert, was im Widerspruch zu Befunden steht, nach denen auch
Gruppen von Wissensarbeitern wie Lehrer, Wissenschaftler oder Ärzte in hohem
Maße stressbedingte Beeinträchtigungen aufweisen.

3 Das relationale Belastungs- und Ressourcenmodell

Ein Erklärungsmodell, das auf dem handlungstheoretisch fundierten Konzept der
widersprüchlichen Arbeitsanforderungen basiert (Moldaschl 2005) und für eine
ganzheitliche Analyse und Gestaltung neuer Formen der Wissensarbeit entwickelt wurde, stellt das relationale Belastungs- und Ressourcenmodell dar. Den
Ausgangspunkt des Modells bildet die Annahme, dass nicht isolierte Arbeits-
oder Personenmerkmale für die Entstehung von Stress bzw. stressassoziierten
Erkrankungen verantwortlich sind, sondern Widersprüche zwischen Anforderungen, Ressourcen und Regeln vorliegen, die aufgrund unzureichender (organisationaler) Arbeitsvoraussetzungen oder Handlungsoptionen nicht aufgelöst oder
bewältigt werden können (Moldaschl 2001, 2005). Fünf verschiedene Typen von
Widersprüchen können dabei für IT-Arbeit unterschieden werden (Gerlmaier/
Latniak 2007), dazu zählen:

1. *widersprüchliche Arbeitsziele und Ergebniserwartungen*, z. B. Kundenan-
    forderungen, die mit Vorgaben von Vorgesetzten in Widerspruch stehen,
2. *Widersprüche zwischen Aufgaben und Ausführungsbedingungen*, wozu
    störende Einflüsse wie Lärm bei Tätigkeiten mit hohen Konzentrationser-
    fordernissen oder für die Erledigung von Aufgaben unzureichende bzw. feh-
    lerhafte Arbeitsmittel zählen können (Regulationsbehinderungen sensu
    Leitner et al. 1987; vgl. auch De Marco/Lister 1987),
3. *Widersprüche zwischen Aufgaben und Aneignungsbedingungen (Lernbe-
    hinderungen)*, die z. B. auftreten, wenn neue Tätigkeiten übernommen wer-
    den sollen, dafür aber keine Einarbeitungszeit gewährt wird,
4. *Widersprüche zwischen subjektbezogenen und arbeitsbezogenen Zielen und
    Erwartungen* (vgl. u. a. Ewers et al. 2006), wozu u. a. auch die im ERI-
    Modell thematisierten Widersprüche betrieblicher Leistungsanforderungen
    und individueller Belohnungserwartungen gerechnet werden können, sowie
5. *Widersprüche zwischen erwerbsarbeits- und lebensweltlichen Anforderun-
    gen*, die sich beispielsweise in Form von familiären Konflikten aufgrund
    häufiger Wochenendarbeit äußern können.

Stehen einem Akteur zur Bewältigung eines Dilemmas keine angemessenen Handlungsressourcen zur Verfügung (z. B. die Möglichkeit der Verschiebung von Ter-

minen), so kommt es zur Entstehung psychischer Belastungen (Volpert 1987). Diese äußern sich als Handlungsrestriktionen, die einen Akteur an der Erreichung seiner Ziele hindern bzw. einen zusätzlichen (emotionalen) Aufwand erzeugen.

Abbildung 1: Dilemma-Typen und der Prozess der Belastungsgenese nach dem relationalen Belastungs-Ressourcenmodell (Gerlmaier 2011: 63; Latniak/Gerlmaier 2006); Widersprüche mit Blitz gekennzeichnet

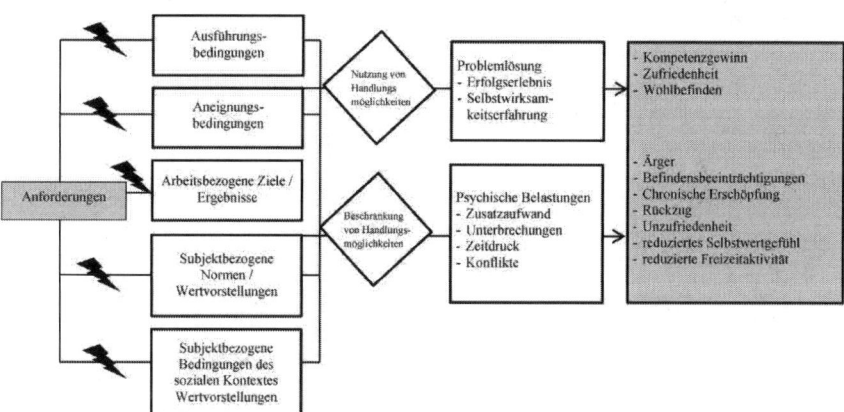

Im Belastungs-Ressourcenmodell wird den Ressourcen eine dreifache Wirkung zugeschrieben. Ihr Fehlen kann ein Auslöser für die Entstehung eines Dilemmas sein (z. B. unzulängliche technische Ausstattung bei der Anforderung, ein Programm zu entwickeln). Unzureichende Handlungsressourcen bei der Bewältigung von Dilemmata können die Entstehung von psychischen Belastungen begünstigen (z. B. mangelnde Optionen zur Delegation bei Mehrarbeit). Darüber hinaus wird davon ausgegangen, dass Ressourcen eine eigenständige gesundheitsförderliche Wirkung haben. Anders als im Anforderungs-Kontroll-Modell werden Ressourcen in diesem Verständnis weder als Moderatorvariablen bei der Stressentstehung noch als tätigkeits- oder personenunabhängige „Universalressource" postuliert, wie dies häufig für Handlungsspielraum oder soziale Unterstützung unterstellt wird. Nach dem relationalen Belastungs-Ressourcenmodell entfalten Ressourcen ihre gesundheitsförderliche Wirkung erst im konkreten Gebrauch. Dieser Logik zufolge kann beispielsweise ein hoher Handlungsspielraum im Kontext zeitlich enger Ergebnisvorgaben keine gesundheitsförderliche Wirkung erzielen, da die Freiheit über die Wahl der Arbeitsschritte oder der Arbeitswege in dieser Situation nicht substanziell zur Entlastung beitragen kann.

Inwieweit Beschäftigte ihre Arbeitssituation im Hinblick auf eine Verminderung von Arbeitsbelastungen und eine Verbesserung ihres Wohlbefindens beeinflussen können, hängt stark vom Ausmaß des Gestaltungseinflusses ab. Der Gestaltungseinfluss des Handelnden wird deshalb in diesem Modell als zentrales Moment angesehen, um in wenig strukturierten und hoch dynamischen Arbeitskontexten, wie sie bei Wissensarbeit häufig anzutreffen sind, dauerhaft gesund und leistungsfähig zu bleiben. Dem Modell zufolge steht im Mittelpunkt einer gesundheitsgerechten Arbeitsgestaltung zunächst die Identifikation von Handlungsrestriktionen, der sich die Suche und die Schaffung kontextangemessener Handlungsressourcen anschließt.

Aufbauend auf diesem Modell untersuchen wir im Weiteren folgende, für eine gesundheitsgerechte Gestaltung von Wissensarbeit in IT-Projekten wichtige Fragestellungen:

- Wie weit ist emotionale Erschöpfung unter IT-Fachleuten verbreitet? Welchen Einfluss hat das Erleben emotionaler Erschöpfung auf die Gesundheitssituation von IT-Fachleuten?
- Welche psychischen Belastungen können als beanspruchungsrelevante Handlungsrestriktionen bei IT-Projektarbeit identifiziert werden?
- Welche organisationalen, personalen und individuellen Ressourcen haben einen positiven Einfluss auf die Gesundheit und Arbeitsfähigkeit der Befragten?
- Welche Rolle spielt das Alter der Befragten bei der Ausprägung von emotionaler Erschöpfung und stressassoziierten Erkrankungen? Können tätigkeitsbezogene Unterschiede gefunden werden?
- Welche Ansatzpunkte einer gesundheitsgerechten Arbeitsgestaltung lassen sich für diese Personengruppe ableiten?

4   Methodik

4.1 Untersuchungssample

Die Datenbasis der Untersuchung bilden 331 Beschäftigte aus dem IT-Bereich, die im Rahmen des BMBF-geförderten Forschungsvorhabens DIWA-IT an einem Belastungs-/Ressourcencheck teilgenommen haben. Die Teilnehmer/innen stammen aus vier kleinen IT-Beratungsunternehmen mit weniger als 250 Beschäftigten (n = 69), einem IT-Dienstleistungsunternehmen eines großen Konzerns mit ca. 250 Beschäftigten (n = 121) sowie zwei Standorten bzw. Niederlassungen großer IT-Konzerne (n = 141). In fünf der sechs Unternehmen wurden Vollerhebungen durchgeführt. Hier lagen die Teilnahmequoten bei 70 % bis

90 %. In einem Unternehmen wurde aus den Beschäftigten der beteiligten Niederlassung eine zufällige Stichprobe von Personen verwendet, die sich am Tag der Befragung im Unternehmen aufhielten. Die übrigen Beschäftigten hatten die Möglichkeit, ihren Fragebogen in verschlossenen Urnen abzugeben. Hier betrug der Tagesrücklauf ca. 90 %, insgesamt nahm etwa jede/r dritte Beschäftigte des Standorts an der Befragung teil.

Die Stichprobe setzt sich aus 163 IT-Mitarbeitenden, 86 Projektleitenden und 53 Führungskräften mit Personalverantwortung sowie 15 Beschäftigten ohne IT-Tätigkeit (z. B. Projektassistenzen) zusammen. 14 Personen konnten aufgrund fehlender Angaben zur Tätigkeit nicht zugeordnet werden.

In der Stichprobe sind 25 % der Teilnehmer weiblich. 81 % leben in einer festen Beziehung, die Mehrheit der Befragten hat Kinder (54 %). Im Hinblick auf die Altersstruktur dominiert in der Gesamtstichprobe die Gruppe der 41- bis 50-Jährigen mit 32 % sowie die Gruppe zwischen 31 und 40 Jahren (31 %). 12 % der Befragten sind unter 30 Jahre, 25 % über 50 Jahre alt. Die Altersverteilungen streuen je nach Unternehmen jedoch erheblich. Bei den drei kleineren Beratungsunternehmen sind zwischen 8 % und 33 % der Beschäftigten über 40 Jahre, in zwei dieser drei Unternehmensstichproben finden sich keine Mitarbeitenden über 50 Jahre. In den größeren IT-Unternehmen dominiert dagegen die Gruppe der über Vierzigjährigen in der Stichprobe, der Anteil variiert zwischen 60 % und 70 %.

4.2 Instrumente

Die Daten wurden mit Hilfe eines für Projektarbeit konzipierten Belastungs- und Ressourcenscreenings gewonnen. Es setzt sich aus Skalen zur Messung von psychischen Belastungen, Ressourcen und Beanspruchungsfolgen (Stress, emotionale Erschöpfung, psychosomatische Beschwerden) zusammen. Der Konzeption des Instrumentes liegen Ergebnisse über projektbezogene Belastungs- und Ressourcenfaktoren aus einer qualitativen Vorstudie zugrunde (Latniak/Gerlmaier 2006, 2007). Zur Messung der Beanspruchungsvariablen wurden die Skala „Emotionale Erschöpfung" des Maslach-Burnout-Inventory (Maslach/Jackson/Leiter 1996), die Irritationsskala (Mohr/Rigotti/Müller 2005) sowie die Kurzform der Freiburger Beschwerdeliste (Fahrenberg 2004) eingesetzt. Als Belastungen wurden die Skalen aus Items des TAA-KS von Büssing/Glaser/ Höge (2002) und ISTA (Semmer/Zapf/Dunckel 1999) verwendet. Zudem wurden Skalen zur Erfassung von Synchronisationserschwerungen Arbeit/Familie und Aneignungsbehinderungen neu konstruiert. Als Ressourcen wurden die Skalen „Führung und Soziale Unterstützung" aus dem SALSA (Rimann/Udris

1997) verwendet. Skalen zur Messung von Gestaltungsspielraum (Möglichkeit zur Verschiebung von Abgabeterminen, Möglichkeit der Einflussnahme auf Termine und Arbeitsvolumina, Möglichkeit der Delegation) und arbeitsbezogene Erholungsmöglichkeiten (Möglichkeit, regelmäßig kleine Pausen zu machen, Möglichkeit der störungsfreien Erholung am Wochenende, Möglichkeit der Einhaltung von Arbeitszeiten) wurden neu konstruiert. Die Skalen weisen mit Werten für Cronbachs Alpha zwischen .60 und .90 angesichts einer geringen Itemanzahl pro Skala gute bis befriedigende interne Konsistenz auf.

Gleichzeitig wurde das Instrument genutzt, um ausgehend von den stärksten Belastungen in Workshops mit den Beschäftigten gemeinsam Möglichkeiten zur Bearbeitung ihrer je individuellen Belastungen zu erarbeiten und umzusetzen. Auf diesen Erfahrungen basieren die konzeptionellen Gestaltungsvorschläge am Ende dieses Beitrags. Ergänzt wurde diese Erhebung durch ausführliche teilstandardisierte Interviews mit insgesamt 22 Beschäftigten aus 5 Unternehmen, in denen u. a. Informationen zu Belastungen über den gesamten Erwerbsverlauf und in bestimmten Arbeitslebensphasen erhoben wurden. Diese wurden transkribiert und qualitativ ausgewertet. Die verwendeten Zitate stammen aus diesen Interviews.

5   Ergebnisse

Im Folgenden werden zunächst Ergebnisse zur Beanspruchungs- und Gesundheitssituation der befragten IT-Fachleute beschrieben. In einem weiteren Schritt erfolgt dann eine Analyse, welche besonderen Belastungen IT-Arbeit mit sich bringt, wie die Betroffenen sie bewältigen und welche Ressourcen in der Arbeit ihnen Handlungsmöglichkeiten bieten, um dauerhaft gesund und leistungsfähig zu bleiben.

5.1   Stress und Burnout in der IT-Arbeit – Folgen chronischen Zeit- und Leistungsdrucks

Aus vorangegangenen Untersuchungen ist bekannt, dass das Arbeiten in flexiblen IT-Projektteams keineswegs so beanspruchungsarm und gesundheitsförderlich ist, wie dies lange angenommen worden war (Gerlmaier/Latniak 2007). In unserer aktuellen Erhebung fühlen sich 41 % der Befragten nach der Arbeit „oft" oder „immer" verbraucht, bei 40 % ist das manchmal und nur bei 18 % selten oder nie der Fall. Akute Anzeichen einer chronischen Erschöpfung äußern sich unter anderem dadurch, dass man sich morgens müde und erschöpft fühlt, obwohl man ausreichend geschlafen hat. Diese Symptome zeigen rund ein Viertel der Befragten oft oder immer (vgl. Abbildung 2).

Abbildung 2:   Verbreitung von Symptomen psychischer Erschöpfung bei IT-Fachleuten

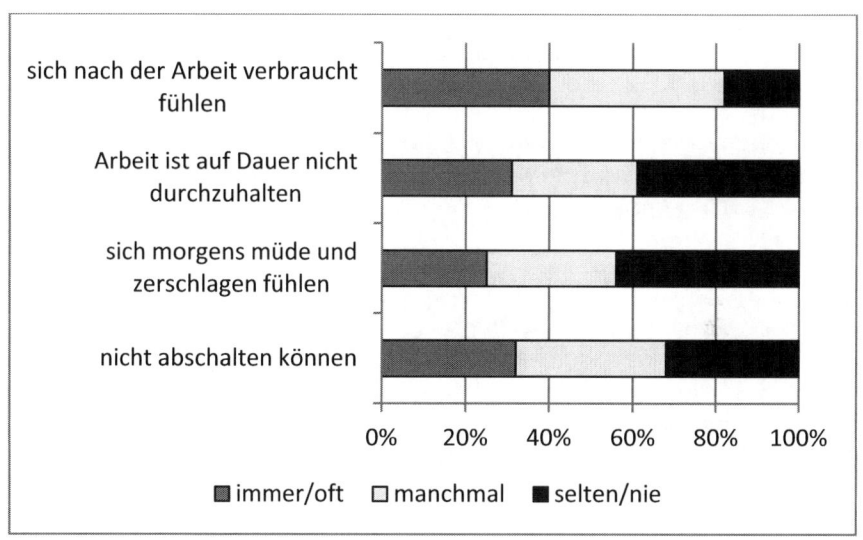

Querschnittsuntersuchungen aus den letzten 10 Jahren zeigen, dass das Stress-erleben in der IT-Branche weiter zunimmt. Lediglich 32 % der Befragten können aktuell nach der Arbeit problemlos „abschalten". Bei einer Untersuchung von Projektbeschäftigten im Jahre 2001 mit insgesamt 268 IT-Spezialisten (Gerlmaier/Kastner 2003) waren es noch 51 %, im Jahr 2005 36 % (Gerlmaier/Latniak 2007). Auch glauben immer weniger IT-Beschäftigte (40 %) heute, dass sie ihre Arbeit auf Dauer durchstehen können. Im Jahr 2001 waren es dagegen 57 % der Befragten (vgl. Abbildung 3).

Abbildung 3:   Veränderungen der Fähigkeit, nach der Arbeit abschalten zu
können, und der eigenen Arbeitsfähigkeit bei
Projektbeschäftigten in der IT-Wirtschaft: 2001/2005/2009
(Angaben in Prozent; zit. nach Gerlmaier/Kastner 2003;
Latniak/Gerlmaier 2006; Gerlmaier 2011)

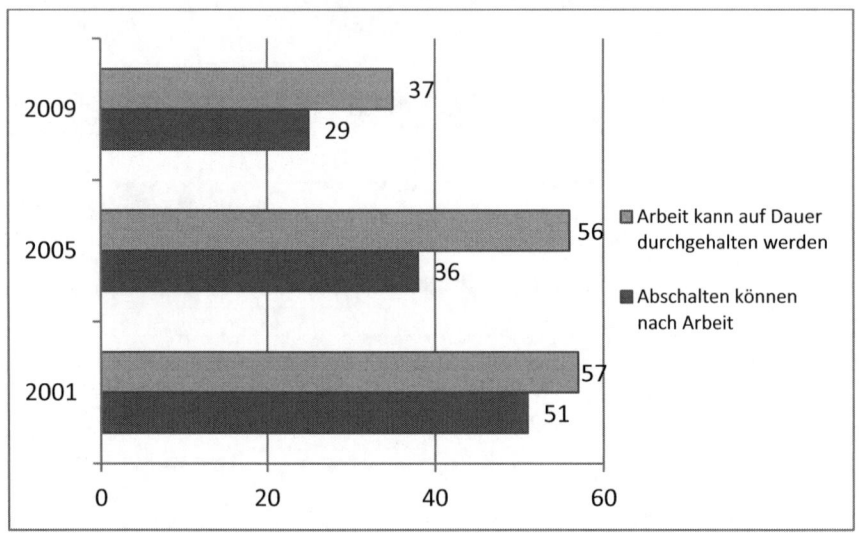

5.2 Stress macht krank

Neben einer weiten Verbreitung psychischer Erschöpfungssymptome können bei
IT-Spezialisten im Vergleich zu anderen Berufsgruppen inzwischen stressassoziierte Erkrankungen wie Nackenverspannungen, Magenbeschwerden und Schlafstörungen deutlich häufiger als im Durchschnitt der Erwerbstätigen gefunden
werden (vgl. Abbildung 4).

Rund ein Viertel der Befragten ist darüber hinaus von Tinnitus und anderen
stressbedingten Erkrankungen des Gehörs betroffen. In einer älteren repräsentativen Befragung des BIBB/IAB weisen nur rund 5 % der Erwerbsbevölkerung
Erkrankungen des Gehörs auf (von Henniges 1998).

Ein Vergleich der Erkrankungsmuster hoch und eher gering beanspruchter
IT-Fachleute (nach Gruppenbildung über einen Mediansplitt der Burnout-Skala)
liefert einen deutlichen Zusammenhang zwischen Erschöpfungssymptomen und
dem Auftreten von Erkrankungen. So treten psychovegetative Erkrankungen wie
Ohrengeräusche, Magenbeschwerden, Herzrasen bei geringer Anstrengung bis

hin zu Verspannungsbeschwerden im Schulterbereich bei Personen mit hoher psychischer Erschöpfung etwa doppelt so häufig auf wie bei solchen, die geringe Erschöpfungswerte haben (vgl. Abbildung 5).

Abbildung 4: Gesundheitliche Beeinträchtigungen von Mitarbeitenden in IT-Projekten im Vergleich zu einer repräsentativen Beschäftigtenstichprobe (Siefer/Beermann 2010) (Angaben in Prozent)

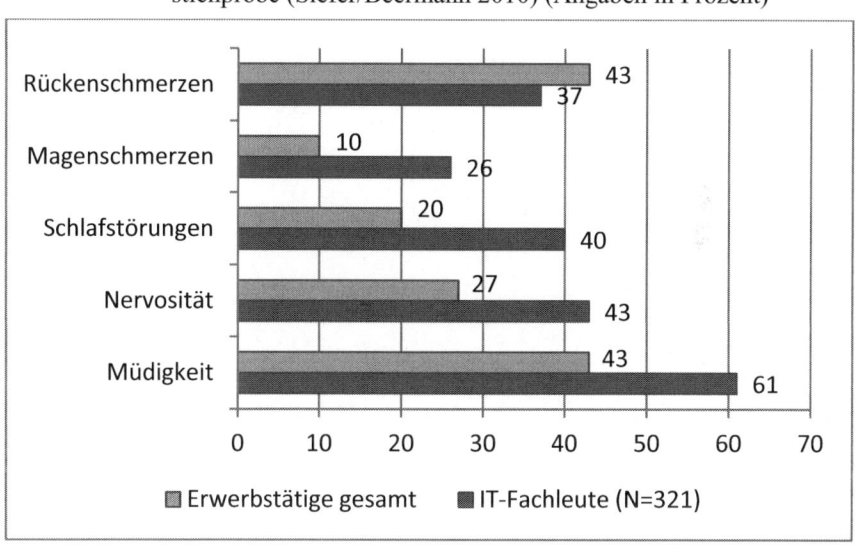

Dass Stress in der Projektarbeit die Ursache einer Reihe von körperlichen Beschwerden darstellt, ist inzwischen auch vielen Betroffenen durchaus bekannt. Ein Konzepsteller schildert es so:

„Ja, klar. In so Stressphasen oder wenn man einen gewissen Druck hat, also Zeitdruck oder so, dass man irgendwas fertig haben muss bis zu einem bestimmten Termin und meint, man schafft es nicht, das sitzt einem natürlich schon im Nacken. Das belastet einen. So mental dann natürlich eher. Führt dann auch zu, dass man Einschlaf-, Durchschlafprobleme (hat). Man wacht nachts auf. ‚Oh hast du daran gedacht, das habe ich vergessen, Mist, wie schaffe ich das?‘ Solche Sachen, die passieren" (Konzepsteller, 41 Jahre).

Letztlich werfen die Ergebnisse zur Beanspruchungs- und Motivationslage von IT-Fachkräften die Frage auf, welche Entstehungsgründe hierfür verantwortlich sein können. Deshalb wurde in weiteren Schritten zu klären versucht, welche

besonderen Belastungs- und Ressourcenkonstellationen in der Arbeit anzutreffen
sind und für welche Faktoren davon sich Zusammenhänge zur Burnout-
Entstehung nachweisen lassen.

Abbildung 5:   Ausmaß stressassoziierter Erkrankungen bei Hoch- und
Geringbeanspruchten (Gruppen durch Mediansplitt; vgl.
Gerlmaier 2011)

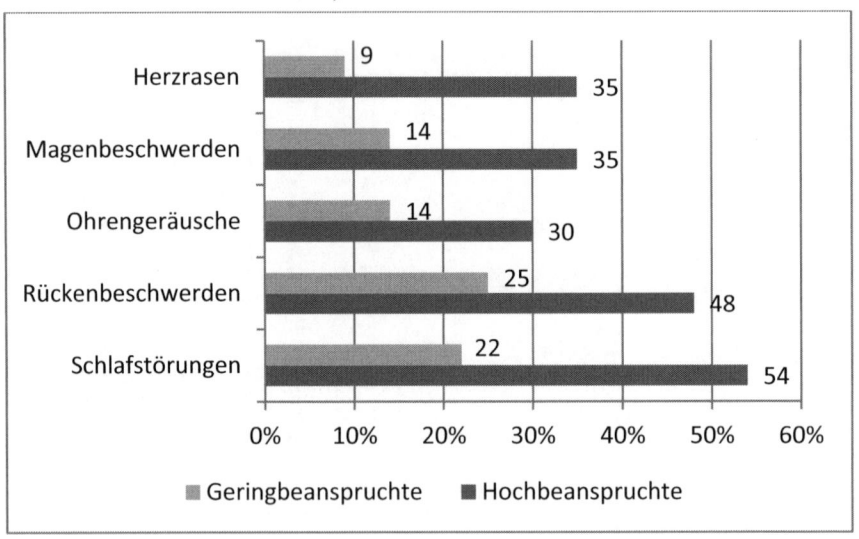

6 Psychische Belastungsmuster in der IT-Arbeit und ihre Entstehungsgründe

Abbildung 6 verdeutlicht, dass IT-Fachkräfte sehr häufig mit einer Reihe verschiedener Formen psychischer Belastungen durch die Arbeit konfrontiert sind.
Etwa jede/r Zweite arbeitet ständig unter Zeitdruck und wird bei der Arbeit unterbrochen. Aber auch ungeplanter Zusatzaufwand und Aneignungsbehinderungen beim Erwerb neuen Wissens zählen zu Belastungsfaktoren, die „immer"
oder „oft" während der Arbeit auftreten.

Eine deutliche Mehrheit der Befragten (68 %) ist von Mehrfachbelastungen
betroffen (vgl. Tabelle 1). Offenbar wirken sich diese Mehrfachbelastungen auch
‚aufschaukelnd‘ aus, denn Vergleiche zeigen, dass Personen mit einer hohen
Zahl psychischer Belastungen häufiger auch zur Gruppe der hoch Beanspruchten
zählen. In der Gruppe von IT-Fachleuten, die vier und mehr hoch ausgeprägte
psychische Belastungen angeben, beträgt der Anteil hoch Beanspruchter 87 %.

Von den Befragten, die nur eine oder keine hoch ausgeprägte Belastung angeben, gehören dagegen nur 26 % zur Gruppe hoch Beanspruchter.

Abbildung 6: Häufigste Nennungen psychischer Belastungen bei IT-Fachkräften mit Projektarbeit

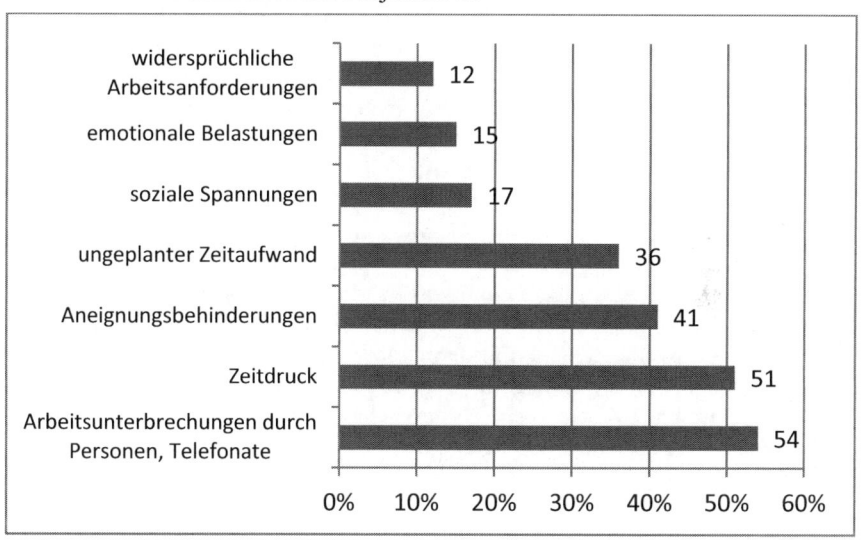

Tabelle 1: Anteil hoch erlebter psychischer Belastungsfaktoren, Zusammenhang zwischen der Anzahl der Belastungen und dem Erleben von Beanspruchung

Anzahl hoch ausgeprägter Belastungen	Anteil Belasteter	davon Anteil hoch Beanspruchter
0-1 Belastung	32 %	26 %
2-3 Belastungen	34 %	59 %
4 und mehr Belastungen	34 %	85 %

6.1 Kapazitätsorientierte Personaleinsatzplanung – mehr Projekte, mehr Widersprüche

Unsere Interviewauswertungen deuten darauf hin, dass die Ursachen für die Intensivierung der Arbeit zum einen die Folge eines massiven Personalabbaus, gerade in größeren IT-Unternehmen, ist und zum anderen durch neue Kapazitätsplanungssysteme das Arbeitsvermögen der verbliebenen Beschäftigten intensiver zu „bewirtschaften" versucht wird. War die Mehrheit der Projektbeschäftigten in der Vergangenheit überwiegend in einem Projekt eingesetzt, werden sie heute häufiger in verschiedene Projekte „gebucht", um eine volle Auslastung des Einzelnen zu erreichen. Insbesondere Mitarbeitende mit besonderem Know-how sind häufig von Mehrstellenarbeit betroffen. Hier besteht eine zentrale Belastung darin, sich ständig in das jeweilig zu bearbeitende Projekt neu „eindenken" und viele Dinge gleichzeitig im Kopf haben zu müssen. Hinzu kommt, dass die Arbeit in mehreren Projekten das Risiko von Zeitdruck und sozialen Konflikten mit Kollegen oder Kolleginnen bzw. Projektleitenden erhöht, da die Beschäftigten häufig mit widersprüchlichen Anforderungen bzw. Terminvorgaben verschiedener Projektleitender konfrontiert sind und mit dem „Abarbeiten" kaum hinterherkommen. In welche Widersprüche Mitarbeitende durch Mehrstellenarbeit kommen können, verdeutlichen Aussagen eines Projektleiters, 46 Jahre, sowie einer Teamleiterin, 48 Jahre:

> „Die haben mir gesagt: ‚Ok, du kannst die halbe Zeit hier in X-Stadt arbeiten, aber du musst zum Beispiel nach Y-Stadt oder Z-Stadt kommen oder U-Dorf.' Und damit habe ich auch kein Problem, komme ich von Montag bis Mittwoch nach U-Dorf oder Z-Stadt oder Y-Stadt, aber die sagen: ‚Nee, das geht nicht, du musst jeden Tag einen halben Tag hier sein'" (Projektleiter, 46 Jahre).

> „Das ist der Widerspruch zu den Projekten untereinander. Klar, wenn der eine was will, kann ich den anderen eigentlich nicht bedienen, aber der schreit genauso laut. Und das ist manchmal sehr, sehr schwierig. Das ist auch, glaub' ich, so der Grund, weshalb ich dann morgens Schwierigkeiten habe, hochzukommen, weil gerade so ein Tag ist, wo ich weiß, beide schreien, und dass es nicht zu schaffen ist" (Teamleiterin, 48 Jahre).

6.2 Neue Servicekonzepte: Herausforderung für konzentriertes Arbeiten

Zunehmend mehr IT-Beschäftigte sind zudem mit ständigen Arbeitsunterbrechungen durch Personen, Telefonate oder E-Mails konfrontiert. Verantwortlich für diese Entwicklung ist u. a. auch die mittlerweile branchenweite Einführung von „Service-Level-Agreements" (SLAs), die IT-Dienstleistende gegenüber dem Kunden verpflichten, Störungen und Probleme in einer definierten Zeit zu lösen. Werden Projektbeschäftigte neben ihren eigentlichen Entwicklungs- und Beratungsaufgaben mit der Bearbeitung von SLAs betraut, kommt es durch diese Aufgabe ständig zu Störungen durch Arbeitsunterbrechungen. Diese wirken hochgradig beanspruchend, weil sie ein sofortiges Reagieren erfordern und eine individuelle Arbeitsplanung fast unmöglich machen. Darüber hinaus müssen sich die Betroffenen nach der Bearbeitung des Kundenproblems immer wieder neu in die eigentlichen Projektaufgaben hineindenken. Diese unselige Mischung aus Unterbrechungen und „Multitasking" wird hier oft zum Dauerproblem (vgl. Zimber 2010; Baethge/Rigotti 2010).

6.3 Neue Zeitlöcher – ungeplanter Zusatzaufwand als Auslöser von Zeitdruck

Auch die flächendeckende Standardisierung des Projektcontrollings wirkt sich für viele IT-Beschäftigte negativ aus. Mit der Einführung verschiedenster Reporting-Systeme zur Kontrolle von Budgets, Arbeitszeiten und dem Projektstatus wird vielfach der Dokumentationsaufwand größer. Ein Qualitätsmanager, 47 Jahre, beschreibt die Belastungen durch Bürokratisierung so:

> „Also die Projektmanager müssen Hinz und Kunz Berichte abgeben: dem Manager eine, dem Manager, dem Manager. Also für jeden eigene Excel-Tabellen und mit immer wieder denselben Zahlen, immer wieder mit selben Sachen und verbringen also mehr als die Hälfte ihrer Arbeitszeit nur noch mit internen Berichten an irgendwelche Menschen und Stellen. Also auch alle im Ausland zum Teil, die sie überhaupt nicht kennen, und haben dann gar keine Zeit mehr zum Kundenverkehr und geschweige denn, ihre Mitarbeiter zu führen" (Qualitätsmanager, 47 Jahre).

Diese in einem Fallunternehmen im Betriebsjargon wegen der Vielzahl der zu nutzenden Hilfsmittel auch als „Tooleritis" bezeichneten Berichtsaufgaben bewirken für viele IT-Beschäftigte einen zunehmenden, ungeplanten Zusatzaufwand und Zeitdruck, wie ein Konzepersteller (41 Jahre) berichtet:

> „Ja, das sind kleine Sachen, aber die machen unheimlich viel Aufwand. Wenn man das einem Manager, irgendwo im mittleren Management oder hohen Management, erzählt, die sagen ‚mein Gott, die fünf Minuten und die drei Minuten und das machst du doch in zehn'. Ja, aber man muss dran denken, man muss machen, man muss sich die Sachen raussuchen, das ist ein gewisser Stress, der dann dadurch zusätzlich dazukommt. Und das macht, sage ich mal, keinen Spaß, das bringt mich beruflich nicht die Bohne weiter, weil wenn ich sage, ich kann irgendwelche Projektberichte in irgendeinem internen System einlegen, wen interessiert das?" (Konzepersteller, 41 Jahre).

7   Psychische Belastungen und Burnout – gibt es einen Zusammenhang?

Der Umstand, dass Arbeitende psychischen Belastungen ausgesetzt sind, ist alltäglich und bedeutet nicht automatisch, dass diese davon auch krank werden. Aus diesem Grund wurde untersucht, ob und für welche psychischen Belastungen ein Zusammenhang zum Erleben von psychischer Erschöpfung festgestellt werden kann. Wie in Tabelle 2 dargestellt, unterscheiden sich hoch und gering beanspruchte IT-Fachleute bedeutsam im Hinblick auf ihr Belastungserleben.

Hoch Beanspruchte weisen mehr Arbeitsunterbrechungen, widersprüchliche Arbeitsanforderungen, Zeitdruck, sozio-emotionale Belastungen und ungeplanten Zusatzaufwand auf. Sie haben aufgrund ihrer Arbeit darüber hinaus häufiger Probleme, sich neues Wissen anzueignen und ihre Rolle in der Familie bzw. Partnerschaft angemessen wahrzunehmen.

Tabelle 2:   Mittelwertunterschiede von psychischen Belastungen bei IT-Fachkräften mit hohem bzw. geringem Grad psychischer Erschöpfung

Belastungen	Gering Beanspruchte (Mittelwert)	Hoch Beanspruchte (Mittelwert)	Signifkanzniveau (p)
Sozio-emotionale Belastungen	2,28	2,80	,000 (sign.)
Zeitdruck	2,72	3,46	,000(sign.)
Arbeits-unterbrechungen	3,01	3,49	,000 (sign.)
Ungeplanter Zusatzaufwand	3,07	3,48	,001 (sign.)
Widersprüchliche Arbeitsanforderun-gen	2,13	2,59	,000 (sign.)
Aneignungs-behinderungen	2,58	3,33	,000 (sign.)
Synchronisations-erschwernisse Arbeit-Familie	2,28	3,38	,000 (sign.)

8   Ressourcen in der Arbeit – Was erhält im IT-Beruf gesund?

Angesichts der hohen psychischen Belastungen, insbesondere in der Projektarbeit, ergibt sich die Frage, welche Bedingungen in der IT-Arbeit dazu beitragen
können, dass die Arbeit in diesem Bereich auf Dauer bis zum Eintritt in die Ren-
te ohne Leistungseinbußen zu bewältigen ist. Zu diesem Zweck wurde untersucht, über welche Ressourcen in der Arbeit IT-Fachkräfte verfügen und welche
individuellen Gesundheitsressourcen sie mobilisieren können. In einem weiteren
Schritt wurde wiederum analysiert, welche der organisationalen und persönlichen Ressourcen dazu beitragen, die Gesundheit und Arbeitsfähigkeit auf Dauer
zu erhalten.

8.1 Soziale und organisationale Ressourcen – die Spielräume werden enger

In der Projektarbeit kommt dem Teamzusammenhalt und der gegenseitigen Unterstützung nach unseren Untersuchungen eine große Bedeutung zu. Wenig er-
staunlich ist es daher, dass zwei Drittel der Befragten sich bei der Aufgabenlö-
sung von ihren Kollegen unterstützt fühlen (vgl. Abbildung 7). Die Qualität der
Führung wird allerdings nur von etwa jedem/r Zweiten als gut beschrieben.

Abbildung 7:   Häufigkeit organisationaler und sozialer Ressourcen bei IT-
Arbeit (Angaben in Prozent)

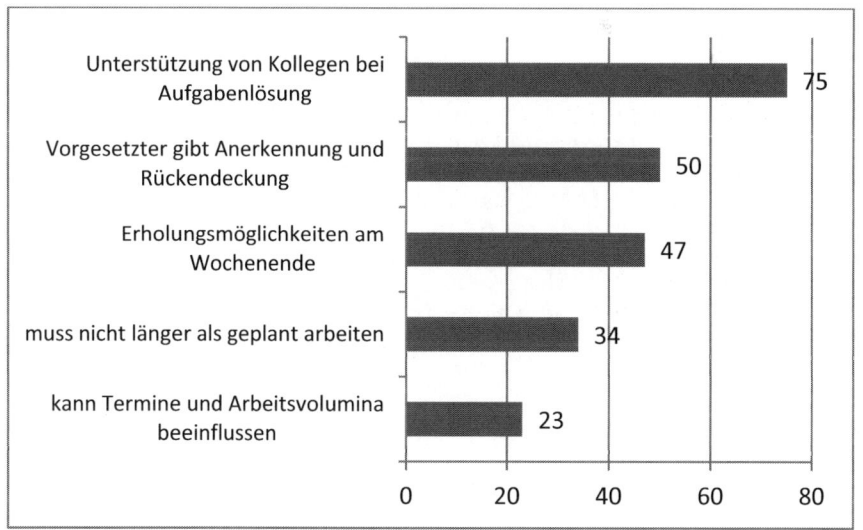

Unsere Interviewergebnisse zeigen, dass viele IT-Fachleute in den letzten Jahren eine Verschlechterung des Sozialklimas erleben. Dabei spielen u. a. neue Abrechnungspraktiken eine Rolle, die in manchen Unternehmen eine bisher erfolgreich praktizierte Unterstützungskultur beeinträchtigen wie ein Projektleiter, 46 Jahre, schildert:

„Wir haben bei uns hier (…) sehr stark auch zusammengearbeitet. Heute ist das so, da muss man also über große Manager requests machen und die Leute bekommen dann keine Account-IDs, das heißt, die Leute können ihre Stunden nicht aufschreiben. Da kriegen Sie bei ihrem Chef dann ein Problem: ‚Wieso kannst du nicht aufschreiben? Das darf nicht sein, am Monatsende müssen die Parkstunden weg sein.‘ Das heißt, diese bürokratischen Hürden sind also massiv groß geworden, wo man schnell mal über den Flur auf Zuruf was bekommen hat, das geht heute gar nicht mehr, oder nur unter ganz, ganz schweren Bedingungen. Die Leute haben aber keine Lust dazu. Wenn sie den Sachen hinterherlaufen müssen und dann auch noch Ärger dafür kriegen, dass sie geholfen haben und da was gemacht haben, dann macht keiner mehr was, dann sagen die: ‚Hmm, nö, ich hab genug zu tun hiermit, es geht nicht.‘ Das erschwert zum Teil die Arbeit" (Projektleiter, 46 Jahre).

Auch Restrukturierungen, häufig wechselnde Führungskräfte und eine zunehmende „Virtualisierung" von Führungsbeziehungen durch den Einsatz standortübergreifender Führungskräfte werden als Verlust wichtiger Supportstrukturen erlebt. Diese erschweren nicht nur die Kommunikation, sondern fehlen oft auch bei der Lösung von akuten Arbeitsbelastungen und Problemen.

„Man hat einen Manager und keinen richtigen Vorgesetzten mehr. Früher hatte ich so (…) meine alte Vorgesetzte; war auch so eine Art Drachen in gewisser Weise, aber na ja, es war noch ein persönlicher Mensch. Heute habe ich zwar auch noch einen Vorgesetzten, aber das ist ein Manager, der ist ein Prozessadministrator, der ist austauschbar, und entscheiden kann er sowieso nichts. Also, richtige Sachen, die von Bedeutung sind – und das ist so ein Fass ohne Boden. Ja, an wen soll ich mich wenden? Also, so was macht mir schon zu schaffen" (Entwickler, 53 Jahre).

Als erstaunlicher Befund kann gewertet werden, dass IT-Fachkräfte, denen häufig ein hohes Maß an Handlungsspielraum und Entscheidungsmöglichkeiten in ihrer Arbeit unterstellt wird, ihre eigenen Gestaltungsspielräume in der Arbeit häufig als gering erleben. Lediglich 23 % der Befragten können Projekttermine und Arbeitsvolumina beeinflussen. Diese wichtige Handlungsressource ist zudem positionsabhängig ungleich verteilt. Insbesondere Projektbeschäftigte ohne Leitungsfunktion haben als „letztes Glied" im Bearbeitungsprozess wenig Einfluss darauf, drohende Überlastungssituationen organisatorisch abzufedern, und erfahren so häufig eine Beschränkung ihrer (Ver-)Handlungsmöglichkeiten (vgl. Abbildung 1 sowie insgesamt Gerlmaier/Latniak 2007).

Auch im Bereich der Erholungsmöglichkeiten sind die Ressourcen vieler IT-Fachleute eher begrenzt. Nur jede/r Zweite kann sich am Wochenende gut erholen, zwei Drittel der Befragten schaffen es aufgrund der Arbeitsmenge nicht, rechtzeitig und wie geplant ihren Arbeitsplatz zu verlassen. Hieraus resultiert die paradoxe Situation, dass die in der Projektarbeit zweifellos erhöhte psychische Anspannung eigentlich regelmäßige Pausen- und Erholungszeiten erfordert, um auf Dauer gesund und leistungsfähig zu bleiben. Im Kontrast dazu scheint die Arbeit vieler IT-Fachkräfte weit in das Privatleben hineinzureichen und so einer wirklichen Erholung entgegenzustehen. Zur Verschärfung dieser Situation tragen unter anderem auch die Einführung neuer, zusätzlich zum Projektjob durchzuführender Bereitschaftsdienste (sog. „24h/7-Tage"-Bereitschaften) oder die Notwendigkeit zur Weiterbildung in der Freizeit bei. Vielfach fehlen in IT-Unternehmen aber auch Regelungen, etwa zu Wochenendarbeit oder Pausenzeiten; teilweise sind diese Regelungen auch nicht genügend bekannt, um die Erholungszeiten während der Arbeit zu sichern. Dies hat mitunter zur Folge, dass Beschäftigte glauben, wie etwa eine IT-Mitarbeiterin, 52 Jahre, sie müssten Kurzpausen an die Arbeitszeit anhängen:

„Dann gehen wir mal eine Viertelstunde in die Kantine und trinken einen Kaffee zusammen und erzählen mal ein bisschen. Wir schreiben ja die Zeiten auf. Insofern, wenn ich jetzt zwischendurch eine Pause mache, dann hänge ich die hinten dran, ne? Also das halte ich da schon ganz flexibel und habe da bisher auch keine negative Resonanz gehört" (IT-Mitarbeiterin, 52 Jahre).

8.2 Individuelle Gesundheitsressourcen – viel Engagement, nachhaltiger Nutzen?

Studien zur Wissensarbeit (z. B. Kriegesmann et al. 2005) sehen angesichts der vergleichsweise ‚fluiden' Arbeitsstrukturen in diesem Bereich im individuellen Gesundheitsverhalten der Beschäftigten einen zentralen Ansatzpunkt zur Burnout-Prävention. Die Ergebnisse zeigen allerdings, dass bereits ein Großteil der Beschäftigten in der IT-Branche im Hinblick auf eine individuelle Gesundheitsprävention aktiviert ist. Überdurchschnittlich viele der Befragten (78 %) rauchen nicht (mehr), 39 % treiben regelmäßig Ausdauersport, 47 % achten auf ausreichend Schlaf. Dieses hohe Maß an gesundheitsförderlichem Verhalten ist erstaunlicherweise auch bei IT-Beschäftigten mit hohem Mobilitätsgrad anzutreffen. Prüft man die Zusammenhänge der genannten Faktoren mit dem Grad der psychischen Erschöpfung, so zeigen sich zwar Signifikanzen hinsichtlich Führungsklima, Gestaltungseinfluss und Erholungsmoglichkeiten, wahrend soziale Unterstützung und individuelles Gesundheitsverhalten für unser Sample keinen bedeutsamen Zusammenhang zeigen.

Tabelle 3: Mittelwertunterschiede bei Ressourcen nach hoch bzw. gering beanspruchten Beschäftigten

Ressourcen	Gering Beanspruchte (Mittelwert)	Hoch Beanspruchte (Mittelwert)	Signifikanz-niveau (p)
Führungsklima	3,82	3,39	,001 (sign.)
Soziale Unterstützung durch Kollegen	4,02	3,86	,115 (nicht sign.)
Gestaltungseinfluss	3,10	2,71	,000 (sign.)
Arbeitsimmanente Erholungsmöglichkeiten	3,64	2,89	,000 (sign.)
Individuelles Gesundheits-verhalten (z. B Ausdauer-sport)	1,86	1,83	,787 (nicht sign.)

9 Ansatzpunkte zur Arbeitsgestaltung

Die Ergebnisse machen deutlich, dass es in der IT-Wirtschaft einen dringenden Handlungsbedarf im Bereich der Burnout-Prävention gibt, um die Arbeits- und Innovationsfähigkeit von IT-Fachkräften dauerhaft zu sichern. Der Vergleich der Stress- und Erschöpfungssituation von IT-Fachleuten in den letzten 10 Jahren zeigt, dass sich die Beanspruchungssituation vieler Beschäftigter in der IT-Wirtschaft eher verschärft denn verbessert hat. Ebenso konnte nachgewiesen werden, dass zwischen dem Stress- und Burnout-Erleben und dem überproportionalen Auftreten von Erkrankungen wie Tinnitus oder Schlafstörungen ein unmittelbarer, statistisch abgesicherter Zusammenhang besteht.

Als Ursachen der kritischen Erschöpfungssituation vieler IT-Fachleute konnten zunehmende Widersprüche in der Projektarbeit identifiziert werden, die sich in Form von psychischen Belastungen wie Zeitdruck, ungeplantem Zusatzaufwand, Arbeitsunterbrechungen oder Aneignungsbehinderungen niederschlagen. Die Verschärfung der Belastungssituation steht den Interviewergebnissen zufolge in unmittelbarem Zusammenhang mit der angesprochenen ökonomischen Neuausrichtung der Branche, deren Konsequenzen bis auf die operative Projektebene und die individuelle Arbeitssituation durchschlagen. So ist etwa ein Teil der Intensivierung und Beanspruchungszunahme in der IT-Arbeit durch neue Rationalisierungsbestrebungen in der Softwareentwicklung und -beratung bedingt. Diese führen operativ zu engeren Einsatzbereichen und einer stärkeren Spezialisierung. Sie begünstigen damit allerdings gleichzeitig den verstärkten Einsatz in Parallelprojekten, was für die Betroffenen häufig mit einem erhöhten

Koordinationsaufwand, mit schnellem und häufigem Wechsel in der Tätigkeit sowie chronischem Zeitdruck verbunden ist.

Die Arbeitssituation vieler IT-Fachleute ist jedoch nicht nur von einer Zunahme psychischer Belastungen geprägt. Durch neue Steuerungs- und Kundenservicemodelle verschlechtert sich bei manchem offensichtlich auch die arbeitsbezogene Ressourcensituation. Interviewergebnisse deuten beispielsweise darauf hin, dass vormals stabile soziale Unterstützungssysteme unter den Kolleginnen und Kollegen durch verschärfte Fakturierungsvorgaben brüchig werden, weil Helfende die Zeiten für solche Unterstützungsleistungen nicht „fakturieren", d. h. auf ein Kundenprojekt schreiben, können. Zunehmend schwieriger gestaltet sich für viele IT-Beschäftigte auch die Kommunikation über Belastungssituationen mit ihrem/r Vorgesetzten oder Projektleitenden: Infolge der stärkeren „Virtualisierung von Führung" fehlten oft Vorgesetzte vor Ort, denen die Arbeitssituation der Beschäftigten in ihren Projekten eher bekannt sei und die sich für Verbesserungen der Arbeitsbedingungen verantwortlich fühlten – was zweifellos einen Teil ihrer Arbeitsaufgaben darstelle.

Jedoch wurden in der Untersuchung beanspruchungsmindernde und damit für die dauerhafte Erhaltung der Arbeitsfähigkeit förderliche Faktoren identifiziert. Dazu zählten vor allem die erlebte Führungsqualität, ausreichende Gestaltungsspielräume (Disponieren von Terminen, Delegationsmöglichkeiten, Einfluss auf Arbeitsvolumina) und arbeitsimmanente Erholungsmöglichkeiten (z. B. Durchführung von Kurzpausen). Ein solcher protektiver Effekt fand sich dagegen nicht für die erlebte soziale Unterstützung durch Kolleginnen und Kollegen und die regelmäßige Durchführung von Ausdauersport, die beide als wichtige Ressourcen in der Stressforschung konzeptionell abgeleitet und weithin bekannt sind. Einen Erklärungsansatz für die nicht nachweisbare Protektivwirkung der sozialen Unterstützung und des Ausdauersports bietet hier das relationale Belastungs-Ressourcenmodell. Es geht davon aus, dass Ressourcen wie die soziale Unterstützung keineswegs in jedem Arbeitskontext die gleiche Wirkung entfalten müssen. So ist zwar die kollegiale Unterstützung in IT-Projektteams weit verbreitet. Hoher Zeitdruck verhindert aber oft, dass Kolleginnen und Kollegen, die Hilfe benötigen, diese auch erhalten bzw. geben können. Das Hilfersuchen wird so eher als weitere Arbeitsunterbrechung und Störung erlebt, die abgewehrt wird.

Tabelle 4: Überblick über Gestaltungsansätze bei IT-Arbeit (Gerlmaier et al. 2010)

Gestaltungsansatz	Ziel der Maßnahme
Begrenzung der Projektmitarbeit auf max. zwei Projekte	▪ Verminderung von Zeitdruck ▪ Erhöhung des Gestaltungsspielraumes
Blockzeiten für das störungsfreie Bearbeiten konzentrationsintensiver Aufgaben	▪ Verminderung von Arbeitsunterbrechungen ▪ Förderung der Kompetenzentwicklung
„Entmischung" von Support- und Projektaufgaben	▪ Verminderung von Arbeitsunterbrechungen ▪ Verbesserung der Konzentrationsfähigkeit
Vorrang von Remotearbeit im eigenen Unternehmen vor Einsätzen bei Kunden	▪ Verminderung von Synchronisationsproblemen zwischen Arbeit und Familie ▪ Verbesserung der Erholung
Regelungen zu Wochenend- und Mehrarbeit mit Kontroll- und Sanktionsmechanismen	▪ Verbesserung der Erholung
Einsatz von Führungstandems (z. B. bei Team-/Projektleitung)	▪ Erhöhung des Gestaltungsspielraums ▪ Verbesserung der Bewältigung sozio-emotionaler Belastungen
Einführung eines Pausenmanagements (Vereinbarungen zu Kurzpausen in Kombination mit Sensibilisierungsworkshops für Mitarbeiter und Führungskräfte)	▪ Verbesserung der arbeitsimmanenten Erholung
Bereitstellung gesonderter Kostenstellen für Einarbeitungs- und Weiterbildungszeiten	▪ Verminderung von Aneignungsbehinderungen ▪ Förderung kontinuierlicher Kompetenzentwicklung

Die Studie konnte zeigen, dass zentrale Potentiale der Stress- und Burnout-Prävention in der Verminderung von psychischen Belastungen und dem Aufbau angemessener organisationaler Handlungsressourcen, insbesondere dem Führungsverhalten, dem Ausbau von Gestaltungseinfluss und arbeitsbedingten Erholungsmöglichkeiten liegen. Für IT-Arbeit wurden im Rahmen des DIWA-IT Projektes aufbauend auf Ergebnissen moderierter Belastungs- und Ressourcenanalysen und unter Einbeziehung aller Hierarchieebenen (Mitarbeitende, Projektleitende, Führungskräfte) in den Kooperationsunternehmen verschiedene Ansatzpunkte zur gesundheitsgerechten Arbeitsgestaltung erarbeitet und umgesetzt.

Tabelle 4 gibt einen Überblick über die Maßnahmen und ihre Wirkungen in Bezug auf Belastungen und Ressourcen.

Die Gestaltungsbeispiele zeigen, dass eine subjektorientierte Arbeitsgestaltung auch in flexiblen und hoch dynamischen Strukturen der Wissensökonomie einen substanziellen Beitrag zur Sicherung der Arbeits- und Innovationsfähigkeit von hoch qualifizierten Beschäftigten leisten kann (vgl. Kümmerling et al. 2011). Abzuwarten bleibt, inwieweit IT-Unternehmen zukünftig die vorhandenen Potentiale neuer Präventionslösungen nutzen werden, um den Herausforderungen des demografischen Wandels zu begegnen.

10 Neue Perspektive: das Konzept der subjektorientierten ‚Defragmentierung'

Unsere Erfahrungen in den Fallunternehmen zeigten, dass die ‚klassischen' Methoden der Arbeitsgestaltung, die auf den Erkenntnissen zur Gestaltung humaner Produktionsarbeit aus den 70er und 80er Jahren des letzten Jahrhunderts stammen, für die sich ausbreitenden Formen der qualifizierten Wissensarbeit nur bedingt weiterführend sind. ‚Job Enrichment' und teilautonome Gruppenarbeit stellen Konzepte dar, die in erster Linie auf die Vermeidung von Monotonie und Dequalifikation in tayloristisch geprägten Arbeitssystemen mit kurzzyklischen Arbeitstakten und hohem Entfremdungsgrad gerichtet waren. In solchen Bereichen dürften diese Gestaltungsmaximen weiterhin ihre Prägekraft für eine nachhaltige Arbeitsgestaltung und für den Erhalt der Arbeitsfähigkeit der Beschäftigten besitzen, zumal in der letzten Zeit Tendenzen hin zu einer Re-Taylorisierung der Arbeit aufscheinen (vgl. Kratzer et al. 2011).

Die von uns untersuchten Formen der qualifizierten Wissensarbeit generieren jedoch andere Belastungs- und Beanspruchungsmuster, die – wie auch die dargestellten Forschungsergebnisse verdeutlichen – nicht minder große Risiken für die aktuelle und langfristige Arbeitsfähigkeit der betroffenen Beschäftigtengruppen in sich bergen. Wie die Analyse der Belastungsmuster und ihrer Ursachen bei IT-Fachkräften zeigt, bestehen die zentralen Belastungsmomente in dieser Form der Wissensarbeit zum einen im abrupten Wechsel bzw. der gleichzeitigen Bearbeitung von mehreren Aufgaben bzw. Problemen (vgl. Kötter 2002) unter hohem Zeitdruck (‚Multitasking'). Dies liegt etwa dann vor, wenn ein Mitarbeiter zum einen konzentrationsintensive Aufgaben (z. B. Kostenkalkulation), zum anderen gleichzeitig Supportaufgaben mit kurzen Reaktionszeiten zu bearbeiten hat, was zu Unterbrechungen und der ständigen Wiederaufnahme der Arbeit führt.

Es ist naheliegend, dass Maßnahmen zur Arbeitsanreicherung, wie sie bei klassischer Produktions- und Dienstleistungsarbeit durchaus sinnvoll sein können, bei den hier in Frage stehenden flexiblen Formen der Wissensarbeit keine sinnvolle Lösung darstellen. Vielmehr kann hier, wie die Lösungsansätze in den Workshops mit den Beschäftigten zeigten, eine ‚Defragmentierung' der Arbeit ein sinnvolles Gestaltungsprinzip darstellen, in dessen Mittelpunkt die ‚Entzerrung' und Neuordnung parallel anfallender Aktivitäten steht. Der Begriff ‚Defragmentierung', den wir hier verwenden, stammt ursprünglich aus dem Hardwarebereich der Informationstechnik. Er bezeichnete den Prozess, die auf der Festplatte eines Computers gespeicherten Daten neu anzuordnen, sozusagen die Festplatte zu ‚bereinigen', um damit eine schnellere Bearbeitung zusammengehöriger Daten und so eine Beschleunigung der Prozesse zu erzielen. Dem Konzept der subjekt- bzw. teamorientierten Defragmentierung liegt dabei analog der Gedanke zugrunde, durch geeignete Arbeitsgestaltungsmaßnahmen die gleichzeitige Bearbeitung von Aufgaben zu reduzieren, zeitlich zu entzerren und hierdurch die individuelle Informationsverarbeitung und Aufgabenbewältigung zu verbessern und zu sichern.

Nach den Ergebnissen unserer Belastungsanalysen mit den Beschäftigten lassen sich in einer ersten Heuristik zunächst drei verschiedene Formen der Beeinträchtigung individueller kognitiver Informationsverarbeitung unterscheiden:

1. *Informationsüberlastung:* Sie liegt dann vor, wenn zu viele Aufgaben parallel bearbeitet werden sollen. Aus arbeitsmedizinischen Studien ist bekannt, dass die Bearbeitung von Doppelaufgaben Erschöpfungszustände und Fehler begünstigt bzw. mit einer schlechteren Leistung einher geht, als wenn man die Aufgaben nacheinander oder zeitlich versetzt durchführt (Paridon/Pälchen/Kaufmann 2010). Neurowissenschaftliche Untersuchungen zeigen zudem, dass sich Multitasking ungünstig auf die Entwicklung der geistigen Leistungsfähigkeit auswirkt (Öhman/Nordin/Bergdahl 2007). Dieser Effekt wird verstärkt, wenn z. B. keine ausreichenden (Kurz-)Pausen durchgeführt werden bzw. unzureichend lange oder keine störungsfreien Rekreationszeiten möglich sind (vgl. u. a. Spath/Braun/Grunewald 2004: 95 ff.).
    Mögliche Lösungswege: Ein Lösungsansatz für dieses Problem ist es, Arbeitsaufgaben oder Problemlösungsanforderungen zu priorisieren und bei Überlast soweit möglich abzugeben bzw. zu delegieren. Dies erfordert in der Regel eine Abstimmung mit dem Vorgesetzten und dem davon betroffenen Arbeitsteam. Auch eine abteilungs- oder unternehmensweit geltende Regelung zur Begrenzung von Mehrstellenarbeit (z. B. auf weniger als drei Projekte gleichzeitig) kann zu einer Belastungsminderung beitragen. Weitere Ansätze liegen in der Begrenzung der Beanspruchung durch Arbeitszeitregulierung und die Einführung von verbindlichen (Kurz-)Pausensystemen (Hüttges/Müller/Richter 2005; Oppolzer 2006). Beide funktionieren allerdings nur dann, wenn Beschäftigte und Vorgesetzte diese Regeln auch als

belastungsmindernd erkennen und nutzen. Hier helfen Test- und Erprobungsphasen weiter.

2. *Blockaden der Informationsverarbeitung*: Zum zweiten Belastungstyp sind stark aversive emotionale Ereignisse und Traumata zu rechnen (z. B. Konflikte mit Kundinnen und Kunden, Vorgesetzten oder Kolleginnen und Kollegen, die selbstwertgefährdend sind). Sie können zu einer vollständigen Blockade der geistigen Leistungsfähigkeit beitragen. Die Informationsaufnahme und -verarbeitung wird dabei in der Regel stark beeinträchtigt, weil die verfügbare Energie zur Lösung des Problems durch emotionale Reaktionen (wie Aufgewühltheit, Ärger, Bedrohungserleben) vollständig absorbiert wird – die Konzentration auf die Aufgabe oder Problemlösung gelingt dem/der Betroffenen deshalb nicht mehr.

    Mögliche Lösungswege: Einen Lösungsansatz dafür stellt – jenseits eines individuellen und möglicherweise sozial nicht erwünschten Abreagierens – die Sicherung von emotionaler Unterstützung durch Kollegen und Vorgesetzte dar. Dies kann z. B. durch die (präventive) Bildung von Funktionstandems gefördert werden, bei denen zwei Personen mit einer Aufgabe betraut oder überlappende Aufgabenbereiche besitzen (z. B. im Sinne einer Vertretungsregelung). Eine potentiell unterstützende Person ist damit immer vorhanden und kann in stark emotional belastenden Situationen entsprechend wirken. Ein weiterer Ansatzpunkt besteht in der zeitlichen Begrenzung und organisatorischen Verteilung emotional belastender Tätigkeiten: Durch Rotation kann hier versucht werden, konfliktäre Kundenkontakte auf mehrere Kollegen zu verteilen, die dann auch in der Verarbeitung der Erlebnisse unterstützt werden sollten bzw. sich wechselseitig unterstützen können.

3. *Informationsverarbeitungsstörungen*. Sie liegen dann vor, wenn mehrere zu bearbeitende Aufgaben gleichzeitig und gleichgewichtig anstehen, aber unterschiedliche Verarbeitungsleistungen erfordern. Skizziert sind damit Arbeitssituationen, in denen z. B. der/die Betroffene für die Bewältigung der einen Anforderung selbst kreativ Informationen generieren muss (Systementwurf/Design zum Thema A), gleichzeitig aber Informations- und Datenbeschaffer/in für Kunden ist (Recherche und Dokumentation zum Thema B). Kreative Problemlösung und Routineaufgabe laufen dabei quasi zeitgleich ab – die Verarbeitungsmodi der betroffenen Person überlagern sich sozusagen und erfordern unterschiedliche kognitive Leistungen gleichzeitig.

    Mögliche Lösungswege: Bei diesem Belastungstypus bietet sich die zeitliche Entzerrung von Arbeitsaufgaben an. Ein Gestaltungsbeispiel für diese Belastungsform stellen Blockzeiten für konzentriertes, störungsfreies Arbeiten dar. Kompensatorisch wirkt das bewusste Schaffen von Zeitfenstern für Kurzpausen oder Freizeittermine (z. B. durch Blockierung dieser Zeiten in Terminplanungssystemen), um eine bessere Trennung von Arbeits- und Rekreationszeiten zu erreichen und sich effektiver zu erholen.

Um nachhaltige Erfolge durch eine solche ‚defragmentierende' Arbeitsgestaltung zu erzielen, ist die Verankerung dieses Gestaltungsprinzips in den Routineabläufen, Arbeits- und Geschäftsprozessen des Unternehmens bzw. auf Teamebene wichtig. Ähnlich wie früher bei der Festplatte des PCs ist es notwendig, sich regelmäßig in den Teams oder Abteilungen Gedanken darüber zu machen, welche Fragmentierungen des Alltags und welche Belastungen dazu führen, dass es ‚unrund' läuft, Stress entsteht und die Prozesse ineffizient werden. Eine regelmäßige Reflexion der Arbeitssituation – etwa in Teambesprechungen oder -workshops, aber auch individuell – ist dabei ein erster Schritt, um leistungsbeeinträchtigende Arbeitsbedingungen zu erkennen. Die Vermittlung von Gestaltungskompetenzen zur Defragmentierung, auch etwa für Projektleitende oder Führungskräfte, stellt eine weitere notwendige Voraussetzung dar, um psychische Belastungen bei flexiblen Formen der Wissensarbeit dauerhaft zu vermindern.

Die fallweise erfolgreiche Umsetzung von Gestaltungsansätzen nach dem Muster einer solchen subjektorientierten, ‚defragmentierenden' Arbeitsgestaltung zeigt, dass Arbeitsgestaltung auch in flexiblen und hoch dynamischen Strukturen der Wissensökonomie grundsätzlich möglich und erfolgreich umsetzbar ist (Kümmerling et al. 2011), aber offensichtlich nach anderen Prinzipien funktioniert als die bisherige Praxis arbeitswissenschaftlicher Gestaltung. Abzuwarten bleibt, inwieweit solche neuen Gestaltungsperspektiven Eingang in die betriebliche Praxis finden werden und damit einen Beitrag zum gesunden Arbeiten in qualifizierten Dienstleistungstätigkeiten leisten können.

Literatur

Ahlers, E. (2011): Belastungen am Arbeitsplatz und betrieblicher Gesundheitsschutz vor dem Hintergrund des demografischen Wandels. Ergebnisse der PARGEMA-Betriebsrätebefragung. WSI-Diskussionspapier 175. Düsseldorf: WSI

Ahlers, E./Trautwein-Kalms, G. (2002): Entwicklung von Arbeit und Leistung in IT-Unternehmen. Düsseldorf: Hans-Böckler-Stiftung

Baethge, A./Rigotti, T. (2010): Arbeitsunterbrechungen und Multitasking. Ein umfassender Überblick zu Theorien und Empirie unter besonderer Berücksichtigung von Altersdifferenzen. Dortmund u. a: Bundesanstalt für Arbeitsschutz und Arbeitsmedizin

Boes, A./Kämpf, T./Marrs, K./Trinks, K. (2008): New Global Production Models in the IT-Industry and the 'social fixes' of Internationalization. In: Anderl, R./Arich-Gerz, B./Schmiede, R. (Eds.): Technologies of Globalization, 102-116. Darmstadt: TU Darmstadt

Boes, A./Kämpf, T./Trinks, K. (2011): Zeitenwende in der IT-Industrie: Vom Eldorado gesunder Arbeit zur Burnout-Zone? In: Gerlmaier, A./Latniak, E. (Hrsg.): Burnout in der IT-Branche, 19-52. Kröning: Asanger

Boes, A./Trinks, K. (2006): Theoretisch bin ich frei! – Interessenhandeln und Mitbestimmung in der IT-Industrie. Berlin: Edition Sigma

Büssing, A./Glaser, J./Höge, T. (2002): Screening psychischer Belastungen in der stationären Krankenpflege. Schriftenreihe der Bundesanstalt für Arbeitsschutz und Arbeitsmedizin, Fb 932. Bremerhaven: Wirtschaftsverlag NW

DeMarco, T./Lister, T. (1987): Peopleware. Productive Projects and Teams. New York: Dorset House Publishing Co. (deutsch 1991 erschienen unter dem Titel „Wien wartet auf Dich! Der Faktor Mensch im DV-Management".München, Wien: Hanser)

Ewers, E./Hoff, E.-H./Geffers, J./Petersen, O./Schraps U. (2006): Arbeit als Lebensinhalt? Neue Formen der Lebensgestaltung bei Beschäftigten im IT-Bereich. Münster: Waxmann

Fahrenberg, J. (2004): Die Freiburger Beschwerdenliste (FBL). Form FBL-G und revidierte Form FBL-R. Handanweisung. Göttingen: Hogrefe

Gerlmaier, A. (2011): Stress und Burnout bei IT-Fachleuten – auf der Suche nach Ursachen. In: Gerlmaier, A./Latniak, E. (Hrsg.): Burnout in der IT-Branche, 53-90. Kröning: Asanger

Gerlmaier, A. (2005): Projektarbeit – terra incognita für den Arbeits- und Gesundheitsschutz? In: WSI-Mitteilungen, 58, 498-503

Gerlmaier, A./Kastner, M. (2003): Neue Formen selbstregulativ-flexibler Arbeit im IT-Bereich: Anforderungen, Ressourcenpotentiale und ihre Auswirkungen auf die Arbeits- und Lebensqualität. In: Kastner, M. (Hrsg.): Neue Selbstständigkeit in Organisationen: Selbstbestimmung, Selbsttäuschung, Selbstausbeutung?, 217-245. München, Mering: Hampp

Gerlmaier A./Kümmerling, A./Latniak, E. (2010): Gesund altern in High-Tech-Branchen? Im Spannungsfeld von Innovation und Intensivierung. Duisburg: Institut Arbeit und Qualifikation. IAQ-Report, Nr. 2010-04

Gerlmaier A./Latniak, E. (Hrsg.) (2011): Burnout in der IT-Branche. Ursachen und betriebliche Prävention. Kröning: Asanger

Gerlmaier A./Latniak, E. (2007): Zwischen Innovation und alltäglichem Kleinkrieg. Arbeits- und Lernbedingungen bei Projektarbeit im IT-Bereich. In: Moldaschl, M. (Hrsg.): Verwertung immaterieller Ressourcen: Nachhaltigkeit von Unternehmensführung und Arbeit III, 131-170. München, Mering: Hampp

von Henniges, H. (1998): Arbeitsbelastungen aus der Sicht von Erwerbstätigen. In: Beiträge zur Arbeitsmarkt- und Berufsforschung (BeitrAB), 219. Nürnberg: IAB

Hellert, U./Sichert-Hellert, W./Sträde, K. (2009): Präventive Arbeitsgestaltung zur Förderung der Beschäftigungsfähigkeit in der IT-Wirtschaft im Kontext von Arbeitszeit, Gesundheit und Stress. In: GfA (Hrsg.): Arbeit, Beschäftigungsfähigkeit und Produktivität im 21. Jahrhundert, 217-224. Dortmund: GfA-Press

Hien, W. (2008): „Irgendwann geht es nicht mehr". Älterwerden und Gesundheit im IT-Beruf. Hamburg: VSA

Hüttges, A./Müller, A./Richter, P. (2005): Gesundheitsförderliche Gestaltung der Arbeit durch Kurzpausensysteme: Ein Ansatz an der Schnittstelle von Verhaltens- und Verhältnisprävention. In: Wirtschaftspsychologie, Heft 3, Jg. 2005, 36-43

Karasek, R. A./Theorell, T. (1990): Healthy work. Stress, Productivity and the reconstruction of working life. New York: Basic Books

Kötter, W. (2002): Projektarbeit – (k)ein Thema für die Arbeitspsychologie? In: Moldaschl, M. (Hrsg.): Neue Arbeit – Neue Wissenschaft von der Arbeit? Festschrift zum 60. Geburtstag von Walter Volpert, 399-416. Heidelberg: Kröning

Kratzer, N./Dunkel, W./Becker, K./Hinrichs, S. (2011) (Hrsg.): Arbeit und Gesundheit im Konflikt. Analysen und Ansätze für ein partizipatives Gesundheitsmanagement. Berlin: Edition Sigma

Kriegesmann, B./Kottmann, M./Masurek, L./Nowak, U. (2005): Kompetenz für eine nachhaltige Beschäftigungsfähigkeit. Bremerhaven: Wirtschaftsverlag NW Verlag für neue Wissenschaft GmbH

Kümmerling, A./Koch, D./Gerlmaier, A./Latniak, E. (2011): Integratives Stressmanagement – Erste Erfahrungen und Ergebnisse mit dem DIWA-Stresspräventionskonzept. In: Gerlmaier, A./Latniak, E. (Hrsg.): Burnout in der IT-Branche, 225-250. Kröning: Asanger

Kuper, H./Singh-Manoux, A./Siegrist, J./Marmot, M. (2002): When reciproxity fails. In: Occupational Environment Medicine, 59, 777-784

Latniak, E./Gerlmaier, A. (2006): Zwischen Innovation und alltäglichem Kleinkrieg: zur Belastungssituation von IT-Beschäftigten. Internet-Dokument. Gelsenkirchen: Institut Arbeit und Technik. IAT-Report 04/2006

Lehndorff, S./Voss-Dahm, D. (2006): Kunden, Kennziffern und Konkurrenz: Markt und Organisation in der Dienstleistungsarbeit. In: Lehndorff, S. (Hrsg.): Das Politische in der Arbeitspolitik: Ansatzpunkte für eine nachhaltige Arbeits- und Arbeitszeitgestaltung, 127-153. Berlin: Edition Sigma

Leitner, K./Volpert, W./Greiner, B./Weber, W./Hennes, K. (1987): Analyse psychischer Belastungen in der Arbeit. Köln: Verlag TÜV Rheinland

Maslach, C./Jackson, S. E./Leiter, M. P. (1996): The Maslach Burnout Inventory. Palo Alto: Consulting Psychologists Press

Mohr, G./Rigotti, T./Müller, A. (2005): Irritation – ein Instrument zur Erfassung psychischer Beanspruchung im Arbeitskontext. Skalen- und Itemparameter aus 15 Studien. In: Zeitschrift für Arbeits- und Organisationspsychologie, Bd. 49, 1, 44-48

Moldaschl, M. (2001): Herrschaft durch Autonomie – Dezentralisierung und widersprüchliche Arbeitsanforderungen. In: Lutz, B. (Hrsg.): Entwicklungsperspektiven der Arbeit, 132-164. Berlin: Akademischer Verlag

Moldaschl, M. (2005): Ressourcenorientierte Analyse von Belastung und Bewältigung. In: Moldaschl, M. (Hrsg.): Immaterielle Ressourcen, 243-280. München, Mering: Hampp

Öhman, L./Nordin, S./Bergdahl, J. (2007): Cognitive function in outpatients with percieved chronic stress. In: Scandinavian journal of work environment and health, 33, 3, 223-232

Oppolzer, A. (2006): Menschengerechte Gestaltung der Arbeit durch Erholzeiten. Abschlussbericht. Studie im Auftrag der Hans-Böckler-Stiftung. Hamburg, April 2006

Paridon, H./Pälchen, A./Kaufmann, M. (2010): Multitasking in realitätsnahen Situationen: Wirkungen auf Leistung und physiologische Parameter. In: Trimpop, R./ Gericke, G./Lau, J. (Hrsg.): Sicher bei der Arbeit und unterwegs – wirksame Ansätze und neue Wege, 63-66. Kröning: Asanger

Rimann, M./Udris, I. (1997): Subjektive Arbeitsanalyse: Der Fragebogen SALSA. In: Strohm, O./Ulich, E. (Hrsg.): Unternehmen arbeitspsychologisch bewerten. Ein Mehr-Ebenen-Ansatz unter besonderer Berücksichtigung von Mensch, Technik und Organisation, 281-298. Zürich: vdf Hochschulverlag

Semmer, N. K./Zapf, D./Dunckel, H. (1999): Instrument zur Stressbezogenen Tätigkeitsanalyse ISTA. In: Dunckel, H. (Hrsg.): Handbuch psychologischer Arbeitsanalyseverfahren, 179-204. Zürich: vdf Hochschulverlag

Siefer, A./Beermann, B. (2010): Grundauswertung der BIBB/BAuA-Erwerbstätigenbefragung 2005/2006. Berlin: Bundesanstalt für Arbeitsschutz und Arbeitsmedizin

Siegrist, J. (1996): Soziale Krisen und Gesundheit. Eine Theorie der Gesundheitsförderung am Beispiel von Herz-Kreislauf-Risiken im Erwerbsleben. In: Reihe Gesundheitspsychologie, 5. Göttingen: Hogrefe

Spath, D./Braun, M./Grunewald, P. (2004): Gesundheits- und leistungsförderliche Gestaltung geistiger Arbeit. Arbeitsgestaltung unter Einbeziehung menschlicher Eigenzeiten und Rhythmen. Bielefeld: Erich Schmidt

Volpert, W. (1987): Psychische Regulation von Arbeitstätigkeiten. In: Rutenfranz, J./Kleinbeck, U. (Hrsg.): Arbeitspsychologie. Göttingen: Hogrefe

Zimber, A. (2010): Multitasking am Arbeitsplatz – Herausforderung oder Gesundheitsrisiko? In: Arbeit (19. Jg.) 2010, Heft 4, 284-288

Wandel der Arbeit – Wandel der Belastungen

Eberhard Ulich

Abstract

Der Anteil der auf die Diagnosegruppe „Psychische und Verhaltensstörungen" (ICD 10/V) entfallenden Abwesenheitstage hat sich innerhalb eines Jahrzehnts nahezu verdoppelt. Gründe dafür finden sich u.a. in prekären Arbeitsverhältnissen, mangelnder Planbarkeit als Folge flexibler Arbeitszeiten ohne Möglichkeit der Mitwirkung an deren Festlegung, widersprüchlichen Arbeitsanforderungen, Gratifikationskrisen als Folge mangelnder Wertschätzung, häufigen Arbeitsunterbrechungen, Multitasking und Zeitdruck. Die gesundheitlichen Beeinträchtigungen und die daraus resultierenden betriebs- und volkswirtschaftlichen Kosten können durch angemessenes, d.h. vor allem bedingungsbezogenes Gesundheitsmanagement deutlich reduziert werden. Aufgabenorientierte Konzepte persönlichkeits- und gesundheitsförderlicher Arbeitsgestaltung berücksichtigen durch ‚Differentielle Arbeitsgestaltung' auch Persönlichkeitsunterschiede zwischen den Beschäftigten. Die Übertragung von vollständigen Aufgaben und Autonomie kann allerdings auch selbstschädigendes Engagement auslösen und damit zum Präsentismus beitragen. Dies erfordert zunehmende Achtsamkeit bei Führungskräften und Mitarbeitenden.

1 Einleitung

Im Bericht der Expertenkommission ‚Zukunft der betrieblichen Gesundheitspolitik' wird der Wandel der Arbeitsbedingungen wie folgt skizziert: „Globalisierung und der Strukturwandel in Richtung wissensintensiver Dienstleistungsberufe erhöhen in vielen Fällen den Zeitdruck, die Komplexität der Arbeit und die Verantwortung der Beschäftigten. (…) Die ökonomischen Veränderungen und anhaltenden Restrukturierungsprozesse in den Unternehmen führen häufig zu einer Intensivierung der Arbeit und einer Verstärkung von Unsicherheit, Ängsten, Misstrauen und Hilflosigkeitsgefühlen sowie Angst vor Arbeitslosigkeit unter den Beschäftigten mit möglichen Auswirkungen auf ihre Gesundheit und Leistungsfähigkeit und damit auf die Produktivität der Unternehmen und die Qualität ihrer Produkte und Dienstleistungen" (Expertenkommission 2004: 30).

Damit wird zugleich verständlich, dass das in der Kopenhagen-Konferenz der Weltgesundheitsorganisation (1991) formulierte WHO-Ziel 25 einer Verbesserung des Gesundheitszustands der erwerbstätigen Bevölkerung bis zum Jahr 2000

„durch Schaffung gesünderer Arbeitsbedingungen, Einschränkung der arbeitsbedingten Krankheiten und Verletzungen sowie durch die Förderung des Wohlbefindens der arbeitenden Bevölkerung" allenfalls teilweise erreicht werden konnte.
Zwar ist eine deutliche Reduzierung der Ausfallzeiten und -kosten aufgrund von
Arbeitsunfällen zu verzeichnen; hier haben sich positive Konsequenzen von Ar-
beitsschutzmaßnahmen ebenso bemerkbar gemacht wie der Wegfall unfallträch-
tiger Einrichtungen als Folge technologischer Entwicklungen. Nicht in der wün-
schenswerten Weise verbessert hat sich aber das Bild hinsichtlich der arbeitsbedingten Erkrankungen. Dies lässt sich zunächst an einigen Kostengrößen ablesen.

2 Registrierte Arbeitsunfähigkeit – Diagnosegruppen und volkswirtschaftliche Kosten

Die Entwicklung der in den Jahren 2001 bis 2010 in Deutschland angefallenen
krankheits- und unfallbedingten Abwesenheitstage und der daraus resultierenden
volkswirtschaftlichen Kosten ist in Tabelle 1 dargestellt. Der Anteil arbeitsbedingter Erkrankungen am Insgesamt der AU-Tage wird auf etwa 30 % geschätzt (Kuhn
2000: 103).

Tabelle 1: Krankheits- bzw. unfallbedingte Abwesenheitstage und
volkswirtschaftliche Kosten von 2001 bis 2010 in Deutschland (aus
Angaben der Bundesanstalt für Arbeitsschutz und Arbeitsmedizin
[BAuA] und Mitteilungen der Bundesregierung)

Jahr	Abhängig Beschäftigte in Mio.	Krankheits- bzw. unfallbedingte Abwesenheitstage in Mio.	Durchschnittliche Abwesenheit pro Person in Tagen	Produktionsausfall in Mrd. Euro	Ausfall an Bruttowertschöpfung in Mrd. Euro
2001	34,80	508,0	14,6	45,0	70,7
2002	34,60	491,0	14,2	44,1	69,5
2003	34,10	467,0	13,7	42,5	66,4
2004	34,70	440,1	12,7	40,0	70,0
2005	34,50	420,5	12,2	37,8	66,5
2006	34.69	401.4	11.6	36.0	65.0
2007	35.31	437,7	12.4	40,0	73.0
2008	35.84	456.8	12.7	43.0	78.0
2009	35.86	459.2	12.8	43.0	74.0
2010	36.06	408,9	11,3	39,0	68.0

Der deutliche Rückgang der krankheits- bzw. unfallbedingten Abwesenheitstage in diesem Zeitraum hängt zumindest teilweise damit zusammen, dass die Anzahl der Abwesenheitstage pro Abwesenheitsfall im gleichen Zeitraum erkennbar abgenommen hat. Tatsächlich bedeutet ein Rückgang der AU-Tage nicht notwendigerweise, dass sich die Gesundheit der Beschäftigten in gleicher Weise verbessert hat. Vielmehr könnte in diesem Zusammenhang auch der Präsentismus eine Rolle spielen.

Tabelle 2 zeigt die Verteilung der geschätzten volkswirtschaftlichen Kosten auf Diagnosegruppen für das Jahr 2010.

Tabelle 2: Produktionsausfallkosten und Ausfall an Bruttowertschöpfung nach Diagnosegruppen in Deutschland 2010 (aus: BAuA 2011, S. 44)

Diagnosegruppe ICD-10		Arbeitsunfähig-keitstage		Produktionsausfall		Ausfall an Brutto-wertschöpfung	
		Mio.	%	Mrd. €	Anteil BNE* in %	Mrd. €	Anteil BNE* in %
V	Psychische und Verhaltensstörungen	53,5	13,1	5,1	0,2	9,0	0,4
IX	Krankheiten des Kreislaufsystems	24,0	5,9	2,3	0,1	4,0	0,2
X	Krankheiten des Atmungssystems	54,0	13,2	5,2	0,2	9,0	0,4
XI	Krankheiten des Verdauungssystems	22,6	5,5	2,2	0,1	3,8	0,2
XIII	Krankheiten des Muskel-Skelett-Systems und des Bindegewebes	95,4	23,3	9,1	0,4	16,0	0,7
XIX	Verletzungen, Vergiftungen	49,1	12,0	4,7	0,2	8,2	0,3
Übrige Krankheiten		110,3	27,0	10,6	0,4	18,4	0,8
I-XXI Alle Diagnosegruppen		**408,9**	**100,0**	**39.2**	**1,6**	**68,4**	**2,8**

*BNE = Bruttonationaleinkommen

Die in der Diagnosegruppe „Krankheiten der Muskeln, des Skeletts und des Bindegewebes" registrierten AU-Tage stehen nach wie vor an der Spitze der Nennungen. Allerdings ist gerade hier auch eine deutliche Abnahme erkennbar: von 140,3 Mio. 2001 (27,6 %) über 134,5 Mio. 2002 (27,4 %), 116,5 Mio. 2003 (24,9 %) und 107,2 Mio. 2004 (24,4 %) auf 97,8 Mio. AU-Tage 2005 (23,3 %), mit einem leichten Anstieg 2007 auf 103,6 Mio. Tage (23,7 %) und 104,8 Mio. Tage (22.8 %) im Jahr 2009, gefolgt von einem weiteren Rückgang auf 95,4 Mio. Tage (23,3 %) im Jahr 2010. Der darauf zurückzuführende Produktionsausfall wurde 2010 auf 9,1 Mrd. Euro geschätzt, der Ausfall an Bruttowertschöpfung auf 16 Mrd. Euro.

Eine weitergehende Analyse zeigt, dass die auf die Diagnosegruppe „Psychische und Verhaltensstörungen" (ICD 10/V) entfallenden Abwesenheitstage im Zeitraum zwischen 2001 und 2010 deutlich zugenommen haben (vgl. Tabelle 3). Ihr Anteil am Insgesamt der AU-Tage nahm in dieser Zeit von 6,6 auf 13,1 % zu.

Tabelle 3:   Krankheits- bzw. unfallbedingte Abwesenheitstage und volkswirtschaftliche Kosten, bezogen auf die Diagnosegruppe „Psychische und Verhaltensstörungen" von 2001 bis 2010 in Deutschland (aus Angaben der BAuA)

Jahr	ICD 10/V AU-Tage in Mio.	ICD 10/V in % aller AU-Tage	Produktions- ausfall in Mrd. Euro	Ausfall an Bruttowert- schöpfung in Mrd. Euro
2001	33.60	6.6	2.96	4.66
2002	34.37	7.0	3.09	4.87
2003	45.54	9.7	4.14	6.46
2004	46.30	10.5	4.20	7.40
2005	44.10	10.5	4.00	7.0
2006	42.6	10.6	3.8	6.9
2007	47.9	10,9	4,4	8,0
2008	41.0	9.0	3.9	7,0
2009	52.4	11.4	4.9	8.5
2010	53.5	13.1	5,1	9,0

Die Tatsache, dass im gleichen Zeitraum eine deutliche Abnahme der Erkrankungen des Muskel-Skelett-Systems und des Bindegewebes (ICD 10/XIII) registriert wurde, lässt zumindest teilweise auf eine zunehmende Sensibilisierung in Bezug auf die Wahrscheinlichkeit des Auftretens psychischer Störungen schließen, die diesen Erkrankungen zugrunde liegen können. So heißt es etwa im Österreichischen Fehlzeitenreport 2008: „Einerseits ist davon auszugehen, dass sich im Zeitverlauf die Bereitschaft der Ärzte, gesundheitliche Probleme dem psychischen Bereich zuzuschreiben, tendenziell erhöht hat. Andererseits werden vermutlich zahlreiche Krankenstände, die mitunter auch eine psychische Ursache haben, aufgrund ihrer Symptomatik bei der Diagnoseerfassung anderen Krankheitsgruppen zugeschrieben" (Leoni/Mahringer 2008: 60).

Schließlich zeigen Ergebnisse des vierten ‚European Working Conditions Survey' (European Foundation 2007: 2), dass Muskel-Skelett-Beschwerden „related to stress and work overload are increasing" (vgl. Tabelle 4).

Tabelle 4: Rücken- und Muskelschmerzen in Abhängigkeit von berichtetem Stress für 2005 – Angaben in Prozent (European Foundation 2007: 59)

Angaben zu Stress	Rückenschmerzen	Muskelschmerzen
Kein Stress	11,2	9,1
Stress	71,1	68,4
Total	25,6	23,8

Alltagserfahrungen belegen ebenso wie Ergebnisse empirischer Untersuchungen, dass das Erleben von Stress zu den auslösenden Bedingungen für Muskel-Skelett-Erkrankungen gehören kann. Anhaltender Stress bei der Arbeit ist aber auch „ein wesentlicher Faktor für das Auftreten von depressiven Verstimmungen. Diese Störungen stehen bei der weltweiten Krankheitsbelastung (global disease burden) an vierter Stelle. Bis 2020 rechnet man damit, dass sie nach den ischämischen Herzerkrankungen vor allen anderen Krankheiten auf dem zweiten Platz stehen werden (Weltgesundheitsorganisation 2001)" (Levi 2002: 11).

Damit gewinnt auch die von Nefiodow vorgelegte Zukunftsprojektion an Bedeutung. Seine Auseinandersetzung mit den Kondratieffzyklen (Kondratieff 1926) führt nämlich zu dem Ergebnis, dass der gemeinsame Nenner des sechsten Kondratieff durch „Gesundheit im ganzheitlichen Sinn" zu kennzeichnen ist. Nach Nefiodow (2000: 136), der sich an den von der Weltgesundheitsorganisation formulierten Gesundheitskriterien orientiert, fehlt es für die Weiterentwicklung von Wirtschaft und Gesellschaft „vor allem an psychosozialer Gesundheit. Die grösste Wachstumsbarriere am Ende des fünften Kondratieff sind die hohen Kosten der sozialen Entropie".

Tatsächlich hat auch die Anzahl psychischer Erkrankungen unter den Invaliditätsursachen in der Schweiz von 2000 bis 2009 um rund 60 % zugenommen (Tabelle 5).

Tabelle 5: Invaliditätsursachen nach Krankheitsarten 2000-2009 in der Schweiz (aus: Bundesamt für Sozialversicherungen 2009: 19)

Jahr	Total	Psychische Erkrankungen	Nervensystem	Knochen und Bewegungsorgane	Andere
2000	197.000	61.000	14.000	42.000	33.000
2001	205.000	66.000	14.000	44.000	33.000
2002	220.000	73.000	15.000	47.000	34.000
2003	232.000	80.000	16.000	50.000	35.000
2004	242.000	86.000	16.000	53.000	35.000
2005	249.000	92.000	17.000	54.000	35.000
2006	256.000	96.000	17.000	55.000	35.000
2007	253.000	97.000	17.000	53.000	34.000
2008	252.000	99.000	17.000	51.000	32.000
2009	250.000	100.000	17.000	49.000	31.000

3 Mögliche Ursachen

Hinsichtlich der Ursachen für derartige Entwicklungen hat die Expertenkommission ‚Zukunft der betrieblichen Gesundheitspolitik' auf die zunehmende Verunsicherung als Folge beobachtbarer gesellschaftlicher Entwicklungen hingewiesen.

In der von der BAuA gemeinsam mit dem Bundesinstitut für Berufsbildung (BIBB) durchgeführten Erwerbstätigenbefragung 2005/2006 wurden als häufigste Belastungen gefunden: „Arbeiten an der Grenze der Leistungsfähigkeit", „Bei der Arbeit gestört, unterbrochen werden", „Starker Termin- und Leistungsdruck". Die Ergebnisse des fünften European Working Conditions Survey zeigen allerdings auch, dass monotone Arbeitsbedingungen nach wie vor sehr verbreitet sind: „Repetitive tasks still form a substantial part of Europeans' work, with 40 % doing repetitive tasks of less than 10 minutes' duration (although this is less than 20 years ago, when 51 % did so); meanwhile, 27 % carry out repetitive tasks of less than one minute, a proportion unchanged since 2000" (Eurofound 2010: 5). Zu den von anderen Autoren genannten Ursachen für Fehlbeanspruchungen gehören z. B. flexible Arbeitszeiten ohne Möglichkeit der Mitwirkung an deren Festlegung und daraus resultierend mangelnde Planbarkeit (Frieling et al. 2004), prekäre Arbeitsverhältnisse wie Leiharbeit und Zeitarbeit, Arbeit auf Abruf, Vetrauensarbeitszeit mit der Folge einer Entgrenzung der Arbeitszeit, Flexibilisierung des Arbeitsortes, mangelnde Wertschätzung und defizitäres Führungsverhalten (Rixgens 2008).

Schließlich werden durch eine Reihe von Untersuchungsergebnissen deutliche Zusammenhänge zwischen Möglichkeiten der Partizipation im Arbeitsalltag und Krankenstand bzw. Fehlzeiten belegt. In der IT-Branche konnten Klemens, Wieland und Krajewski (2004) Auswirkungen mangelnder Partizipationsmöglichkeiten, belastenden Sozialklimas und verschiedener Merkmale des Vorgesetztenverhaltens auf Burnoutindikatoren nachweisen (vgl. Kasten 1).

Kasten 1:   Führungsbezogene Risikofaktoren in der IT-Branche (aus Klemens/Wieland/Krajewski 2004: 5)

„Als hoher Risikofaktor für Burnout auf Seiten der Organisation zeigt sich das Fehlen von Partizipationsmöglichkeiten in der Arbeit. Beschäftigte, die an ihren Arbeitsplätzen nur geringe Möglichkeiten besitzen, sich zu beteiligen und ihre Ideen einzubringen, haben demnach ein 3.5fach erhöhtes Risiko des ‚Ausbrennens' als Beschäftigte mit grossen Partizipationsmöglichkeiten. Ein belastendes Sozialklima bzw. ein belastendes Vorgesetztenverhalten vergrössert das Risiko um den Faktor 1.8 bzw. 1.5. Ähnlich verhält es sich mit den beiden nächsten Merkmalen: Eine geringe soziale Unterstützung durch den Vorgesetzten bedeutet ein 2.3fach, ein wenig ausgeprägter mitarbeiterorientierter Führungsstil ein 2.5fach erhöhtes Burnout-Risiko."

Bedeutsam ist in diesem Zusammenhang nicht zuletzt das von Siegrist (1996) formulierte Modell beruflicher Gratifikationskrisen. In diesem Modell wird angenommen, dass ein Ungleichgewicht zwischen beruflicher Verausgabung und als Gegenwert erhaltener Belohnung zu Stressreaktionen führt. Siegrist (1996a, 1996b, 2002, 2009) unterscheidet zwischen situativen (extrinsischen) und personalen (intrinsischen) Verausgabungsquellen. Gratifikationen ergeben sich über die drei ‚Transmittersysteme' finanzielle Belohnung, Wertschätzung und berufliche Statuskontrolle durch Aufstiegschancen, Arbeitsplatzsicherheit und ausbildungsadäquate Beschäftigung. Empirisch zeigten sich Zusammenhänge zwischen Gratifikationskrisen und erhöhten Risiken für psychische Störungen, Depressionen, Burnout und Alkoholabhängigkeit. Insbesondere wurde aber auch gefunden, dass Gratifikationskrisen mit einem erhöhten Risiko für Bluthochdruck und koronare Herzkrankheiten verbunden sind (Bosma/Peter/Siegrist/Marmot 1998; Siegrist et al. 2004; vgl. Tabelle 6).

Tabelle 6: Zusammenhänge zwischen beruflichen Gratifikationskrisen und kardiovaskulären Risiken einschließlich koronarer Herzkrankheit (KHK) (modifiziert nach Siegrist 2002; aus: Siegrist et al. 2004: 93)

Erstautor (Jahr der Veröffentlichung)	abhängige Variablen	unabhängige Variablen	odds ratio (Anmerkungen)
Siegrist (1990)	akuter Herzinfarkt, plötzlicher Herztod, subklinische KHK (koronare Herzkrankheit)	ERI und OC	zwischen 3.5 und 4.5
Lynch (1997)	Progression der Atherosklerose der Karotis	ERI*	signifikanter Haupteffekt (p = .04)
Bosma (1998)	neu aufgetretene KHK	ERI und OC*	2.2
Joksimovic et al. (1999)	Restenosierung von Herzkranz-gefäßen nach PTCA	OC	2.8
Kuper (2002)	Angina pectoris, KHK (töd-lich), Herzinfarkt (nicht-tödlich)	ERI* OC*	1.3 1.3
Kivimäki (2002)	Sterblichkeit an Erkrankungen des Herz-Kreislauf-Systems	ERI*	2.4

Anmerkungen: ERI = effort-reward-imbalance (dt.: Verausgabungs-Belohnungs-Ungleichgewicht);
OC = overcommitment (dt.: berufliche Verausgabungsbereitschaft)
* =Annäherungs-(Proxy-)Maße an Originalskalen des Modells

Im Beitrag von Voß (1998) über „Die Entgrenzung von Arbeit und Arbeitskraft" findet sich eine differenzierte Übersicht über „Beispiele für Entgrenzungs-erscheinungen in der Erwerbsarbeit und im Verhältnis von ‚Arbeit und Leben' in verschiedenen Sozialdimensionen". Und nach Lenhardt, Ertel und Morschhäuser (2010: 339). drohen „Intensivierungs- und flexibilisierungsbedingte Anforderun-gen in der Arbeit (…) zunehmend auf die außerberufliche Lebenssphäre überzu-greifen und deren Funktion als Raum, der innere Distanzierung vom Berufsall-tag, Entspannung, Erholung und die Realisierung sozialer Bedürfnisse ermög-licht, zu unterminieren".

Der in diesem Zusammenhang häufig benutzte Begriff ,work life balance' ist sachlich irreführend. Er legt nämlich den Schluss nahe, dass es sich um eine Balance bzw. ein Balancieren zwischen Arbeit und Leben handelt. Erstens aber ist Arbeit ein zentraler Bestandteil des Lebens. Und zweitens finden sich vielfältige Formen von Arbeit auch außerhalb der Erwerbstätigkeit, um die es in der Diskussion um ,work life balance' fast immer geht. Tatsächlich geht es also um eine Balance zwischen verschiedenen Lebensbereichen, also um eine ,Life Domain Balance' (Ulich 2007; Ulich/Wiese 2011).

Bei Hacker, Schroda, Riemer und Ishig (2000) findet sich ein Satz branchen- und tätigkeitsübergreifender risikobehafteter Kombinationen:

- Unzureichende Vollständigkeit der Aufgaben
- Mangelnde Vielfalt der Anforderungen
- Geringe Autonomie
- Fehlende Möglichkeiten der unterstützenden Kooperation
- Widersprüchliche Aufträge ohne individuelle Lösungsmöglichkeiten
- Zeitdruck
- Qualitative Überforderung.

Moldaschl (2005: 256) hat im Rahmen seines Konzepts der widersprüchlichen Arbeitsanforderungen fünf Diskrepanzen skizziert, aus denen psychische Belastungen resultieren:

„(1) Zwischen Zielen und Ressourcen (z. B. ohne ausreichende Qualifizierung eine neue Anlage bedienen); (2) zwischen Zielen und Regeln (z. B. als Pflegekraft mangels Ärztepräsenz Spritzen geben müssen, ohne rechtlich autorisiert zu sein); (3) zwischen Regeln und Ressourcen (z. B. im Rahmen eines Null-Fehler-Konzepts jedes Teil prüfen müssen, ohne dafür Zeit zu haben); (4) zwischen Aufgabenzielen oder zwischen expliziten Zielen und informellen Erwartungen (z. B. Kunden mit Freundlichkeit binden und sie dennoch über den Tisch zu ziehen); (5) und schliesslich zwischen Regeln."

In ihrem Übersichtsbeitrag über „Arbeitsunterbrechungen und Multitasking" weisen Baethge und Rigotti (2010) schließlich auf den als Folge von Arbeitsunterbrechungen entstehenden erhöhten Regulationsaufwand und die damit verbundenen zusätzlichen Anforderungen hin. Ein Beispiel für die häufig erwähnten, aber – vermutlich wegen des damit verbundenen Aufwands – vergleichsweise selten konkret untersuchten Regulationsbehinderungen durch Arbeitsunterbrechungen, arbeitsablaufbedingte Wartezeiten und Reguationshindernisse ist in Tabelle 7 wiedergegeben.

Tabelle 7: Anzahl der Regulationsbehinderungen bei Assistenz- und
Oberärztinnen und -ärzten in einem schweizerischen
Universitätsspital pro beobachtete Schicht (n = 10) * (nach
Wülser/Ostendorp/Sibilia/Ulich 2007)

	OA	OA	OA	OA	OA	AA	AA	AA	AA	UA
Unterbrechungen durch Piepser	12	4	3	11	13	11	10	5	31	2
Arbeitsablaufbedingte Wartezeiten	5	8	4	12	11	10	4	15	20	9
Regulationshindernisse	3	6	5	6	14	10	13	1	9	5
Regulations-überforderungen	0	0	1	0	0	3	0	0	0	0
Anzahl Störungen	20	18	13	29	38	34	27	21	60	16

*AA: Assistenzärztinnen und -ärzte, OA: Oberärztinnen und -ärzte, UA: Unterassistenzarzt

Die Bedeutung inadäquater Aufgabengestaltung für die Entwicklung von Fehlbeanspruchungen ist vielfach belegt (z. B. Richter/Uhlig 1998; Leitner 1999;
Oesterreich 1999; Dunckel/Resch 2004; Semmer/Udris 2004; Semmer/Zapf
2004; Zapf/Semmer 2004; Ulich/Wülser 2012; Wieland 2010; für Kassenar-
beitsplätze Bosch 2000; für ,Distributed and Mobile Work' Vartiainen 2007; für
die IT-Branche neuerdings Gerlmaier/Latniak 2011).

Die hier skizzierten Entwicklungen zeigen im Übrigen, dass ein betriebliches
Gesundheitsmanagement sich nicht mehr auf den Arbeitsschutz beschränken darf,
so wichtig dieser im Sinne der Gefährdungsvermeidung nach wie vor ist. Vielmehr
sind Arbeitsschutz und Gesundheitsförderung gemeinsam Bestandteile eines
betrieblichen Gesundheitsmanagements. Aus arbeitspsychologischer Perspektive
sind damit in erster Linie Maßnahmen der Arbeitsgestaltung angesprochen.

4   Primat der Aufgabe

Obwohl die Bedeutung der bedingungsbezogenen Interventionen, d. h. der
Veränderung der Verhältnisse neuerdings immer wieder betont wird, liegt der
Schwerpunkt betrieblicher Gesundheitsförderungsaktivitäten nach wie vor bei
den personbezogenen Interventionen, d. h. bei der Veränderung des Verhaltens.
Wenn auch davon auszugehen ist, dass sich Verhaltens- und Verhältnis-
orientierung zumindest teilweise wechselseitig bedingen, so gilt doch, dass „in

der Sachlogik (...) Verhaltensprävention der Verhältnisprävention stets nachgeordnet bleibt" (Klotter 1999: 43).

In der Arbeitspsychologie ist die Rede vom ‚Primat der Aufgabe' (Ulich 2011). „Der Charakter eines ‚Schnittpunktes' zwischen Organisation und Individuum macht die Arbeitsaufgabe zum psychologisch relevantesten Teil der vorgegebenen Arbeitsbedingungen" (Volpert 1987: 14).

Damit stellt sich die Frage, wie Arbeitsaufgaben gestaltet werden sollen, damit eine Aufgabenorientierung entsteht, die die Entwicklung der Persönlichkeit und deren Gesundheit fördert und zur Aufgabenerfüllung motiviert, ohne dass es der ständigen Kompensation durch von außen kommende Stimulation bedarf (vgl. Tabelle 8).

Tabelle 8: Merkmale persönlichkeits- und gesundheitsförderlicher Aufgabengestaltung (aus Ulich 2011)

Gestaltungs- merkmal	Angenommene Wirkung	Realisierung durch ...
Vollständigkeit	Mitarbeiter erkennen Bedeutung und Stellenwert ihrer Tätigkeit Mitarbeiter erhalten Rückmeldung über den eigenen Arbeitsfortschritt aus der Tätigkeit selbst	... Aufgaben mit planenden, ausführenden und kontrollierenden Elementen und der Möglichkeit, Ergebnisse der eigenen Tätigkeit auf Übereinstimmung mit gestellten Anforderungen zu prüfen
Anforderungsviel- falt	Unterschiedliche Fähigkeiten, Kenntnisse und Fertigkeiten können eingesetzt werden Einseitige Beanspruchungen können vermieden werden	... Aufgaben mit unterschiedlichen Anforderungen an Körperfunktionen und Sinnesorgane
Möglichkeiten der sozialen Interak- tion	Schwierigkeiten können gemeinsam bewältigt werden Gegenseitige Unterstützung hilft Belastungen besser ertragen	... Aufgaben, deren Bewältigung Kooperation nahelegt oder voraussetzt
Autonomie	Stärkt Selbstwertgefühl und Bereitschaft zur Übernahme von Verantwortung Vermittelt die Erfahrung, nicht einfluss- und bedeutungslos zu sein	... Aufgaben mit Dispositions- und Entscheidungsmöglichkeiten
Lern- und Ent- wicklungsmög- lichkeiten	Allgemeine geistige Flexibilität bleibt erhalten Berufliche Qualifikationen werden erhalten und weiter entwickelt	... problemhaltige Aufgaben, zu deren Bewältigung vorhandene Qualifikationen eingesetzt und erweitert bzw. neue Qualifikationen angeeignet werden müssen

Tabelle 8 (Fortsetzung)

Zeitelastizität und stressfreie Regulierbarkeit	Wirkt unangemessener Arbeitsverdichtung entgegen Schafft Freiräume für stressfreies Nachdenken und selbst gewählte Interaktionen	… Schaffen von Zeitpuffern bei der Festlegung von Vorgabezeiten
Sinnhaftigkeit	Vermittelt das Gefühl, an der Erstellung gesellschaftlich nützlicher Produkte beteiligt zu sein Gibt Sicherheit der Übereinstimmung individueller und gesellschaftlicher Interessen	…Produkte, deren gesellschaftlicher Nutzen nicht in Frage gestellt wird … Produkte und Produktionsprozesse, deren ökologische Unbedenklichkeit überprüft und sichergestellt werden kann

Die weitgehende Akzeptanz des in Tabelle 8 wiedergegebenen Satzes persönlichkeits- und gesundheitsförderlicher Aufgabenmerkmale lässt sich nicht zuletzt daran ablesen, dass er sich nahezu vollständig in der Europäischen Norm EN 614-2 wiederfindet (Kasten 2).

Kasten 2:   Merkmale gut gestalteter Arbeitsaufgaben nach DIN EN 614-2 (aus: Deutsches Institut für Normung 2008: 6 f.)

Im Gestaltungsprozess muss der Konstrukteur

a)   die Erfahrung, Fähigkeiten und Fertigkeiten der bestehenden oder zu erwartenden Operatorenpopulation berücksichtigen …
b)   sicherstellen, dass die durchzuführenden Arbeitsaufgaben als vollständige und sinnvolle Arbeitseinheiten mit deutlich identifizierbarem Anfang und Ende erkennbar sind und nicht einzelne Fragmente solcher Aufgaben darstellen …
c)   sicherstellen, dass durchgeführte Arbeitsaufgaben als bedeutsamer Beitrag zum Gesamtergebnis des Arbeitssystems erkennbar sind …
d)   die Anwendung einer angemessenen Vielfalt von Fertigkeiten, Fähigkeiten und Tätigkeiten ermöglichen …
e)   für ein angemessenes Maß an Freiheit und Selbständigkeit des Operators sorgen …
f)   für ausreichende, für den Operator sinnvolle Rückmeldungen in Bezug auf die Aufgabendurchführung sorgen …
g)   ermöglichen, vorhandene Fertigkeiten und Fähigkeiten auszuüben

und weiterzuentwickeln sowie neue zu erwerben ...

h) Über- und Unterforderung des Operators vermeiden, die zu unnötiger oder übermäßiger Beanspruchung, Ermüdung oder zu Fehlern führen kann ...

i) repetitive Aufgaben vermeiden, die zu einseitiger Arbeitsbelastung und somit zu körperlichen Beeinträchtigungen sowie zu Monotonie- und Sättigungsempfindungen, Langeweile oder Unzufriedenheit führen können ...

j) vermeiden, dass der Operator alleine, ohne Gelegenheit zu sozialen und funktionalen Kontakten arbeitet ...

Diese Merkmale gut gestalteter Arbeitsaufgaben der Operatoren dürfen bei der Gestaltung von Maschinen nicht verletzt werden.

Dieser Auszug aus der Norm zur Aufgabengestaltung bei der Konstruktion von Maschinen zeigt sehr weitgehende Übereinstimmungen mit den oben beschriebenen Merkmalen persönlichkeits- und gesundheitsförderlicher Arbeitsgestaltung.

Am Beispiel der Muskel- und Skeletterkrankungen lässt sich die Bedeutung betrieblicher Arbeitsgestaltung exemplarisch aufzeigen. Diese Erkrankungsformen stehen in allen europäischen Ländern an erster Stelle der Ursachen für krankheitsbedingte Fehltage. Gründe dafür sind einerseits in Bewegungsmangel und einseitiger körperlicher Belastung zu suchen, wie sie in zahlreichen Fällen, etwa bei Bildschirmarbeit, vorzufinden sind. Andererseits spielen in diesem Zusammenhang offensichtlich auch Merkmale wie Autonomie/Tätigkeitsspielraum und Vollständigkeit der Aufgaben eine bedeutsame Rolle. So konnte Lundberg (1996) zeigen, dass Muskel- und Skeletterkrankungen in Gruppenarbeitsstrukturen mit entsprechender Autonomie weniger häufig auftreten als in arbeitsteiligen Arbeitsstrukturen, in denen die gleichen Produkte bzw. Dienstleistungen zu erstellen sind. Es zeigte sich, dass physiologische Belastungsreaktionen und Selbsteinstufungen der erlebten Ermüdung in den arbeitsteiligen Strukturen während des Schichtverlaufs zunahmen und ihren Gipfel am Ende der Schicht erreichten, während in der flexiblen Gruppenarbeitsstruktur „a moderate and more stable level throughout the shift" gefunden wurde (Lundberg 1996). Und Melin et al. (1999) fanden in einer Untersuchung von Beschäftigten, die in unterschiedlichen Produktionsstrukturen das gleiche Produkt montierten, bei der Arbeit in teilautonomen Gruppen im Vergleich zur partialisierten Arbeit von Beginn bis Ende der Schicht die günstigeren physiologischen Kennwerte und nach der Schicht die bessere Erholungsfähigkeit.

Unter den in Tabelle 6 aufgeführten Merkmalen der Aufgabengestaltung kommt im Übrigen der Ganzheitlichkeit bzw. Vollständigkeit zentrale Bedeutung zu, weil die Möglichkeit der Erfüllung oder Nichterfüllung einer Reihe der anderen Merkmale durch den Grad der Aufgabenvollständigkeit bedingt ist. Hinweise auf den Zusammenhang einzelner Aufgabenmerkmale mit dem betrieblichen Krankenstand, aber auch mit ökonomischen Erfolgsfaktoren finden sich in Tabelle 9.

Tabelle 9: Subjektives Erleben, ökonomischer Erfolg, Krankenstand und Fluktuation in 28 IT-Unternehmen mit 2.856 Beschäftigten (Spearman-Rangkorrelationen – nach Degener 2004)

Erfolgskriterien	Gewinn	Umsatz	Wert-schöp-fung	Eigen-kapital-renta-bilität	Kran-ken-stand	Fluk-tuation
▨ Aufgabenmerkmale						
Ganzheitlichkeit	.80	.78	.77	.78	-.82	-.82
Qualifikations-anforderungen	.74	.74	.78	.74	-.78	-.76
Qualifizierungspotential	.75	.73	.75	.73	-.76	-.75
Aufgabenvielfalt	.77	.78	.80	.77	-.80	-.80
Tätigkeitsspielraum	.73	.73	.77	.74	-.76	-.75
Partizipationsmöglichkeit	.72	.74	.73	.73	-.74	-.75
▨ Personmerkmale						
Berufliche Selbstwirksam-keit	.77	.78	.72	.77	-.78	-.78
Commitment	.77	.78	.79	.77	-.78	-.79
Lebenszufriedenheit	.70	.71	.73	.70	-.72	-.71

Zunehmend erkennbar wird schließlich die Bedeutung lernhaltiger Arbeitsaufgaben für Alternsprozesse. In diesem Zusammenhang ist an die frühen – und in der Mehrzahl der einschlägigen deutschsprachigen Lehrbücher nicht einmal mehr erwähnten – Untersuchungen von Vernon (1947) zu erinnern, nach deren Ergebnissen die Altersentwicklung bzw. der Altersabbau der intellektuellen Leistungsfähigkeit u. a. durch die intellektuellen Anforderungen längerfristig ausgeübter Arbeitstätigkeiten bestimmt wird. Spätere Berichte von Warr (1993) sowie von Schooler, Mulatu und Oates (1999) zeigen, dass der schon früher mehrfach belegte Einfluss anspruchsvoller Arbeitstätigkeiten auf die geistige Leistungsfähigkeit mit dem Alter noch zunimmt. „A series of studies have demonstrated that those occupational groups of which certain intellectual functions have been least demanded had the greatest tendency to display decline within these areas. Losing the ability to learn is not exclusively related to age, but is normally the result of a working biography with a lack of continuous learning demands and, in particular, opportunities to learn" (European Agency for Safety and Health at Work 2007).

In diesem Zusammenhang ist inzwischen von einer eigentlichen Altersdiskriminierung die Rede (Naegele 2004), die konkret zum Beispiel an folgenden Verhaltensweisen erkennbar wird:

- Bei Personaleinstellungen werden jüngere Menschen systematisch bevorzugt, ältere haben immer weniger Chancen.
- Das bei älteren Menschen vorhandene Erfahrungswissen wird nur gering geschätzt; damit bleiben wichtige Ressourcen ungenutzt.
- Älteren Menschen werden immer weniger anspruchsvolle Aufgaben übertragen; tatsächlich nimmt aber der Einfluss anspruchsvoller Arbeitstätigkeiten auf die geistige Leistungsfähigkeit mit dem Alter noch zu.
- Ältere Menschen werden weniger an Fort- und Weiterbildungsmaßnahmen beteiligt und haben weniger betriebliche Aufstiegschancen als jüngere; auch damit geht ihre Einsetzbarkeit im Laufe der Zeit zurück.

Die Ursachen für die genannten Verhaltensweisen seitens der Unternehmen sind nicht zuletzt in mangelndem Wissen und in Vorurteilen bezüglich der Leistungsmöglichkeiten älterer Menschen zu suchen, denen nicht selten vor allem Defizite unterstellt werden.

Merkmale nicht alternsgerechter Arbeitsgestaltung finden sich vor allem in Betrieben mit weitgehend arbeitsteiligen Strukturen, daraus resultierenden einseitigen Belastungen und ohne Möglichkeit, sich durch lernhaltige Arbeitstätigkeiten weiterzuentwickeln.

In diesem Zusammenhang ist auch die Rede von „menschgemachtem" Altern (Hacker 2004). Zu den Voraussetzungen der Vermeidung „arbeitsinduzierten Vor-Alterns" gehört eine lernförderliche Arbeitsgestaltung auf der Basis des Konzepts vollständiger Tätigkeiten. Nach wie vor aber „scheinen in der Mehrzahl von Arbeitsprozessen voralternde Arbeitsbedingungen noch zu überwiegen" (Hacker 2004: 164).

Bei der Realisierung von Konzepten persönlichkeits- und gesundheitsförderlicher Arbeitsgestaltung sind schließlich auch Persönlichkeitsunterschiede zwischen den Beschäftigten zu berücksichtigen. Dies geschieht am ehesten durch ‚Differentielle Arbeitsgestaltung' (Ulich 1978: 2011), d. h. das Angebot verschiedener Arbeitsstrukturen, zwischen denen die Beschäftigten wählen können. Da Menschen sich – nicht zuletzt in der Auseinandersetzung mit ihren Arbeitsaufgaben – weiterentwickeln, sollten Wechsel zwischen verschiedenen Arbeitsstrukturen möglich und diese Strukturen selbst veränderbar sein. Wir nennen dieses Offenhalten von Veränderungsmöglichkeiten und Gestaltungsspielräumen dynamische Arbeitsgestaltung. Für Bamberg und Metz (1998: 192) ist differentielle Arbeitsgestaltung zugleich eine Möglichkeit, die salutogenen Potentiale von Arbeitstätigkeiten „für jeden Beschäftigten zu erschliessen" und für Metz (2011: 196) „zugleich ein Gewinn an Autonomie und Kontrolle über die eigene Arbeitssituation".

Wo Konzepte wie die Vertrauensarbeitszeit realisiert werden, ist im Interesse der Gesundheit und der Lebensqualität der Beschäftigten deshalb strikt zu fordern, dass es sich dabei um eine geregelte Autonomie handelt, d. h. um Formen individuell oder kollektiv regulierter Zeitautonomie mit entsprechenden Planungsmöglichkeiten für alle Beteiligten und Betroffenen, die weder zur Selbstausbeutung verführen noch die nicht erwerbsbezogenen Lebenstätigkeiten – z. B. durch überlange Arbeitszeiten – systematisch benachteiligen (vgl. dazu auch Böhm/Herrmann/Trinczek 2002 und Spitzley 2007).

5   Präsentismus

Nicht zu übersehen ist, dass die Realisierung der genannten Aufgabenmerkmale – insbesondere vermutlich der Aufgabenvollständigkeit und der Autonomie – auch „mehr Druck durch mehr Freiheit" (Glißmann/Peters 2001) erzeugen, selbstschädigendes Engagement auslösen und damit zum Präsentismus beitragen kann.

Der von einigen Autoren (Peters 2011; Krause/Dorsemagen/Peters 2010) in diesem Kontext verwendete Begriff ‚Interessierte Selbstgefährdung' erscheint uns eher missverständlich. Peters (2011: 109) merkt dazu an: „Es sollte sich von selbst verstehen, dass der Ausdruck ‚interessierte Selbstgefährdung' nicht auf ein eigenes Interesse an einer Selbstgefährdung zielt. Das Interesse gilt dem Erfolg, nicht der Gefährdung."

In diesem Zusammenhang ist es interessant zu beobachten, dass einige Unternehmen dazu übergegangen sind, ‚Vertrauensarbeitszeit' einzuführen, mit diesem Euphemismus aber allzu oft nicht intendierte Wirkungen erzielen. Mit dem Konzept der Vertrauensarbeitszeit sollen die Zeiterfassung abgeschafft und die Leistungen der Beschäftigten nicht mehr an ihrer Anwesenheit, sondern allein an der Auftragserfüllung gemessen werden. Abhängig Beschäftigte sollen so zu ‚unternehmerischen Mitarbeitern' werden. Derartige Konzepte werden auch als ‚indirekte Steuerung' bezeichnet. In einer Reihe von Beiträgen (z. B. Glißmann 2000; Pickshaus 2000; Glißmann/Peters 2001; Pickshaus/Schmitthenner/Urban 2001) wird dazu angemerkt, dass die mit der Maxime „Tut, was Ihr wollt, aber seid profitabel" (Peters 2001: 36) deklarierte neue Autonomie in der Realität möglicherweise ganz andere Effekte erzeugt als die ursprünglich mit den Konzepten individueller und kollektiver Selbstregulation (Ulich 2011) intendierten Wirkungen. Selbstregulation ist hier vielmehr verknüpft mit einer „Selbst-Oekonomisierung der Individuen und der Teams" (Glißmann 2000: 11).

Derartige Entwicklungen können verstärkt werden, wenn Unternehmen nicht nur ‚Abwesenheitsquoten' durch ‚Anwesenheitsquoten' ersetzen, sondern diese auch als Maß für die Gesundheit der bei ihnen Beschäftigten ausgeben. Tatsächlich ist eine hohe Anwesenheitsquote kein hinreichender Beleg für einen guten Gesundheitszustand der Mitarbeitenden bzw. ein ‚gesundes' Unternehmen. Die Einführung einer Gesundheitsquote bedeutet schließlich nur dann einen Fortschritt, wenn damit ein Umdenken in dem Sinne stattfindet, dass Gesundheitpotentiale der Mitarbeitenden ebenso wie der Arbeitsbedingungen erkannt und gestärkt und die Arbeitsbedingungen ernsthaft analysiert und bei Bedarf verändert werden. Tatsächlich wird in manchen Fällen aber eher einem Präsentismus Vorschub geleistet. Schließlich können Fehlzeiten „unter bestimmten Bedingungen positive Auswirkungen auf Befinden und Gesundheit haben und insofern als ‚Coping' angesehen werden" (Semmer/Grebner/Elfering 2010: 351).

Präsentismus meint, dass Mitarbeitende zwar anwesend, aber infolge einer gesundheitlichen oder anderweitigen Beeinträchtigung nicht voll leistungsfähig sind. So gaben etwa in einer 2009 durchgeführten Erhebung des wissenschaftlichen Instituts der AOK von 2000 gesetzlich krankenversicherten Arbeitnehmerinnen und Arbeitnehmern 71,2 % an, in den letzten Monaten krank zur Arbeit gegangen zu sein. 29,9 % gaben an, dies sogar gegen den Rat des Arztes getan zu haben 70,2 % gaben an, zur Genesung bis zum Wochenende gewartet zu haben (Schmidt/Schröder 2010: 95 ff.). Auch andere Untersuchungen belegen „ein hohes Ausmaß an Präsentismus in deutschen Unternehmen" (Zok 2008: 141).

Hinsichtlich möglicher Wirkungen belegen die bisher vorliegenden Daten, dass Präsentismus zu einer Einschränkung der Leistungsfähigkeit der davon Betroffenen sowie zu vermehrter Fehlerhäufigkeit und Unfallgefahr führen kann (Pilette 2005; Chapman 2005a; Schultz/Edington 2007; Schultz/Chen/Edington 2009). Mehrfach wird auch darauf hingewiesen, dass Präsentismus in der Folgezeit sowohl Fehlzeitenquoten als auch Fehlzeitendauer erhöhen kann. So konnten Hansen und Andersen belegen, dass Arbeitnehmende, die mehr als sechsmal pro Jahr trotz eingeschränkter Gesundheit zur Arbeit gegangen waren, ein gegenüber anderen Arbeitnehmenden um 74 % höheres Risiko aufwiesen, später länger als zwei Monate infolge Krankheit auszufallen: „Going to work ill repeatedly is associated with long-term sickness absence at a later date. For this reason, researchers and policy-makers should consider this phenomenon more carefully when planning future studies of sickness absence or when laying out new policies" (Hansen/Andersen 2009: 397). In diesem Zusammenhang ist das von Sanderson und Andrews (2006: 63) mitgeteilte Untersuchungsergebnis bemerkens-

wert: „Depression and anxiety were more consistently associated with
‚presenteeism' (that is, lost productivity while at work) than with absenteeism."
Bei der Beantwortung der Frage nach möglichen Ursachen für derartige Entwicklungen ist schließlich auch zu prüfen, inwieweit die trotz Beeinträchtigungen
ihrer Leistungsfähigkeit ‚Präsenten' sich durch bestimmte Verhaltensintentionen
oder Persönlichkeitsmerkmale auszeichnen und inwieweit die Realisierung der in
Tabelle 6 skizzierten Merkmale gesundheits- und persönlichkeitsförderlicher Arbeitsgestaltung das Entstehen von Präsentismus fördern (vgl. Kasten 3).
Nach Brandenburg und Nieder (2009: 16 f.) sind „großes Arbeitsvolumen,
Pflichtgefühl, Rücksicht auf Kollegen, Angst vor beruflichen Nachteilen, Loyalität
gegenüber dem Arbeitgeber, Angst vor dem Verlust des Arbeitsplatzes und die
Bewertung der Krankheit als Bagatellerkrankung (…) die Hauptbeweggründe
dafür, dass man krank zur Arbeit geht". Zwei Drittel der im Rahmen des Gesund-
heitsmonitors der Bertelsmann Stiftung Befragten gaben als Grund für den
Präsentismus Pflichtgefühl an „und weil sonst Arbeit liegen bleibt" (Bertelsmann
Stiftung 2009). Nicht auszuschließen ist auch, dass die von Martins, Pundt und
Nerdinger (2009) in Anlehnung an Cropley, Michalianou und Pravettoni (2009) so
genannte Rumination, d. h. das „Grübeln über das Unternehmen und seine Prozesse", außerhalb der eigentlichen Arbeitszeit (a. a. O.: 120) zum Präsentismus beiträgt.

> „Der Umstand, dass die Arbeitspersonen solche Belastungen ‚freiwillig' auf sich
> nehmen, sie also als unvermeidlich und mit ihrer Autonomie untrennbar verbunden
> ansehen, setzt nicht nur gesellschaftliche Schutzmechanismen, wie etwa Arbeitszeit-
> bestimmungen, weithin außer Kraft, er kann auch subjektive Einsichten in die mit
> solchen Arbeitsbedingungen verbundenen Risiken, z. B. gesundheitlicher Art, ver-
> drängen" (Volpert 2005: 298).

Eine erste Erhebung mit einem Befragungsinstrument unter Einbezug von zwölf
entsprechenden Items bestätigt bei einer Beteiligung von 1.183 Erwerbstätigen in
der Schweiz die Realitätsnähe der in Kasten 3 aufgeführten möglichen Gründe
für Anwesenheit trotz eingeschränkter Leistungsfähigkeit. Damit wird zugleich
deutlich, dass die skizzierten Merkmale persönlichkeits- und gesundheitsförderlicher Aufgabengestaltung (vgl. Tabelle 8) im Sinne nicht intendierter Nebenwirkungen u. U. auch zu Präsentismus veranlassen können.
Es ist offensichtlich, dass es zu diesem Problemkreis dringend weiterer Forschung bedarf, damit Präsentismus nicht, wie von Badura (2010: 8) angenommen, „das zentrale Problem betrieblicher Gesundheitspolitik in alternden Gesellschaften darstellen" wird. Zu den Voraussetzungen dafür gehört eine zunehmende Achtsamkeit auf Seiten der Führenden, aber auch der Arbeitskolleginnen und
-kollegen in Bezug auf die Befindlichkeit der Mitarbeitenden. Für indirekt ge-

steuerte Arbeitssysteme muss zudem das Gesundheitsmanagement „Teil der Selbstverantwortung sein. Selbstverantwortung ist jedoch nur dann möglich, wenn ausreichende Entscheidungs- und Handlungsspielräume sowie Ressourcen und Puffer für zumindest die Gesundheit nicht gefährdende, besser noch die Gesundheit fördernde Arbeitsweisen gegeben sind. In indirekt gesteuerten Arbeitssystemen ist ein partizipatives Gesundheitsmanagement somit nicht nur wünschenswert, sondern schlicht unverzichtbar" (Schüpbach 2011: 86). Damit wird das im vorhergehenden Abschnitt formulierte Postulat einer geregelten Autonomie zusätzlich unterstützt. Voraussetzung dafür ist in jedem Fall die Vermittlung des für gesundheitsgerechtes Verhalten erforderlichen Wissens und der notwendigen fachlichen Unterstützung.

Kasten 3:   Mögliche Gründe für Präsentismus (aus: Ulich 2011: 560)

- Einen Arbeitsauftrag bzw. eine Arbeitsaufgabe zu Ende führen wollen
- Die Arbeitskolleginnen bzw. Arbeitskollegen nicht im Stich lassen wollen
- Auf die Zielgruppen der Tätigkeit bezogene Verantwortung wahrnehmen wollen
- Vorgesetzte nicht enttäuschen wollen
- Erlebter Wertschätzung gerecht werden wollen
- Eine Einschränkung der Leistungsfähigkeit vor sich selbst nicht zugeben bzw. sich selbst volle Leistungsfähigkeit beweisen wollen
- Nicht als ‚psychisch krank‘ gelten wollen
- Einer anderweitigen, z. B. familiären, Belastung entfliehen wollen
- Auf mit der Arbeit verbundene Kommunikationsmöglichkeiten nicht verzichten wollen
- Angst, bei Abwesenheit den Arbeitsplatz zu verlieren

6   Fazit

Die knappe Skizzierung einiger der mit dem ‚Wandel der Arbeit‘ und dem ‚Wandel der Belastungen‘ verknüpften Inhalte macht einerseits deutlich, dass es sich hierbei um eine sehr komplexe Thematik handelt. Andererseits sollte auch erkennbar sein, dass eine seriöse Bearbeitung dieser Thematik interdisziplinäre Kooperation erfordert. In diesem Zusammenhang ist die Feststellung von Dunkel und Bienzeisler (2011: 355) bemerkenswert: „die sozialwissenschaftliche Dienstleistungsforschung selbst ist noch nicht hinreichend darauf vorbereitet, die Herausforderungen einer neuen Dienstleistungsgesellschaft und der damit verbundenen neuen Perspektive der Dienstleistungen anzunehmen. Denn ihre gegenwärtige Situation ist dadurch gekennzeichnet, dass sie noch stark fragmentiert ist und deshalb noch nicht die Wirkung entfalten kann, die ihrem Potential entspräche". Was hier für die Sozialwissenschaft formuliert wurde, gilt auch für die Arbeitswissenschaft. Eine nachhaltig Erfolg versprechende Bearbeitung derart komplexer Fragestellungen erfordert ein möglichst vorurteilsfreies Zusammenwirken verschiedener arbeits- und sozialwissenschaftlicher Disziplinen. Beispiele dafür gibt es.

Literatur

Badura, B. (2010): Wege aus der Krise. In: Badura, B./Schröder, H./Klose, H./Macco, K. (Hrsg.): Fehlzeiten-Report 2009. Arbeit und Psyche: Belastungen reduzieren – Wohlbefinden fördern, 3-12. Heidelberg: Springer

Baethge, A./Rigotti, T. (2010): Arbeitsunterbrechungen und Multitasking. Ein umfassender Überblick zu Theorien und Empirie unter besonderer Berücksichtigung von Altersdifferenzen. Dortmund: Bundesanstalt für Arbeitsschutz und Arbeitsmedizin

Bamberg, E./Metz, A.-M. (1998): Intervention. In: Bamberg, E./Ducki, A./Metz, A. M. (Hrsg.): Handbuch Betriebliche Gesundheitsförderung. Arbeits- und organisationspsychologische Methoden und Konzepte, 177-209. Göttingen: Angewandte Psychologie

Bergström, G./Bodin, L./Hagberg, J./Aronsson, G./Josephson, M. (2009): Sickness Presenteeism Today, Sickness Absenteeism Tomorrow? A Prospective Study on Sickness Presenteeism and Future Sickness Absenteeism . Journal of Occupational and Environmental Medicine, 51, 6, 629-638

Bertelsmann Stiftung (2009): Fast jeder zweite Beschäftigte geht krank zur Arbeit. Pressemeldung vom 09.09.2009. Gütersloh: Bertelsmann Stiftung

Böhm, S./Herrmann, Ch./Trinczek, R. (2002): Löst Vertrauensarbeitszeit das Problem der Vereinbarkeit von Familie und Beruf? WSI-Mitteilungen, 8, 435-441

Bosch, G. (2000): Neue Lernkulturen und Arbeitnehmerinteressen. In: Arbeitsgemeinschaft Qualifikations-Entwicklungsmanagement (Hrsg.): Kompetenzentwicklung 2000, 227-270. Münster: Waxmann

Bosma, H./Peter, R./Siegrist, J./Marmot, M. (1998): Two alternative job stress models and the risk of coronary heart disease. American Journal of Public Health, 88 (1), 68-74

Brandenburg, U./Nieder, P. (2009): Betriebliches Fehlzeiten-Management. Instrumente und Praxisbeispiele für erfolgreiches Anwesenheits- und Vertrauensmanagement (2. Aufl.). Wiesbaden: Gabler

Bundesamt für Sozialversicherungen: IV-Statistik 2009: Online im Internet: http://www.bsv.admin.ch/dokumentation/zahlen/00095/00442/index.html?lang=de

Chapman, L. S. (2005): Meta-evaluation of Worksite Health Promotion Economic Return Studies. 2005 Update. The Art of Health Promotion, Juli/August, 1-11

Chapman, L. S. (2005). Presenteeism and its role in worksite health promotion. American Journal of Health Promotion, 19 (49), Suppl. 1-8

Cropley, M./ Michalianou, G./Pravettoni, G. (2009): Differences in postwork rumination with implications for health and illness. Paper presented at the 14th European Congress of Work and Organizational Psychology, Santiago de Compostela, Spain, May 13-16

Degener, M. (2004): Unternehmenserfolg und soziale Verantwortung. Frankfurt a. M.: Peter Lang

Deutsches Institut für Normung: DIN EN 614-2 (2008): Sicherheit von Maschinen – Ergonomische Gestaltungsgrundsätze, Teil 2: Wechselwirkungen zwischen der Gestaltung von Maschinen und den Arbeitsaufgaben. Deutsche Fassung EN 614-2: 2000+A1. Berlin: Beuth

Ducki, A. (2000): Diagnose gesundheitsförderlicher Arbeit. Schriftenreihe Mensch, Technik, Organisation, Band 25. Zürich: vdf Hochschulverlag

Dunckel, H./Resch, M. G. (2004): Arbeitsbezogene psychische Belastungen. In: Steffgen, G. (Hrsg.): Betriebliche Gesundheitsförderung, 37-61. Göttingen: Hogrefe

Dunkel, W./Bienzeisler, B. (2011): „3sR – Social Science Service Research" – der Beitrag der sozialwissenschaftlichen Dienstleistungsforschung zu einer aktuellen Debatte. In: Gatermann, I./Fleck, M. (Hrsg.): Mit Dienstleistungen die Zukunft gestalten, 353-358. Beiträge der 8. Dienstleistungstagung des BMBF. Frankfurt a. M., New York: Campus

European Agency for Safety and Health at Work (2007): Expert forecast on emerging psychosocial risks related to occupational safety and health. European Risk Observatory Report EN 5. Luxembourg: Office for Official Publications of the European Communities

European Foundation for the Improvement of Living and Working Conditions (2007): Managing musculoskeletal disorders. Dublin: Eurofound

European Foundation for the Improvement of Living and Working Conditions (2010): Changes over time – First findings from the fifth European Working Conditions Survey (résumé). Dublin: Eurofound

Expertenkommission der Bertelsmann Stiftung und der Hans-Böckler-Stiftung. (2004): Zukunftsfähige betriebliche Gesundheitspolitik. Gütersloh: Verlag Bertelsmann Stiftung

Frieling, E./Sonntag, K. (1999): Lehrbuch Arbeitspsychologie (2. vollst. überarb. und erw. Aufl.). Bern: Huber

Frieling, E. und Arbeitsgruppe (2004): Wandel der Arbeitswelt. Handlungsbedarf und Massnahmen zur Förderung der betrieblichen Gesundheitspolitik. In: Bertelsmann Stiftung, Hans-Böckler-Stiftung (Hrsg.): Zukunftsfähige betriebliche Gesundheitspolitik. Ergebnisse der Arbeitsgruppen. Gütersloh: Bertelsmann Stiftung

Gerlmaier, A./Latniak, E. (2011) (Hrsg.): Bournout in der IT-Branche. Ursachen und betriebliche Prävention. Kröning: Asanger

Glißmann, W. (2000): Ökonomisierung der ‚Ressource Ich' – die Instrumentalisierung des Denkens in der neuen Arbeitsorganisation. Denkanstösse – IG Metaller in der IBM, Mai, 5-24

Glißmann, W./Peters, K. (2001): Mehr Druck durch mehr Freiheit. Die neue Autonomie in der Arbeit und ihre paradoxen Folgen. Hamburg: VSA

Hacker, W. (2004): Leistungs- und Lernfähigkeiten älterer Menschen. In. v. Cranach, M./Schneider, H. D./Winkler, R./Ulich, E. (Hrsg.): Ältere Menschen im Unternehmen. Chancen, Risiken, Modelle, 163-172. Bern: Haupt

Hacker, W. (2005): Allgemeine Arbeitspsychologie. Psychische Regulation von Wissens-, Denk- und körperlicher Arbeit. Bern: Huber

Hacker, W. (2009): Arbeitsgegenstand Mensch: Psychologie dialogisch-interaktiver Erwerbsarbeit. Ein Lehrbuch. Lengerich: Pabst

Hacker, W./Schroda, F./Riemer, S./Ishig, A. (2000): Forschungsprojekt Gesundheitsfördernde Arbeitsprozessgestaltung. Projektberichte, Heft 2. Dresden: Institut für Allgemeine Psychologie, Biopsychologie und Methoden der Psychologie der Technischen Universität

Hansen, C. D./Andersen, J. H. (2009): Sick at work – a risk factor for long-term sickness absence at a later date? Journal of Epidemiology and Community Health, 63, 397-402

Klemens, S./Wieland, R./Krajewski, J. (2004): Fähigkeits- und führungsbezogene Risikofaktoren in der IT-Branche. In: Arbeit + Gesundheit in effizienten Arbeitssystemen (295-300). Bericht über den 50. Kongress der Gesellschaft für Arbeitswissenschaft. Dortmund: GfA-Press

Klotter, C. (1999): Historische und aktuelle Entwicklungen der Prävention und Gesundheitsförderung – Warum Verhaltensprävention nicht ausreicht. In: Oesterreich, R./Volpert, W. (Hrsg.): Psychologie gesundheitsgerechter Arbeitsbedingungen, 23-61. Bern: Huber

Krause, A./Dorsemagen, C./Peters, K. (2010): Interessierte Selbstgefährdung: Nebenwirkungen moderner Managementkonzepte. Wirtschaftspsychologie aktuell, 2010, 2, 33-35

Kuhn, K. (2000): Die volkswirtschaftliche Bedeutung von Gesundheitsmanagement. In: Brandenburg, U./Nieder, T./Susen, B. (Hrsg.): Gesundheitsmanagement im Unternehmen, 95-107. Weinheim: Juventa

Leitner, K. (1993): Auswirkungen von Arbeitsbedingungen auf die psychosoziale Gesundheit. Zeitschrift für Arbeitswissenschaft, 47, 98-107

Leitner, K. (1999): Kriterien und Befunde zu gesundheitsgerechter Arbeit – Was schädigt, was fördert die Gesundheit? In:. Oesterreich, R./Volpert, W. (Hrsg.): Psychologie gesundheitsgerechter Arbeitsbedingungen, 63-139. Schriften zur Arbeitspsychologie, Band 59. Bern: Huber

Lenhardt, U./ Ertel, M./Morschhäuser, M. (2010): Psychische Arbeitsbelastungen in Deutschland: Schwerpunkte – Trends – betriebliche Umgangsweisen. WSI-Mitteilungen, 63 (7), 335-342

Leoni, T./Mahringer, H. (2008): Fehlzeitenreport 2008. Krankheits- und unfallbedingte Fehlzeiten in Österreich. Wien: Österreichisches Institut für Wirtschaftsforschung

Levi, L. (2002): Würze des Lebens oder Gifthauch des Todes? Magazin Ausgabe 5 – Stress lass nach, 11-13. Bilbao: Europäische Agentur für Sicherheit und Gesundheitsschutz am Arbeitsplatz

Lundberg, U. (1996): Work, stress and musculoskeletal disorders. In: Ullsperger, P./Ertel, M./Freude, G. (Hrsg.): Occupational health and safety aspects of stress at modern workplaces, 66-78. Schriftenreihe der Bundesanstalt für Arbeitsmedizin, Tagungsbericht 11. Bremerhaven: Wirtschaftsverlag

Martins, E./Pundt, A./Nerdinger, F. W. (2009): Wenn Mitarbeiter nur noch an ihre Arbeit denken: die Schattenseite der Beteiligungskultur? Wirtschaftspsychologie, 2009, 4, 119-121

Melin, B./Lundberg, U./Söderlund, J./Granqvist, M. (1999): Psychological and physiological stress reactions of male and female assembly workers: A comparison between two different forms of work organization. Journal of Organizational Behavior, 20, 47-61

Metz, A.-M. (2011): Intervention. Von der Reduzierung der Belastungen zur Stärkung von Ressourcen. In: Bamberg, E./Ducki, A./Metz, A.-M. (Hrsg.): Gesundheitsförderung und Gesundheitsmanagement in der Arbeitswelt, 185-219. Göttingen: Hogrefe

Moldaschl, M. (2005): Ressourcenorientierte Analyse von Belastung und Bewältigung in der Arbeit. In: Moldaschl, M. (Hrsg.): Immaterielle Ressourcen, 243-280. München: Hampp

Naegele, G. (2004): Verrentungspolitik und Herausforderungen des demografischen Wandels in der Arbeitswelt. Das Beispiel Deutschland. In: v. Cranach, M./Schneider, H.-D./Winkler, R./Ulich, E. (Hrsg.): Ältere Menschen im Unternehmen. Chancen, Risiken, Modelle, 189-219. Bern: Haupt

Nefiodow, L. (2000): Der sechste Kondratieff (4. Aufl.). Sankt Augustin: Rhein-Sieg

Oesterreich, R. (1999): Konzepte zu Arbeitsbedingungen und Gesundheit – Fünf Erklärungsmodelle im Vergleich. In: Oesterreich, R./Volpert, W. (Hrsg.): Psychologie gesundheitsgerechter Arbeitsbedingungen, 141-215. Schriften zur Arbeitspsychologie, Band 59. Bern: Huber

Peters, K. (2011): Indirekte Steuerung und interessierte Selbstgefährdung. In: Kratzer, N./Dunkel, W./Becker, K./Hinrichs, S. (Hrsg.): Arbeit und Gesundheit im Konflikt – Analysen und Ansätze für ein partizipatives Gesundheitsmanagement, 105-122. Berlin: Edition Sigma

Pickshaus, K. (2000): Der Arbeit wieder ein Maß geben. In: Wieland, R./Scherrer, K. (Hrsg.): Arbeitswelten von morgen, 86-93. Wiesbaden: Westdeutscher Verlag

Pickshaus, K./Schmitthenner, H./Urban, H.-J. (Hrsg.) (2001): Arbeiten ohne Ende. Neue Arbeitsverhältnisse und gewerkschaftliche Arbeitspolitik. Hamburg: VSA

Pilette, P. C. (2005): Presenteeism & Productivity: Two Reasons Employee Assistance Programs Make Good Business Cents. Annals of the American Psychotherapy Association, Vol. 8

Richter, P./Uhlig, K. (1998): Psychische Belastungen und Ressourcen in der Arbeit und Herz-Kreislauf-Erkrankungen – Ansätze für eine betriebliche Prävention. In: Bamberg, E./Ducki, A./Metz, A.-M. (Hrsg.): Handbuch Betriebliche Gesundheitsförderung. Arbeits- und organisationspsychologische Methoden und Konzepte, 407-422. Göttingen: Angewandte Psychologie

Riso, S. (2007): Die Auswirkungen des Wandels in der Arbeitswelt auf das wiederholte Auftreten von Muskel- und Skelett-Erkrankungen. Magazine 10 (Magazin der Europäischen Agentur für Sicherheit und Gesundheitsschutz am Arbeitsplatz), 3-7

218   Eberhard Ulich

Rixgens, P. (2008): Neue Herausforderungen für das betriebliche Gesundheitsmanagement. In Bertelsmann Stiftung (Hrsg.): Psychische Erkrankungen im Vormarsch (2-8). Gütersloh: Bertelsmann

Sanderson, K./Andrews, G. (2006): Common mental disorders on the workforce: recent findings from descriptive and social epidemiology. Canadian Journal of Psychiatry, 51 (2), 63-75

Schmidt, J./Schröder, H. (2010): Präsentismus – Krank zur Arbeit aus Angst vor Arbeitsplatzverlust. In: Bandura, B./Schröder, H./Klose, J./Macco, K. (Hrsg.): Fehlzeiten-Report 2009. Arbeit und Psyche: Belastungen reduzieren – Wohlbefinden fördern, 93-100. Berlin: Springer

Schooler, C./Mulatu, M. S./Oates, G. (1999): The continuing effects of substantively complex work on the intellectual functioning of older workers. Psychology and Aging, 14, 483-506

Schultz, A./Chen, .C./Edington, D. (2009): The cost and impact of health conditions on presenteeism to employers: a review of the literature. Pharmacoeconomics, 27 (5), 365-378

Schultz, A./Edington, D. (2007): Employee Health and Presenteeism: A Systematic Review. Journal of Occupational Rehabilitation, 17 (3), 547-579

Schüpbach, H. (2011): Partizipatives Gesundheitsmanagement. Eine arbeits- und organisationspsychologische Perspektive. In: Kratzer, N./Dunkel, W./Becker,K./Hinrichs, S. (Hrsg.): Arbeit und Gesundheit im Konflikt – Analysen und Ansätze für ein partizipatives Gesundheitsmanagement, 77-87. Berlin: Edition Sigma

Semmer, N. K./Grebner, S./Elfering, A. (2010): „Psychische Kosten" von Arbeit: Beanspruchung und Erholung, Leistung und Gesundheit. In: Kleinbeck, U./Schmidt, K.-H. (Hrsg.): Arbeitspsychologie. Enzyklopädie der Psychologie, Themenbereich D, Serie III, Band 1, 325-370. Göttingen: Hogrefe

Semmer, N. K./Udris, I. (2004): Bedeutung und Wirkung von Arbeit. In: Schuler, H. (Hrsg.): Lehrbuch Organisationspsychologie (3. vollst. überarb. u. erg. Aufl.), 157-195. Bern: Huber

Semmer, N. K./Zapf, D. (2004): Gesundheitsbezogene Interventionen in Organisationen. In: Schuler, H. (Hrsg.): Enzyklopädie der Psychologie, Themenbereich D, Serie III, Band 4, Organisationspsychologie (2. Aufl.); 773-843. Göttingen: Hogrefe

Siegrist, J. (1996a): Soziale Krisen und Gesundheit. Göttingen

Siegrist, J. (1996b): Adverse health effects of high-effort/low-reward conditions. Journal of Occupational Health Psychology, 1, 27-41

Siegrist, J. (2002): Effort-reward imbalance at work and health. In: Perrewe, P. L./Ganster, D. C. (Eds.): Research in occupational stress and well being, Historical and current perspectives on stress and health, Vol. 2, 261-291. New York: JAI-Elsevier

Siegrist, J. (2009): Gratifikationskrisen als psychosoziale Herausforderungen. Arbeitsmedizin, Sozialmedizin, Umweltmedizin, 44, 574-579

Siegrist, J. et al. (Arbeitsgruppe 2) (2004): Gesundheitliche Folgen und Herausforderungen. Expertenkommission „Betriebliche Gesundheitspolitik". Ergebnisse der Arbeitsgruppen. Gütersloh: Bertelsmann Stiftung. Düsseldorf: Hans-Böckler-Stiftung

Spitzley, H. (2007): Theorie und Empirie der Arbeitszeitflexibilisierung. Leitlinien zur Qualitätsverbesserung der betrieblichen Arbeitszeitgestaltung. In: Dilger, A./Gerlach, I./Schneider, H. (Hrsg.): Betriebliche Familienpolitik. Potentiale und Instrumente aus multidisziplinärer Sicht, 125-140. Wiesbaden: VS Verlag für Sozialwissenschaften

Ulich, E. (1978): Über das Prinzip der differentiellen Arbeitsgestaltung. Industrielle Organisation, 47, 566-568

Ulich, E. (2007): Von der Work Life Balance zur Life Domain Balance. Zeitschrift Führung + Organisation, 76 (4), 188-193

Ulich, E. (2011):. Arbeitspsychologie. 7. Auflage. Zürich: vdf Hochschulverlag/Stuttgart: Schäffer Poeschel

Ulich, E./Wiese, B. (2011): Life Domain Balance. Konzepte zur Verbesserung der Lebensqualität. Wiesbaden: Gabler

Ulich, E./Wülser, M. (2012): Gesundheitsmanagement in Unternehmen. Arbeitspsychologische Perspektiven. 5. erweiterte Auflage. Wiesbaden: Gabler

Vartiainen, M. (2007): Distributed and Mobile Workplaces. In: Vartiainen, M./Hakonen, M./Koivisto, S./Mannonen, P./Nieminen M., Ruohomäki, V./Vartola, A.: Distributed and Mobile Work. Places, People and Technology, 13-85. Helsinki University Press

Vernon, P. E. (1947): The variation of intelligence with occupation, age and locality. British Journal of Statistical Psychology, Vol. 1, 52-63

Volpert, W. (1987): Psychische Regulation von Arbeitstätigkeiten. In: Kleinbeck, U./Rutenfranz, J. (Hrsg.): Arbeitspsychologie, 1-42. Enzyklopädie der Psychologie, Themenbereich D, Serie III, Band 1. Göttingen: Hogrefe

Volpert, W. (2005): Arbeitsgestaltung und Arbeitsorganisation. In: Rauner, F. (Hrsg.): Handbuch Berufsbildungsforschung, 294-299. Bielefeld: Bertelsmann

Voß, G. G. (1998): Die Entgrenzung von Arbeit und Arbeitskraft. Eine subjektorientierte Interpretation des Wandels der Arbeit. Mitteilungen der Arbeitsmarkt- und Berufsforschung, 98, 473-487

Warr, P. (1995): In what circumstances does job performance vary with age? In: Peiro, J. M./Prieto, F./Melia, J. L./Luque, O. (Eds.): Work and organizational psychology: European contributions of the nineties, 1-13. London: Taylor & Francis

Wieland, R. (2010a): Gestaltung gesundheitsförderlicher Arbeitsbedingungen. In: Schmidt, H./Kleinbeck, U. (Hrsg.): Enzyklopädie der Psychologie, Band ‚Arbeitspsychologie', 869-919. Göttingen: Hogrefe

Wieland, R. (2010b): Gesundheitsreport 2010, Teil 1: Gesundheitskompetenz in Unternehmen stärken, Gesundheitskultur fördern. Berlin: Barmer GEK

Wülser, M. (2011): Fehlbeanspruchungen bei personenbezogenen Dienstleistungstätigkeiten. Eine Untersuchung zu Burnout im Schul- und Spitalbereich und eine vertiefte Betrachtung der Lehrkräftetätigkeit. Beiträge zur Arbeitspsychologie, Band 2. Lengerich: Pabst

Wülser, M./Ostendorp, C,/Sibilia, A./Ulich, E. (2007): Analyse der Arbeitsbedingungen, Belastungen und Ressourcen in der Klinik für Neurochirurgie in einem schweizerischen Universitätsspital. Interner Bericht. Zürich: Institut für Arbeitsforschung und Organisationsberatung

Zapf, D./Semmer, N. K. (2004): Stress und Gesundheit in Organisationen. In: Schuler, H. (Hrsg.): Enzyklopädie der Psychologie, Themenbereich D, Serie III, Band 3, Organisationspsychologie (2. Aufl.), 1007-1112. Göttingen: Hogrefe

Zok, K. (2008): Krank zur Arbeit: Einstellungen und Verhalten von Frauen und Männern beim Umgang mit Krankheit am Arbeitsplatz. In: Badura, B./Schröder, H./Vetter Ch. (Hrsg.): Fehlzeiten-Report 2007 ‚Arbeit, Geschlecht und Gesundheit', 121-144. Heidelberg: Springer

Verzeichnis der Autorinnen und Autoren

Bock, Petra, Dr. phil., Inhaberin Dr. Bock Coaching Akademie. Arbeitsschwerpunkte: Executive Coaching, Aus- und Fortbildung von Coachs. Kontakt: Albrechtstraße 14b, 10117 Berlin. E-Mail: kontakt@petrabock.de

Dunkel, Wolfgang, Dr. phil., Soziologe, Wissenschaftler am Institut für Sozialwissenschaftliche Forschung e.V. München – ISF München. Arbeitsschwerpunkte: Personenbezogene Dienstleistungen, interaktive Arbeit, Arbeit und Gesundheit, Leistungspolitik und Arbeitsgestaltung. Kontakt: Jakob-Klar-Str. 9, 80796 München. E-Mail: wolfgang.dunkel@isf-muenchen.de

Elfering, Achim, Arbeitspsychologe, Prof. Dr. habil. phil-nat., Extraordinarius am Institut für Psychologie der Universität Bern. Arbeitsschwerpunkte: Arbeit und Gesundheit, Muskuloskelettale Beschwerden in der Arbeit, Arbeitssicherheit, Arbeitszufriedenheit. Kontakt: Institut für Psychologie, Muesmattstrasse 45, 3012 Bern, Schweiz. E-Mail: achim.elfering@psy.unibe.ch

Gerlmaier, Anja, Arbeitspsychologin, Dr. phil., Projektleiterin und wissenschaftliche Mitarbeitern am Institut Arbeit und Qualifikation der Universität Duisburg-Essen, Abteilung Arbeitszeit und Arbeitsorganisation. Arbeitsschwerpunkte: Stressprävention, betriebliches Gesundheitsmanagement, betriebliche Konsequenzen des demografischen Wandels. Kontakt: Universität Duisburg-Essen, Institut Arbeit und Qualifikation, Gebäude LE, 47048 Duisburg. E-Mail: anja.gerlmaier@uni-due.de

Handrich, Christoph, Arbeits- und Industriesoziologe, Master of Arts Wissenschaftlicher Mitarbeiter des Instituts für Soziologie der TU Chemnitz. Arbeitsschwerpunkte: Professionalität und professionelles Handeln, psychosoziale Folgen entgrenzter Arbeit, Dienstleistungsarbeit. Kontakt: Technische Universität Chemnitz, Institut für Soziologie, Thüringer Weg 9, 09107 Chemnitz. E-Mail: christoph.handrich@soziologie.tu-chemnitz.de

Jacobshagen, Nicola, Dr. phil., Oberassistentin an der Abteilung Arbeits- und Organisationspsychologie der Universität Bern und Post-Doc im Swiss National Competence Center of Research (NCCR) „Affective Sciences", Lehrbeauftragte an der Hochschule St. Gallen. Arbeitsschwerpunkte: Stress am Arbeitsplatz, Stress-as-Offence-to-Self, Illegitime Aufgaben und Wertschätzung am Arbeitsplatz, Betriebliche Gesundheitsförderung. Kontakt: Universität Bern, Institut für Psychologie, Muesmattstrasse 45, CH-3012 Bern. E-Mail: nicola.jacobshagen@psy.unibe.ch

Junghanns, Gisa, Diplom-Psychologin, Dr. rer. nat., wissenschaftliche Mitarbeiterin der Fachgruppe „Psychische Belastungen, Betriebliches Gesundheitsmanagement" der Bundesanstalt für Arbeitsschutz und Arbeitsmedizin. Arbeitsschwerpunkte: Psychische Belastung, Arbeit und Gesundheit, Zeit- und Leistungsdruck im Dienstleistungsbereich. Kontakt: BAuA, Nöldnerstr. 40-42, 10317 Berlin. E-Mail: junghanns.gisa@baua.bund.de

Kälin, Wolfgang, Dr. phil., Dozent für Arbeits- und Organisationspsychologie am Institut für Psychologie der Universität Bern, Schweiz. Arbeitsschwerpunkte: Coping, Stress, Gesundheit. Kontakt: Universität Bern, Institut für Psychologie, Muesmattstr. 45, CH-3000 Bern 9. E-Mail: wolfgang.kaelin@psy.unibe.ch

Koch-Falkenberg, Carolyn, Arbeits- und Industriesoziologin, Dipl.-Soz., Wissenschaftliche Projektmitarbeiterin und Doktorandin an der Professur für Industrie- und Techniksoziologie des Instituts für Soziologie der TU Chemnitz. Arbeitsschwerpunkte: Wandel des deutschen Gesundheits- und Krankenhauswesens, Psycho-soziale Auswirkungen des Wandels der Arbeitswelt, Dienstleistungsarbeit und -beziehungen, insbesondere Loyalität und Vertrauen von Kunden. Kontakt: Technische Universität Chemnitz, Institut für Soziologie, Thüringer Weg 9, 09107 Chemnitz. E-Mail: carolyn.koch-falkenberg@soziologie.tu-chemnitz.de

Korunka, Christian, Dr., Professur für Arbeits- und Organisationspsychologie an der Universität Wien (Institut für Angewandte Psychologie: Arbeit, Bildung, Wirtschaft, Fakultät für Psychologie). Arbeitsschwerpunkte: Arbeit im Wandel, Qualität des Arbeitslebens, Entrepreneurship. Kontakt: Universitätsstraße 7, A-1010 Wien. E-Mail: christian.korunka@univie.ac.at

Kratzer, Nick, Dr. rer. pol., Soziologe, Wissenschaftler am Institut für Sozialwissenschaftliche Forschung e.V. München – ISF München. Arbeitsschwerpunkte: Forschung zu betrieblichen Reorganisations- und Rationalisierungsstrategien, zu Leistungspolitik und Arbeitsgestaltung und zu deren Folgen für Arbeit und Beschäftigung, Unterstützung betrieblicher Gestaltungsprojekte. Kontakt: Jakob-Klar-Str. 9, 80796 München. E-Mail: nick.kratzer@isf-muenchen.de

Kubicek, Bettina, Arbeits- und Organisationspsychologin, Dr. phil., Mag. rer. nat., Mag. rer. soc. oec., Projektmitarbeiterin am Institut für Angewandte Psychologie: Arbeit, Bildung, Wirtschaft der Universität Wien. Arbeitsschwerpunkte: Arbeit im Wandel, ältere ArbeitnehmerInnen, Burnout und Engagement. Kontakt: Universitätsstraße 7, A-1010 Wien. E-Mail: bettina.kubicek@univie.ac.at

Latniak, Erich, Sozialwissenschaftler, Dr. rer. soc., Projektleiter und wissenschaftlicher Mitarbeiter am Institut Arbeit und Qualifikation der Universität Duisburg-Essen, Abteilung Arbeitszeit und Arbeitsorganisation. Arbeitsschwerpunkte: Personal- und Organisationsentwicklung, betriebliche Veränderungsprozesse, Stressprävention, betriebliche Konsequenzen des demografischen Wandels. Kontakt: Universität Duisburg-Essen, Institut Arbeit und Qualifikation, Gebäude LE, 47048 Duisburg. E-Mail: erich.latniak@uni-due.de

Meier, Laurenz L., Arbeitspsychologe, Dr. phil., Gastwissenschaftler am Psychologischen Institut der University of South Florida, Tampa, USA. Arbeitsschwerpunkte: Forschung zu Stress und organisationalem Verhalten, betriebliche Gesundheitsförderung. Kontakt: University of South Florida, Department of Psychology, 4202 E. Fowler Avenue, PCD 4118G, Tampa, FL 33620, USA, E-Mail: meierl@usf.edu

Morschhäuser, Martina, Diplom-Psychologin, Dr. phil., Leiterin der Fachgruppe „Psychische Belastungen, Betriebliches Gesundheitsmanagement" der Bundesanstalt für Arbeitsschutz und Arbeitsmedizin. Arbeitsschwerpunkte: Psychische Belastung, Demographischer Wandel, Arbeit und Gesundheit. Kontakt: BAuA, Nöldnerstr. 40-42, 10317 Berlin. E-Mail: morschhaeuser.martina@baua.bund.de

Pfaff, Holger, Univ.-Prof., Dr. phil., Direktor des Instituts für Medizinsoziologie, Versorgungsforschung und Rehabilitationswissenschaft (IMVR) der Universität zu Köln, Inhaber der Brückenprofessur „Qualitätsentwicklung und Evaluation in der Rehabilitation" an der Medizinischen Fakultät und der Humanwissenschaftlichen Fakultät der Universität zu Köln. Arbeitsschwerpunkte: Versorgungsforschung, Sozial- und Versorgungsepidemiologie (Soziologie der Gesundheit), Gestaltung und Interventionen in sozialen Systemen (Gesundheitssystemgestaltung). Kontakt: IMVR, Eupener Straße 129, 50933 Köln. E-Mail: imvr-direktor@uk-koeln.de

Semmer, Norbert K., Professor für Arbeits- und Organisationspsychologie an der Universität Bern, Mitglied im Swiss National Competence Center of Research (NCCR) „Affective Sciences", Fellow der European Academy of Occupational Health Psychology. Arbeitsschwerpunkte: Stress und Ressourcen in der Arbeit und ihr Zusammenhang mit Gesundheit und Leistung (derzeitiger Schwerpunkt: Stress as Offense to Self), Merkmale, Entwicklung und Förderung effizienten Arbeitshandelns, Menschliche Fehler und ihre Implikationen für Sicherheit und Qualität. Kontakt: Universität Bern, Institut für Psychologie, Muesmattstrasse 45, CH-3012 Bern. E-Mail: norbert.semmer@psy.unibe.ch

Stilijanow, Ulrike, Arbeits- und Organisationspsychologin, Wissenschaftliche Mitarbeiterin bei der Bundesanstalt für Arbeitsschutz und Arbeitsmedizin, Coach für berufliche Erfolgsstrategien. Arbeitsschwerpunkte: Führung und Gesundheit, produktiver Umgang mit Zeit- und Leistungsdruck. Kontakt: Nöldnerstr. 40/42, 10317 Berlin. E-Mail: stilijanow.ulrike@baua.bund.de

Tschan, Franziska, Prof. Dr., Professeure Ordinaire an der Université de Neuchâtel, Schweiz, Mitglied im Swiss National Competence Center of Research (NCCR) „Affective Sciences". Arbeitsschwerpunkte: Koordination und Kommunikation in Teams und ihre Zusammenhänge mit Leistung, Human factors in der Medizin, Emotionen an der Arbeit, soziale Interaktionen in der Arbeit, Bedeutung der Zeit in der Sozial- und Organisationspsychologie. Kontakt: Université de Neuchâtel, Institut de Psychologie du Travail et des Organisations, Rez-de-chaussée, E023, Emile-Argand 11, CH-2009 Neuchâtel. E-Mail: franziska.tschan@unine.ch

Ulich, Eberhard, Arbeitspsychologe, Prof. em. (ETH), Dr. Dr. h.c., Seniorpartner des Instituts für Arbeitsforschung und Organisationsberatung in Zürich. Arbeitsschwerpunkte: Persönlichkeitsförderliche Arbeitsgestaltung, Zeitstrukturen und Schichtarbeit, beschäftigungsorientierte Arbeitszeitmodelle, Arbeitsbedingungen in Krankenhäusern und Schulen, Gesundheitsmanagement in Unternehmen. Kontakt: Obere Zäune 14, CH-8044 Zürich. E-Mail: eberhard.ulich@iafob.ch

Voß, G. Günter, Arbeits- und Industriesoziologe, Prof. Dr. rer.pol., Professor für Industrie- und Techniksoziologie an der Technischen Universität Chemnitz. Arbeitsschwerpunkte: Wandel von Arbeit und Arbeitskraft, Psychosoziale Folgen des Wandels der Arbeit, Dienstleistungsarbeit, insbesondere Kundenbeziehungen, Arbeit und Leben. Kontakt: Technische Universität Chemnitz, Institut für Soziologie, Thüringer Weg 9, 09107 Chemnitz. E-Mail: guenter.voss@soziologie.tu-chemnitz.de

Weiß, Cornelia, Arbeitssoziologin, Dipl. Soz. Arbeitsschwerpunkte: Selbstsorge, Arbeit und Leben, Psychosoziale Folgen des Wandels von Arbeit, Arbeit und Gesundheit. Kontakt: Wurmflakstr. 1a, 46485 Wesel. E-Mail: cornelia.weiss@ soziologie.tu-chemnitz.de

VS Forschung | VS Research
Neu im Programm Psychologie

Marina Brandes
Wie wir sterben
Chancen und Grenzen einer
Versöhnung mit dem Tod
2011. 144 S. Br. EUR 34,95
ISBN 978-3-531-17886-8

Tobias Böhmelt
**International Mediation
Interaction**
Synergy, Conflict, Effectiveness
2011. 145 S. Br. EUR 34,95
ISBN 978-3-531-18055-7

Peter Busch
**Ökologische Lernpotenziale
in Beratung und Therapie**
2011. 287 S. Br. EUR 39,95
ISBN 978-3-531-17949-0

Thomas Casper-Kroll
**Berufsvorbereitung aus
entwicklungspsychologischer
Perspektive**
Theorie, Empirie und Praxis
2011. 111 S. Br. EUR 34,95
ISBN 978-3-531-17906-3

Michael Stephan /
Peter-Paul Gross (Hrsg.)
**Organisation und Marketing
von Coaching**
Aktueller Stand in Forschung und Praxis
2011. 293 S. Br. EUR 39,95
ISBN 978-3-531-17830-1

Erhard Tietel / Roland Kunkel (Hrsg.)
Reflexiv-strategische Beratung
Gewerkschaften und betriebliche Interes-
senvertretungen professionell begleiten
2011. 227 S. Br. EUR 29,95
ISBN 978-3-531-17955-1

Robert H. Wegener / Agnès Fritze /
Michael Loebbert (Hrsg.)
Coaching entwickeln
Forschung und Praxis im Dialog
2011. 264 S. Br. EUR 34,95
ISBN 978-3-531-18024-3

Einfach bestellen:
SpringerDE-service@springer.com
tel +49 (0)6221 / 3 45 – 4301
springer-vs.de

Druck: KN Digital Printforce GmbH · Schockenriedstraße 37 · 70565 Stuttgart